智能制造系列丛书

预测性维护

——高端装备数字化转型升级指南

王成城　王金江　王　凯　编著

机械工业出版社

本书以标准为核心，以装备数字化转型为目标，以智能制造、装备数字化为背景，从数字化转型升级与智能服务、预测性维护概念及现状、预测性维护关键技术、预测性维护技术发展趋势、预测性维护标准体系与核心标准解读、预测性维护应用案例和场景多个维度，以应用案例作为重点，通过 31 个场景，全面介绍了预测性维护的功能模型与技术趋势，对最新发布的国际和国内首项预测性维护标准进行全面的分析和解读。

本书对预测性维护技术的落地应用具有重要指导意义，可供从事预测性维护的技术人员、操作人员、管理人员使用，也可供高等院校相关专业师生参考。

图书在版编目（CIP）数据

预测性维护：高端装备数字化转型升级指南/王成城，王金江，王凯编著. —北京：机械工业出版社，2023. 7
（智能制造系列丛书）
ISBN 978-7-111-73103-0

Ⅰ.①预… Ⅱ.①王… ②王… ③王… Ⅲ.①装备制造业-设备管理 Ⅳ.①F407

中国国家版本馆 CIP 数据核字（2023）第 076957 号

机械工业出版社（北京市百万庄大街 22 号 邮政编码 100037）
策划编辑：孔 劲　　责任编辑：孔 劲 李含杨
责任校对：贾海霞 梁 静　　封面设计：马精明
责任印制：单爱军
北京联兴盛业印刷股份有限公司印刷
2023 年 8 月第 1 版第 1 次印刷
184mm×260mm · 13. 75 印张 · 337 千字
标准书号：ISBN 978-7-111-73103-0
定价：99. 00 元

电话服务	网络服务
客服电话：010-88361066	机 工 官 网：www. cmpbook. com
010-88379833	机 工 官 博：weibo. com/cmp1952
010-68326294	金 书 网：www. golden-book. com
封底无防伪标均为盗版	机工教育服务网：www. cmpedu. com

编委会

序一——以预测性维护构筑数字化时代的装备安全新防线

安全是装备操作和管理过程中永恒的主题。装备在长期服役过程中可能会出现疲劳损伤、损坏等突发故障，有时甚至会引发灾难性事故。尤其是在数字化变革的新时代，行业更是对设备故障和安全隐患的发现和应对提出了精准性、实时性和有效性的要求。以往通过不计成本的人力和金钱换安全的“传统模式”将逐步被通过数据、算法、模型和平台实现安全防护的“新兴模式”所取代。

预测性维护是利用大数据、人工智能、云计算、数字孪生等信息技术，分析评估设备运行状态，监测数据，进行故障模式识别、严重程度估算及剩余寿命预测，制定优化的运维决策和安排合理的维修活动的新型装备运维模式，能够有效支撑装备运行的量化风险评价、风险检验和完整性等级评价等，因其具备灵活性、全面性和预见性，正逐渐替代传统的预防性维护、纠正性检修等维修模式。具备提前预警和快速响应特点的预测性维护将成为安全生产与应急管理的有效手段。

诚然，预测性维护在技术上还存在有效监测信息难获取、耦合故障征兆难辨识、复杂故障诊断和溯源难分析等问题，在应用过程中也存在着信息孤岛、数据碎片化、系统封闭、应用效果缺乏有效评价方法等问题，但越来越多的行业从业人员正努力破解上述难题，标准化就是一条非常重要的路径。

在油气生产系统及装备安全科学领域，预测性维护技术广泛应用于油井管损伤检测、油气生产大型动力机组故障诊断及油气生产系统风险评估和早期预警，相关标准的制定，能够有效指导从业人员开展系统的实施和应用，推动智能运维技术的发展，保障生产运行的安全。本书对预测性维护国家标准进行了解读，能够帮助读者快速有效地理解标准制定的背景和内涵。作为预测性维护技术的学习资料，本书还能够有效推动预测性维护技术应用，完善装备的安全管理体系。

道阻且长，行则将至。不论是标准的发布，还是《预测性维护——高端装备数字化转型升级指南》一书的出版，都只是预测性维护技术研究和应用的一小步，希望该书的编写团队能够继续努力，为行业的发展和提升贡献更多的力量。

中国工程院院士

中国石油大学（北京）

序二——持续提升预测性维护技术研究的深度和应用的广度

随着我国装备制造业的快速发展，机械装备日趋大型化、高速化、重载化和复杂化，功能日趋完善，自动化程度越来越高。在此背景下，单个部件的故障会影响整个设备甚至整个生产线的正常运行。因此，基于状态监测和故障诊断的设备预测性维护就显得尤为重要。

预测性维护是一项工程技术，从工程实践中产生需求并最终服务于工程应用，在开展研究的过程中应兼顾深度和广度。近年来，大量学者和科研人员围绕状态监测的多样性、诊断分析的准确性、数据传输的实时性及算法参数的最优化开展研究，不断提升监测与诊断技术研究的深度，在电力、石化、轨道交通、工程机械等领域取得了大量的里程碑成果，不断推动预测性维护技术在上述领域的实施和应用。

在不断探索预测性维护技术深度的同时，我们也应兼顾研究的广度。在大多数应用领域，预测性维护是成本、收益、服务三者平衡的产物，如何科学合理地寻找到最优解，是实现预测性维护技术落地的关键。面对工程技术问题，我们通常会采用“标准化”作为解题手段，但由于与设备密切关联，长期以来，预测性维护的标准研制被认为是十分困难的，困难并非来自技术的不成熟，相反，从大量差异化的技术案例中进行总结和提炼，是困扰标准研制的主要难题。

因此，《预测性维护——高端装备数字化转型升级指南》一书从技术、标准和案例三个角度，为广大读者全面剖析预测性维护的应用和实施过程，既是对首项预测性维护国家标准制定过程的回顾，也是对标准技术内容的全面解读，在智能制造和装备数字化迈向发展新阶段的关键时期问世，实为难得。尽管可能部分读者对书中的一些具体技术细节会有不同的看法，但我认为，学术需要争论，科研从来不是一蹴而就的，不同的阶段会有不同的认识，但只有思维不断碰撞，才会引领着我们走向共识。

因此，该书是一本先行的、引领性的、有重要价值的著作。祝贺《预测性维护——高端装备数字化转型升级指南》成功出版，也期待编写团队有更多的标准和技术成果面世。

清华大学机械工程系教授

中国振动工程学会故障诊断专业委员会主任委员

前　言

装备是人类认识世界和改造世界的工具，具有天然的服务属性，并决定着产业综合技术水平和经济社会的发展质量。在全球新一轮科技革命和产业变革中，数字技术与装备全生命周期深度融合，推动装备向数字化、网络化、智能化的方向不断优化、迭代、升级，从而实现装备的智能化升级和价值重塑。因此，装备的数字化转型是通过装备服务价值链的延伸，促进装备价值体系不断重构并演进的过程。运维服务是装备服务价值链中的重要环节，传统的事后维护和预防性维护都是装备运维服务的重要模式，但随着装备的数字化转型，预测性维护将逐渐成为运维服务的主要模式，并不断推动制造业的服务化发展。

然而，预测性维护的发展和应用长期存在瓶颈，对概念与方法的不同理解导致的技术语境不统一、解决方案的不透明导致的数据需求不明确、评价体系的缺失导致的成本收益难以核算等问题，无不困扰着预测性维护技术的发展。值得庆幸的是，预测性维护的从业者们已经认识到了以上问题，正在理论、技术、应用、标准、检测等不同领域积极探索解决方案，其中，标准化无疑是关键且有效的解决途径。

本书以首项预测性维护国际标准和国家标准为核心，以装备数字化转型为目标，以智能制造、装备数字化为背景，全面介绍了装备数字化转型升级与智能服务、预测性维护概念及现状、预测性维护关键技术、预测性维护技术发展趋势，对最新发布的国际和国内首项预测性维护标准进行了全面的分析和解读，通过对 31 个不同行业的应用案例分析，帮助读者快速准确地了解预测性维护技术的内涵和应用要求。

本书以科学性、权威性、指导性和实用性为原则，坚持理论与实践相结合、标准与研发相结合、国外经验与国内应用相结合，兼顾了与预测性维护相关的前沿技术与实施经验，核心内容覆盖了预测性维护从技术研发、标准制定，到应用实施、验证评价的各个环节。

通常将预测性维护的从业人员定义为三类，即装备用户、装备制造商和解决方案供应商，其中装备用户包括采购、运行、管理、维护人员，装备制造商是装备的制造或提供方，解决方案供应商通常为第三方机构，但也有可能隶属于装备用户或制造商。本书可以作为预测性维护的三类从业人员的实施参考手册或标准化培训参考教材，也可作为装备制造或应用企业决策层制定企业发展战略的参考材料，还可作为学习预测性维护相关技术的教师或学生的参考资料。

本书由机械工业仪器仪表综合技术经济研究所王成城主持撰写，中国石油大学（北京）王金江和机械工业仪器仪表综合技术经济研究所王凯也参与了撰写。另外，机械工业仪器仪表综合技术经济研究所王春喜，德国德累斯顿工业大学 Martin Wollschlaeger，通用技术集团机床工程研究院有限公司黄祖广，重庆川仪自动化股份有限公司田英明，东风设计研究院有限公司游和平，清华大学张飞斌、孟力，上海电气集团股份有限公司中央研究院许伟、谈宏志，西安交通大学赵明，中国科学院空间应用工程与技术中心李鹏，中国科学院等离子体物理研究所张祖超，西门子（中国）有限公司周林飞，施耐德电气（中国）有限公司刘文，北京奔驰汽车有限公司郭东栋，中海油田服务股份有限公司蒋爱国，国家石油天然气管网集团有限公司蔡永军，富士康科技集团史喆，北京天泽智云科技有限公司金超，上海大制科技有限公司郭云为本书的出版提供了帮助。本书在编写过程中还得到了中国石油大学（北京）张来斌院士，清华大学褚福磊教授的大力支持和帮助，在此一并表示感谢！感谢机械工业出版社的编辑为本书的策划和出版所做的大量工作。

本书在编写过程中还参考了大量的文献资料，感谢致力于推动预测性维护技术应用的专家，感谢为本书提供重要帮助的中德智能制造/工业 4.0 标准化工作组状态监测与预测性维护任务组专家，感谢德国国际合作机构（GIZ）对本书部分内容的整理。

本书涉及的知识内容广，覆盖场景多，由于时间仓促及作者的学识经验有限，不足之处在所难免，敬请同行、专家和读者批评指正。

于北京

目 录

第1章 绪 论

近年来，互联网、大数据、云计算、人工智能、区块链等技术加速创新，日益融入经济社会发展各领域全过程。数字经济发展速度之快、辐射范围之广、影响程度之深前所未有，正在成为重组全球要素资源、重塑全球经济结构、改变全球竞争格局的关键力量。数据将继土地、厂房、机器设备、工具和原料等物化有形物质之后，成为新时代价值产生的重要原材料。

但数据不是无源之水、无本之木。在过去的150年中，人类取得了超过之前2000年的技术进步，技术的革新构建了数据产生的基础。通过对人类在社会实践活动中直接或间接形成的各种信息、概念、知识和经验进行总结，数据逐渐形成了价值。电商基于用户网上购物过程搜索、浏览、订购和支付等数据进行统计分析和挖掘，掌握客户的身份、职业、消费特点等多方面信息，从而有针对性地进行促销。机械制造装备基于对实时动态数据的分析，提前预知零件的加工质量，分析加工过程和机床性能的变化以决定是否进行换刀或维修。对数据进行加工，可为客户挖掘出其中蕴藏的价值，从而成为未来价值链上增值的重要环节。

数据的价值属性催生了转型的需求。通过对传统行业价值创造的结构进行重塑，数据在不断倒逼企业开展数字化转型。谁能率先完成数字化转型，谁就能赢得未来。在数字经济时代，装备是社会生产力的重要标志，很大程度上决定着产业综合技术水平和经济社会发展质量。装备数字化转型的成功与否，体现了国家综合技术实力的高低，决定了装备应用领域或场景数字化转型的成败，标志着各相关行业企业在国际竞争中的胜败。

装备的本质是人类认识世界和改造世界的工具，因此装备数字化转型是装备服务价值链的延伸，促进装备价值体系不断重构并演进的过程。装备数字化转型的方向包括制造和服务，其中制造方向包括装备制造过程中的数字化转型、新型数字化装备的研制与交付等，服务方向则是以性能提升、预测性维护、能效优化等为代表的装备数字化服务能力提升。

预测性维护通过对设备运行状态的实时监测，结合大数据、人工智能等手段对其未来的工作状况进行预测，进而实现故障诊断、寿命预测（也称剩余寿命预测）、设备维护与管理等，广泛应用于各行业装备数字化转型中，被业内普遍誉为“未来的运维模式”或者“未来工厂之光”。不同于传统预测性维护针对高价值、结构复杂的核心装备，装备的数字化转型极大地扩展了预测性维护技术的应用领域，从传统的发动机、电动机、轴承、齿轮箱、压缩机等，至数控机床、工业机器人、焊接设备、电力设备、电梯和工业仪表，预测性维护正在不断推动制造业的服务化发展。

当然，预测性维护技术的发展道路也不是一帆风顺，应用需求的提升与技术门槛的降低，必然会给发展带来阵痛。目前看，由于对概念与方法的不同理解导致的技术语境不统

一、解决方案的不透明导致的数据需求不明确、评价体系的缺失导致的成本收益难以核算与实施效果无法评价，已逐渐成为困扰预测性维护发展的主要问题。预测性维护装备数字化转型的重要组成部分，困扰预测性维护的问题也会在实施装备数字化转型的道路上遇到。值得庆幸的是，预测性维护从业者们已经认识到了这些问题，正在理论、技术、应用、标准、检测等不同领域探索解决方案。本书作为装备数字化转型升级探索过程的阶段性成果，从技术视角对预测性维护进行全面剖析，以揭开装备智能运维的神秘面纱。

第2章 数字化转型升级与智能服务

2.1 装备数字化转型升级路径

数字化转型是目前数字经济发展的新阶段。通过数字化转型不仅能扩展新的经济发展空间，促进经济可持续发展，而且能推动传统产业转型升级，促进整个社会转型发展。装备数字化转型是装备服务价值链的延伸，促进装备价值体系不断重构并演进的过程，作为反映产业综合技术水平和经济社会发展质量的重要标志，装备数字化转型是我国数字经济发展的基石。

目前，全球许多国家和企业纷纷开启了数字化转型之路。美国早在2003年便在PLM（生命周期管理）体系中提出了数字孪生的概念，2006年，美国国家科学基金会提出信息物理系统（Cyber Physics System，CPS）的概念，其含义是开发以计算机信息为中心物理和工程系统科学基础和技术，其目的是引领新一代相互依存、高效和高性能“全球虚拟本地物理”的工程系统。德国的数字化转型具体以德国“工业4.0”为代表，其特征为“物理—信息系统”，具体体现为“智能工厂”，即智能机器、数据存储信息实时传输、生产设施交互控制等。另有如“先进制造伙伴计划”“国家机器人计划2.0”“自动驾驶汽车4.0”“智能交通系统（ITS）战略规划”“国家工业战略2030”“数字战略2025”“先进生产装备研究路线图”“合作智能交通系统（C-ITS）战略”“机器人新战略”“自动驾驶相关制度整备大纲”等，对包括先进机床和系统、机器人、智能网联汽车等装备和产品的数字化发展做出了前瞻性部署。

尽管数字化转型的战略层出不穷，但由于不同行业在生产流程或环节、终端产品或服务所面向的人群、所处的政策环境、技术水平要求等方面具有显著差异，所以不同行业推进数字化的过程会展现出相异的特征和轨迹。例如汽车行业将更为注重研发能力的提升与生产过程的优化，通过基于模型的工程（MBE）的虚拟仿真设计和制造、基于工业大数据平台和相关供应链管理（SCM）的集成，实现缩短研发周期、供应链和整车制造过程的无缝对接及设备健康管理等。家电行业积极探索互联工厂，缩短产品研发周期，提升工厂的自动化程度和生产率，快速满足用户的个性化需求，实现从大规模制造到大规模定制的智能化转型。化工行业则向以数字化、可视化、自动化、网络化、集成化为特征的集成制造发展。食品行业尤为重视生产过程的实时监控及事后的质量可追溯。

通过对不同行业数字化转型特点的分析，可以从技术视角、应用视角和场景视角来剖析数字化转型的路径。

从技术视角来看，数字化转型的路径为感知、交互和分析等核心技术并行发展，其中，感知技术是指数据实时采集感知与融合技术，包括多源多通道数据实时采集，跨时间、跨地域、跨物理空间和网络空间的多源传感器数据采集，多源异构数据实时分析与融合、传输共享等；交互技术是指集群化交互与控制技术，包括通过信息交互与自主控制来进行协同工作，以及现场总线、工业以太网、工业无线网、5G 等新型通信基础技术；分析技术是指装备自主分析当前的任务要求，依据不同任务难度和不同工况环境，自适应调整作业策略，其中包括数字孪生技术。

从应用视角来看，数字化转型的路径为制造和服务领域同步应用，其中，制造领域包括通过数字化研发设计降低研发周期和研发成本；通过对用户购买、搜索、使用、评价等海量数据的收集和分析，有效把握市场形势，了解用户喜好，预测需求变化；在柔性化制造系统支持下，让用户直接参与产品设计过程，以接近规模化的生产成本为用户提供个性化定制的产品；通过对生产过程各种设备、各个环节产生的数据进行分析和参数优化，提高产品良品率；通过对销售、库存等供应链各环节数据的追踪和实时分析，实现产销精确对接。服务领域包括通过对装备运行状况数据的实时监测和分析，提供远程诊断、预测性维护等服务，避免装备突发故障造成重大损失；通过对运行状态的分析，提高产品的性能和精度；通过对用户使用状态的监控，结合知识积累，为用户提供更加贴心、个性化的使用建议，更好地改善用户体验、提高用户满意度；通过对用户需求的实时响应，为用户提供更多个性化的功能等。

从场景视角来看，数字化转型的路径为应用带动需求，上游拉动下游。数字化转型的目标是价值链的延伸，而价值的创造是由需求带动的，效率、成本、质量、服务、安全是绝大多数行业的共性需求，由此催生了智能制造场景中的人机交互协作、设备健康管理、智能仓储物流、在线检测追溯等，智能交通场景中的港口自主作业、园区自动驾驶、民航机场车路协同、干线物流精准管控等，智能工地场景中的远程操控、智慧施工、智能运维等，智慧能源场景中的智能风电、无人油田、智慧矿山等，智慧农业场景中的无人农场、无人果园、无人温室、无人牧场、无人渔场等。当然，数字化转型一定会催生出新兴业态，对于新业态的孵化和培育也应从需求侧发力。

2.2 智能运维与预测性维护

服务是装备数字化转型升级的重要方向，运维服务是装备运行过程的重要服务手段。随着人工智能和大数据技术的应用，传统的现场运维服务已逐渐被运行状态监测、运行趋势分析、运维方案决策等智能运维或远程运维服务模式替代。

与服务模式的视角不同，从设备维护的角度出发，维护维修模式包括：事后维修、预防性维护和预测性维护，见表 2-1。

表 2-1 维护维修模式

模式	事后维修	预防性（周期性）维护	预测性维护
相近术语	补救性维护、故障后维护、纠正性维修、响应式维护	事前维护、基于时间的维护、计划维护、预防性维护	预知性维护、基于状态的维护、策略性维护、智能运维/远程运维

（续）

模式	事后维修	预防性（周期性）维护	预测性维护
含义	设备出现故障之后再进行维修	根据设备生产商提供的经验或数据，制定周期性计划并开展的维护	以状态为依据的维修，通过对系统部件进行定期（或连续）的状态监测，判定设备所处的状态，预测设备状态未来的发展趋势。依据设备的状态发展趋势和可能的故障模式，预先制定预测性维护计划
优点	实施简单，应用广泛，在故障之前无成本投入	可以恢复设备装配和使用条件，减少事后故障的发生	针对性维护，降低了维护工作量，减少了停机时间，提高了设备使用寿命
缺点	故障后维护成本较高，一般是预防性维护成本的 3 倍	过于频繁的维护、拆卸和停车，会导致产量降低，维修费用增加，甚至降低设备的实际使用年限	前期投入的成本较高，设备状态监测技术难度大，预测性维护模型的准确性较低

1. 事后维修

事后维修也称补救性维护，部分行业也称纠正性维修、响应式维护，是指在设备发生故障之后才对设备进行检修的一种处理方式，这一时期经历了兼修时代（既是操作工，又是维护工）和专修时代（有专业维护工）。其特点是设备出现故障时才开始重视，才去维护设备，设备不出现故障则不进行维护。这种处理方式的缺点在于：由于事前不知道故障在什么时候发生，在什么零件上出现，因此缺乏修理前的准备，设备停工修理时间比较长。同时由于这种修理是无计划的，常常会打乱生产计划，容易影响产品质量和交货期，给企业带来较大损失。它已被先进的维护制度所淘汰，但作为一种维护方式，任何突发故障都可采用。

2. 预防性维护

预防性维护也称周期性维护、基于时间的维护或者计划维护，是指设备出现故障前主要根据工人使用设备的经验和设备出现故障的统计资料来进行有计划的预防性维护，它的原则为预防为主，防患于未然。这一方法要求在设备使用过程中做好维护保养工作，加强日常检查和定期检查；根据设备的故障规律和零件磨损规律及检查结果，在机器设备发生故障之前，对容易磨损的零件和容易发生故障的部位，事先有计划地安排维护或更换，以预防设备故障的发生或避免突发故障的出现[2,3]。预防性检修的重点在于对设备运行周期的理解和使用频率的监控。数据计量一般需要很准确，此种维护方式多用于易损件的处理。对于易损、高耗品必须建立预防检修模式，否则必然会出现突发性停机、停车事故，不利于安全连续性生产。越来越多的公司和机构开始关注设备在线检测、快速维护等技术需求，预防维护为设备管理提供了更多先进维护手段，保证了设备安全生产，提高了企业综合经济效益。但是这种方法很难预防由于随机因素引起的偶发事故，同时也废弃了许多还可继续使用的零部件，而且增加了不必要的拆装次数，从而造成维护时间浪费和费用多余消耗[4]。

3. 预测性维护

预测性维护是比较标准的表述，预知性维护基于状态的维护和策略性维护是预测性维护的相近表述。而其中，基于状态的维护技术也可称为预测性维护的初级阶段。

基于状态的维护方法以可靠性为中心，通过评估可能的故障对整个系统可靠性的影响来决定维护计划。这种方法着眼于每台设备的具体技术状况，根据定期维护的思想而采取定期检测，对设备异常运转情况的发展密切追踪监测，仅在必要时才进行修理。基于状态的维护起始于20世纪70年代初期，根据设备的运行状态进行及时的监测并诊断设备的信息，判断设备是否存在异常，明确设备是否存在故障，可以有效确保设备的运行，减少维护设备中人力、物力和财力的浪费。基于状态的维护可以确保设备的维护目标更加明确，这种维护方式对旋转的机械设备状态监测尤为有效，在连续生产过程中取得了显著效果[5,6]。

预测性维护在基于状态的维护基础上，对设备的故障和剩余寿命进行了进一步分析，能够为决策者和运维的实施人员提供更多的信息，随着人工智能和大数据技术的应用更加深入，是维护模式发展的必然趋势。

在预测性维护发展的同时，还并存有综合工程学和全员生产维护及以利用率为中心的维护、可靠性维护、费用有效维护等。学术上还有故障预测和健康管理（Prognostic and Health Management，PHM），不论哪种设备维护体制都有共同特征，即注重企业的文化和人的主观能动性，突出技术性和经济性，把设备故障消灭在萌芽状态。

综上所述，智能运维/远程运维与预测性维护等概念联系紧密，但不能简单混淆。相较之下，智能运维更强调人工智能等信息技术的应用，通过数字化、智能化的手段提高运维过程的效率，降低成本，而预测性维护是企业根据成本和效益，在技术支持的条件下应用的维护模式。智能化的技术可以同时支撑事后维护和周期性维护，如基于虚拟现实技术的排故仿真、远程专家指导、数字化巡检等，但预测性维护强调了智能化技术在故障诊断和寿命预测中的应用，在提升技术难度的同时，也提高了维修和维护的指导意义。

第3章 预测性维护概念及现状

3.1 预测性维护概念

预测性维护（Predictive Maintenance，简称 PdM）是以状态为依据的维修。在机器运行时，对其主要（或需要）部位进行定期（或连续）的状态监测和故障诊断，监测装备所处的状态，诊断设备可能发生的故障，预测装备状态未来的发展趋势。依据装备的状态发展趋势和可能发生的故障模式，提前制定预测性维护计划并进行了检修、维修，确定设备应该修理的时间、内容、方式、必需的技术和物资支持。预测性维护集装备状态监测、故障诊断、故障（状态）预测、维护决策支持和维护活动于一体，是一种新兴的维护方式[7,8]。

预测性维护根据概念的内涵和外延差异，可分为狭义和广义两种类型。

狭义的预测性维护立足于状态监测，强调的是故障诊断，是指不定期或连续地对设备进行状态监测，根据其结果，查明装备有无状态异常或故障趋势，再适时地安排维护。狭义的预测性维护不需要固定维护周期，仅通过监测和诊断到的结果来适时地安排维护计划，它强调的是监测、诊断和维护三位一体的过程，这种思想广泛适用于流程工业和大规模生产方式。

广义的预测性维护将状态监测、故障诊断、寿命预测和维护决策合为一体，其中状态监测和故障诊断是基础，寿命预测是重点，维护决策得出最终的维护活动要求。广义的预测性维护是一个系统的过程，它将维护管理纳入了预测性维护的范畴，通盘考虑整个维护过程，直至得出与维护活动相关的内容。

总体来看，在预测性维护中，状态监测和故障诊断是判断预测性维护是否合理的根本所在，而寿命预测则是承上启下的重点环节。根据故障诊断及寿命预测得出维修决策，形成维修活动建议，直至实施维修活动。可以说预测性维护通盘考虑了设备状态监测、故障诊断、寿命预测、维修决策支持等设备运行维护的全过程[9]。

预测性维护有一套完备的技术体系，分别为：状态监测技术、故障诊断技术、寿命预测技术和维修决策与维修活动。

1. 状态监测技术

状态监测技术发展到现在，在各工程领域都形成了各自的监测方法。状态监测的方法依据状态监测手段的不同而分成许多种，常用的包括：振动监测法、噪声监测法、温度监测法、压力监测法、油液分析监测法、声发射监测法等。

2. 故障诊断技术

故障诊断是一门新发展的科学，而且越来越受到重视，尤其是在连续生产系统中，故障诊断有着非常重要的意义。按照诊断的方法原理，故障诊断可分为时频诊断法、统计诊断法、信息理论分析法及其他人工智能法（包括专家系统诊断、人工神经网络诊断、深度学习算法诊断等）、模糊诊断、灰色系统理论诊断及集成化诊断（如模糊专家系统故障诊断、神经网络专家系统故障诊断、模糊神经网络诊断等）。

3. 寿命预测技术

寿命预测就是根据装备的运行信息，评估部件当前状态并预测设备的剩余使用寿命。其常用的方法有时序模型预测法、灰色模型预测法和神经网络预测法。预测方法的开发一般有三种基本途径：物理模型、知识系统和统计模型。在实际应用中，可将三种途径综合在一起，形成一种结合了传统的物理模型和智能分析方法，并能够处理数字信息和符号信息的混合性寿命预测技术，对实现预测性维护更为有效。

4. 维修决策与维修活动

维修决策是从人员、资源、时间、费用、效益等多方面、多角度出发，根据状态监测、故障诊断和故障预测的结果进行维修可行性分析，定出维修计划，确定维修保障资源，给出维修活动的时间、地点、人员和内容。维修决策的制定方法一般有故障树推理法、数学模型解析法、贝叶斯（Bayes）网络法（适用于表达和分析不确定和概率性事物）和智能维修决策法等。

预测性维护的一般模式[10]如图 3-1 所示。

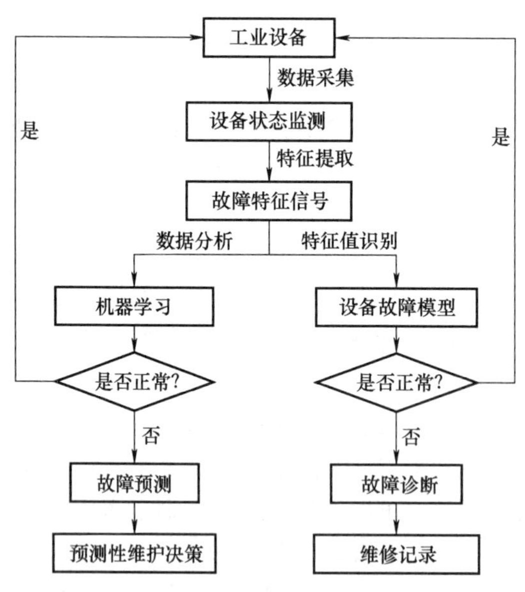

图 3-1　预测性维护的一般模式

综上所述，以可用于设备的监测和诊断技术为基础，结合设备故障的历史数据和现状，参考当下运行环境及其他同类设备的运行情况，应用数据驱动、系统工程的方法对设备的总体情况进行综合判断分析，从而查明设备内部情况、故障和异常的性质，预测设备可能发生隐患的发展趋势，提出具有针对性和预防性的防范措施和治理对策，这样一套方法总称为预测方法，把应用预测方法得到的结果纳入维护管理就是预测性维护。它强调了预测方法，包罗了维护管理；而基于状态的维护和视情维护立足于状态，强调了状态，它们的理论依据是：机械和装备有自己的状态，即将出现问题的机械或装备将出现一些可以观察、感觉或测量到的信号（如噪声、振动、发热、裂纹或电量的改变等）。这里状态有两层含义，一是指在某时某刻某种条件下装备的即时状态，这是狭义的状态的概念；二是包含了即时状态的前身和后续，指的是整个生命周期内的状态，即广义的状态概念。

3.2 预测性维护现状

3.2.1 政策法规

当前，新一轮科技革命和产业变革正在孕育兴起，大数据的积聚、理论算法的革新、计算能力的提升及网络设施的演进，驱动人工智能发展进入新阶段。人工智能正加快与经济社会各领域的渗透融合，带动技术进步，推动产业升级，助力经济转型，促进社会进步。

2017 年 7 月，国务院印发《新一代人工智能发展规划》，提出了面向 2030 年我国新一代人工智能发展的指导思想、战略目标、重要任务和保障措施，为推动我国人工智能的长期发展指明了方向。同时，新一代人工智能重大项目近日已启动，聚焦基础理论研究、关键技术研发及支撑平台建设等工作。2017 年 12 月，工业和信息化部印发了《促进新一代人工智能产业发展三年行动计划（2018—2020 年）》，以信息技术与制造技术深度融合为主线，以新一代人工智能技术的产业化和集成应用为重点，推动人工智能和实体经济深度融合，加快制造强国和网络强国建设。

2017 年 11 月上海市政府发布了《关于本市推动新一代人工智能发展的实施意见》（以下简称《意见》），《意见》明确，新一代人工智能是当前引领性的战略性技术和新一轮产业变革的核心驱动力。上海将把加快发展新一代人工智能，作为服务国家创新驱动发展战略、建设具有全球影响力科创中心的优先布局方向。

而预测性维护是工业大数据和人工智能方面的一个重要的应用场景，它针对设备、设施的故障和失效，在由被动故障维护到定期检修（人工巡检），再到主动预防，最终到事先预测和综合规划管理的演进中，不断提升、发展。其经济意义是降低设备的故障率及停机时间，提高设备利用率，以保证设备持续使用，避免意外停工，提高企业生产率；同时减少维修费用及设备整个生命周期成本，消除在不必要的维护上所花费的时间和资源，对设备进行适时小修，减少大修、突发故障所带来的巨大维修费用。其安全意义是降低由设备的故障或突发故障所带来的难以估算的安全隐患。从市场角度看则是为客户提供了增值服务。

3.2.2 应用现状

1. 预测性维护在民用领域的应用

预测性维护在民用飞机上的应用范围不断扩大。在民用飞机上，预测性维护应用的组件越来越多，目前已应用于起落架、辅助动力装置、发动机和液压系统等。

法国 REVIMA 公司致力于研究在起飞后导致起落架收缩问题的潜在故障，已在空客 A380、A300 等机型上成功实现了起落架的预测性维护。霍尼韦尔的 GoDirect 互联维护计划通过飞机互联和大数据分析，能够预测零部件何时需要维修或更换，已成功应用于 A330 的 APU，使 A330APU 故障导致的运行中断情况减少了 35%，降低了航班取消和延误的影响。英国罗尔斯—罗伊斯公司与 SITA 和 IFS Maintenix 公司建立合作关系，通过持续获取连续的运行数据，对发动机预测性维修进行巨大的改进，预计在识别发动机故障方面可以提高 30%。霍尼韦尔的 Forge for Airlines 先进分析平台应用于液压系统的预测性维修，减少了液压系统的计划外的维修和 80%的延误事件。

多家航空公司与空中客车公司（又称空客）建立合作关系，借助“智慧天空”（Skywise）平台发展预测性维修。Skywise 平台是空客在 2017 年推出的企业级大数据平台，可以为整个航空产业链的用户提供领先的数据分析服务。通过整合航空公司上传的各种数据，再根据不同的业务需求生成报告，航空公司可以分析飞机油耗、飞机状态等信息，从而提高数据分析效率，得到更加可靠的数据分析结果。

空客和达美航空公司（又称达美航空）合作组建数字联盟，将空客 Skywise 平台的深入分析能力和达美航空预测维护团队丰富的技术、运营知识结合起来，以进一步增强预测准确性。该合作伙伴关系建立在空客与达美航空之间已经成功的技术合作平台的基础上：2014 年达美航空开始与空客进行合作，设计 Skywise 预测性维护的前身“预测风险管理”。2018 年 10 月，达美航空与空客签订了一项多年期合同，将 Skywise 预测性维护应用于其 A320 和 A330 机队，涵盖约 400 架飞机。这意味着达美航空不仅可以在 Skywise 上存储和整理数据，还可以通过对不同参数的交叉分析及对趋势和模式的分析进行故障预测。此外，2019 年 6 月，空客和达美航空联手为空客 A220 飞行小时服务计划提供维修和材料服务。从 2020 年开始，空客将开始为全球航空公司开发新的预测性维护和健康监控解决方案，用户可以将Skywise 平台作为统一门户进行访问。达美航空将成为新的预测性维护解决方案的第一个用户[11]。此外，阿联酋阿提哈德航空公司借助空客的 Skywise 在 A320 和 A321 飞机上进行预测性维护。斯里兰卡航空、印度 Goair 等航空公司也与空客建立了合作关系。

2. 预测性维护在军用领域的应用

预测性维护在武器装备上的应用范围越来越广。在快速保障办公室的大力推动下，预测性维护在美国空军装备上的应用进展显著。到 2020 年底在 B-1B、C-5M、KC-135、C-130H/J、F-15E、B52、C-17、AC-130J、MC-130J、CV-22、HH-60、RC-135、MQ-9、F-16、RQ-4、A-10 等 16 型空军装备上均有所应用。目前，在部分机型上已取得了一定成效，如 B-1B 的停机时间减少了 90%；C-5M 因未完成非计划的维护而不能执行任何任务（NMCMU）的时间减少了 8.1%等。美国空军快速保障办公室计划在未来五年里，每年新增 10~20 种平台的预测性维护，最终目标是除了那些即将退役的平台，所有空军平台都将采取某种形式的预测性维护[12,13]。此外，美国海军在综合状态评估系统（ICAS）的基础上发展了新一代软件工具——企业级远程监测（ERM，Enterprise Remote Monitoring）系统，相比于 ICAS，该系统具有以下几方面的改进：增强的网络安全；增强的诊断、故障分析和趋势分析能力；高度可扩展及更快的数据处理能力；支持 CBM+算法的快速开发和升级；可逐步过渡到自动预测分析/诊断；数字孪生能力；遵循新的海军政策条例、基础设施、业务战略、架构框架、开放系统和数据战略等。从 2019 年起，eRM 正在逐渐取代原有的 ICAS，预计到 2026 年累计安装数量将达到 100 余艘。

美军借助民用经验推动智能化数字化技术在预测性维护中的应用。随着大数据、人工智能等智能化、数字化技术的快速发展，美军借助高校、企业发展预测性维护的经验，推动相关技术在装备维修上的应用。与高校合作方面，美国国防部与南卡罗来纳大学合作推进旋翼机预测性维护技术，旨在根据旋翼机的振动幅度、噪声水平和发动机温度出现的细微变化来对其提供预测性维护。在与企业合作方面，美国空军快速保障办公室与达美航空建立公私合作模式，深入学习该公司在预测性维护上的成功经验。此前，达美航空一年内因飞机维修而取消的航班天数为 255 天，但推行预测性维修方法后一年内没有出现因维修而取消航班的天数为 300 天。美国陆军与 Uptake 公司合作，引入人工智能技术提升日渐老化的“布雷德利”战车的预测性维护能力。美国空军与波音公司合作构建了 F-15C 机体的数字孪生模型，便于预测其寿命期限及维修换件时间。

第 4 章 预测性维护关键技术

随着科学技术的不断进步和现代化生产的飞速发展，设备作为决定产品产量、质量和成本的重要因素，在生产中的地位越来越重要，但是相应的维修费用和故障也成比例增加，从而推动和促进了设备维修理论的研究和发展。伴随着维修理论的发展，设备的维修理念也发生了很大变化，从 20 世纪 50 年代以前单纯的故障维修发展到定期预防维修，现在正向状态维修、预测性维护和可靠性维护的方向转变。

1. 故障维修（CM）

故障维修是指设备发生故障后，使其恢复到规定状态所进行的维修活动，即设备坏了才修，不坏不修，是一种被动的设备维修方式。在 20 世纪 50 年代之前，由于设备投资较低，故障停机造成的直接损失不大，对企业经营活动的影响比较小，同时大部分设备比较简单，修复比较容易，所以通常对设备采取故障维修策略。

2. 定期预防维修（PM）

定期预防维修源自 20 世纪 50 年代，随着社会化大生产的普及和发展，设备本身的技术复杂程度有所提高，故障停机所产生的损失也显著增加。因此，人们开始研究和应用预防维修理论，即改变原有的事后维修做法，采取定期维修的策略来预防故障的发生，防患于未然。定期预防维修的最大优点是可以有计划、有准备地安排维修活动，减少非计划停机，将潜在故障消灭在萌芽状态。然而，它也存在两个明显的缺陷：一是过分强调按规定的时间进行维修，而不管设备实际状态如何，往往会出现维修不足和维修过剩的情况；二是随着设备结构复杂程度的增加，其故障率分布有非浴盆化的趋势，并表现为随机性，以浴盆曲线为理论依据的定期预防维修策略已经不能适用于一些设备。

3. 状态维修（CBM）

状态维修也称视情维修策略，与基于历史故障数据制定的 PM 策略不同，CBM 策略侧重于利用状态监测系统采集的传感器信息，建立数据驱动的可靠性模型，从而持续评估系统的健康状况，以便做出维修决策，达到仅在必要时或故障前进行适合的维修。

CBM 策略的核心在于状态监测过程，其间，需要使用特定类型的传感器对系统运行状态的各种特征参数进行测量，如振动、温度、电流、电压、噪声等。有研究表明，99%的故障在发生之前会表现出某些特定的信号、状态或迹象。因此，通过对监测信号进行采集、处理与分析，能够检测故障的发生、确定故障的位置并识别故障模式，进而规划合理有效的维修方案。CBM 策略能够减少不必要的维修行为和不必要的维修成本，并避免灾难性的故障发生。但是，由于 CBM 策略仅在更新监测信息时评估系统当前的健康状态，因此当状态特征达到或超过故障阈值时，可能会没有足够的时间计划维修。

4. 预测性维护（PdM）策略

预测性维护策略，也称预知性维护，即在 CBM 策略的基础上，增加了故障预测的内容。该策略通过连续、定周期或是变周期的状态监测，对系统未来的退化趋势和故障发生的概率进行建模与预测。如果预测结果达到或超过故障阈值，则提前计划适当的维修方案，否则，判定系统处于良好状态，仍可继续使用。由此可知，剩余使用寿命（RUL）的预测在 PdM 决策中至关重要[14]。

预测性维护着眼于每台设备的具体运行状态，通过先进的状态监测与故障诊断技术、可靠性评估技术、寿命预测技术等判断设备的状态，识别故障的早期征兆，对故障部位及其严重程度、故障发展趋势做出判断，并根据诊断、预知的结果，尽可能使每个设备在故障发生前进行维修，这样既能保证设备安全、可靠地运行，避免或减少故障发生次数，又能保证物尽其用，充分利用设备零部件的有效寿命，解决维修不足和维修过剩这两大问题，从而显著减少停机损失，降低运营成本。

国内关于预测性维护的研究与应用涉及航空航天、数控、军工、交通车辆和电子系统等领域，其中对航空设备的预测性维护研究最多。国外对预测性维护的研究主要集中在航空航天、汽车等领域，由于基础性研究工作起步较早，并且有大量的试验数据支撑。因此，国内外研究差距主要体现在以下几点：①诊断对象存在局限性，国内大部分有关预测性维护的研究与应用仅在部件或子系统上进行，缺乏针对系统或整机的健康管理系统；②在预测能力验证方面，国外已通过公开数据集或专用数据库，开展了大量的方法研究和准确性验证工作；国内在预测性维护系统设计验证方面，虽然也开展了初步的研究工作，但目前还没有形成成熟的预测性维护建模、试验验证与能力评价技术方法体系，相关验证辅助工具与平台成果还较少[15]。

预测性维护按流程划分包含以下五个方面：状态监测、故障诊断、寿命预测、维修决策和维修活动。在机器运行时，利用传感器对设备的主要（或所需）部分进行数据采集处理，并进行定期（或连续）状态监测和故障诊断，以确定设备的状态，预测设备状态的未来发展趋势及设备的未来发展趋势。根据设备状态及可能出现的故障模式，提前制定维修计划，确定维修时间、内容、方式及必要的技术和物资支持。

预测性维护发展到现在，基本上形成了自己的技术体系，如图 4-1 所示。本文从预测性维护的状态监测、故障诊断、寿命预测及维修决策四个方面进行介绍。

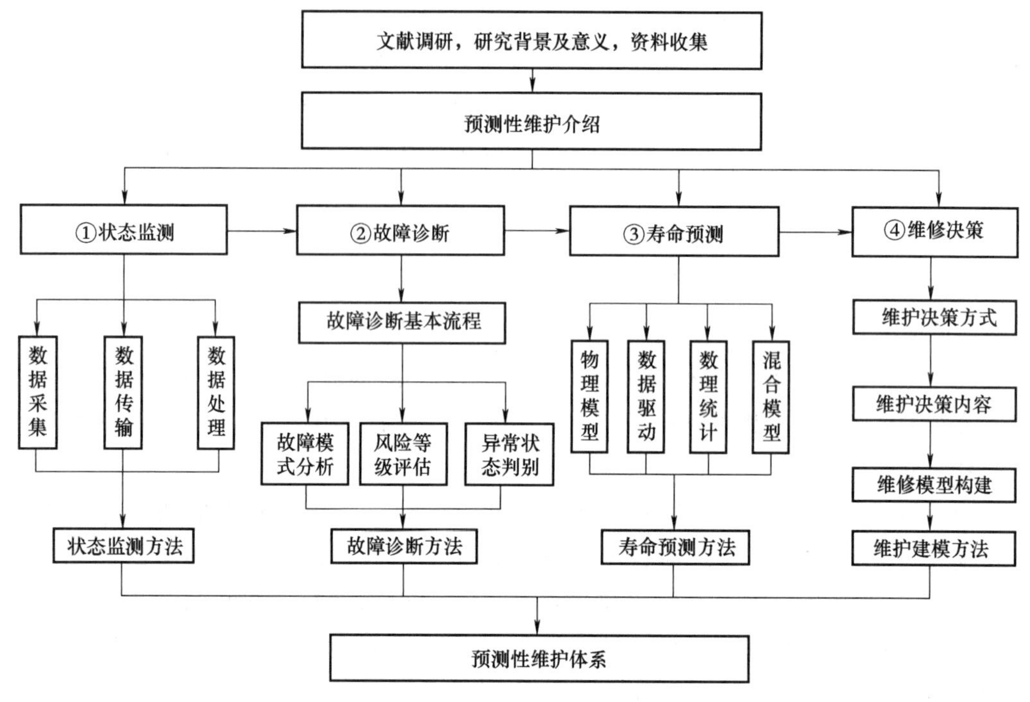

图 4-1　预测性维护技术体系

4.1 状态监测

在预测性维护中，状态监测和故障诊断是判断预测性维护是否合理的根本所在，而状态监测是承上启下的重点环节[16]。状态监测的目的在于掌握设备发生故障之前的异常征兆与劣化信息，或者在故障处于轻微阶段时将其检测出来，以便事前采取针对性措施控制和防止故障的发生，从而减少停机时间与停机损失，降低维修费用并提高设备有效利用率。状态监测既能使设备经常保持良好状态，又能充分利用零件的使用寿命，对于设备的安全运行具有重要的意义，可以概括为以下几点：

1）第一时间掌握设备运行状态异常或故障的早期征兆，并采取相应的措施，将故障消灭在萌芽状态，避免或减少重大事故的发生。

2）如果有故障发生，能够自动记录下整个故障过程的数据，以便事后对故障原因进行分析，缩短维修时间并降低维修费用，提高设备利用率，避免再次发生同类事故。

3）通过对设备状态异常的原因和性质进行分析，采取适当的措施，延长机组的运行周期，并为生产和维修决策提供科学依据。

4）通过分析监测系统获得的大量机组的数据信息，可以更加充分地了解设备的性能，为设备设计、制造水平的改进和产品质量的提高提供了有力的科学依据。

5）能够随时掌握设备运行状态的变化情况、各部分性能的劣化程度和力学性能的发展趋势，从而提高站场管理的现代化水平。

任何故障的产生、发展必然经历一个时间过程，有时看似偶然的故障，也必然有其内在的规律性，即使是突发性故障也存在孕育、潜在、发展的时期，只是时间极短而已。设备由采购或制造到安装再到故障的发展历程如图 4-2 D-I-P-F（设计-安装-潜在故障-故障）曲线所示。当查看 P-F（潜在故障-故障）曲线时，可以将重点监测与预防技术集中应用在提升可靠性操作的两个阶段：P-F 阶段和 I-P（安装-潜在故障）阶段，即潜在故障到故障发生阶段和安装到潜在故障阶段。P-F 阶段是设备在实际运行中最受关注的部分，由于设备缺陷或潜在故障已经开始孕育，因此 P-F 阶段适用于状态监测和预测故障模式[17]。

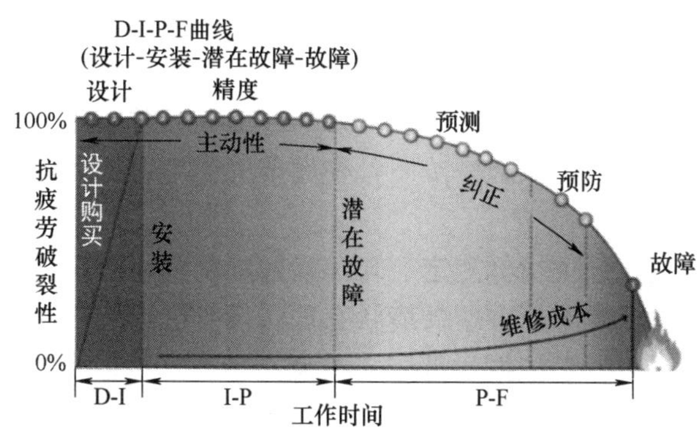

图 4-2　D-I-P-F（设计-安装-潜在故障-故障）**曲线**

设备在 P-F 阶段采取状态监测技术肯定是最有效果的，此时机组的运行状态与性能多少都开始发生变化。在 P-F 阶段进行状态监测就好比定期体检血管内的胆固醇含量并确定适当的时间采取行动一样，仅监测和跟踪它的情况并不能阻止它的发展。对于站场内的设备，P-F 阶段的状态监测技术包括：①振动监测；②油液监测；③红外图像分析；④超声测试；⑤电气监测分析等。

4.1.1　信号采集方法

信号采集是设备状态监测的基础，包括数据获取、数据传输及数据处理三部分。设备应该长期地、不间断地通过传感器自动采集设备状态非电量或者电量参数信号，接受检测系统对其运转情况的监测及故障诊断，监测系统也应该及时分析出当前设备是否良好运转，然后再判断当前的运转情况。之后设备对运行参数的数据信息进行分析及处理从而得到准确的设备运转情况[18]。数据获取的主要方法有：

1. 智能装备数据采集方法

设备基本数据采集是将设备代号、名称、型号、规格、生产厂家、资产编号、采购时间等设备基本数据，由人工、扫二维码等方法输入设备状态监测系统。设备工作状态数据采集是将设备工作状态的开、关、停、待机、故障、保养、大修、正常使用等状态信息经由人工输入或者设备控制器、传感器等输入设备状态监测系统。

设备运行状态数据采集包括生产过程中设备的电流、电压、振幅、振动频率、水温、油温、气压、油位等被监测信息，由设备控制器、传感器等输入设备状态监测系统。

设备报警状态数据采集包括设备出现故障后报警的代码、内容、持续时间和发生频次等信息，由报警监测设备输入设备状态监测系统。

设备统计信息数据采集包括设备的停机时间、次数、平均故障间隔时间、平均修复时间、综合效率等统计信息，由传感器、执行器、控制器等输入开、停机时刻，修理开始、结束时刻，经自动计算后将统计信息输入设备状态监测系统。

设备加工状态管理数据采集包括工件名称、加工程序、工艺参数等加工状态，由机床控制系统直接自动输入设备状态监测系统。

2. 环境数据采集方法

环境在线实时监测预警及监控，是对智能制造中生产设备性能的稳定发挥，延长设备使用寿命、确保数据安全性及准确性的重要保障机制。因为在智能制造设备硬件中，使用了大批量的半导体器件、电容器等，在实际生产工作过程中，环境状态的变化会对它们的正常工作造成一定的影响，甚至可能会造成其中某些元器件的非正常工作，将进一步导致智能制造中生产设备发生故障。因此，必须严格按照各种设备的要求，把环境状态控制在设定的范围之内。

环境监测的内容包括：物理指标测定、化学指标测定、生态系统测定。

准确、及时、全面地反映工厂中的环境状态现状及发展趋势，为设备管理、环境状态规划与设备预防性维护等提供科学依据。具体归纳为：

1）根据环境状态标准评价环境状态。

2）根据环境状态情况，追踪影响因子大的环境状态，为实现监督管理、设备的预测性维护提供依据。

3）收集本底数据，积累长期监测资料。

3. 人因数据采集方法

在未来工厂中，虽然涉及人的操作会越来越少，但人对于工厂来说，作为设备状态监测中的监督者，仍会是必不可少的。因此，如何把人的失误导致工厂的风险考虑进去，以及如何揭示人—机交互过程中的薄弱环节，防止由于人员误操作导致误报警，对工厂的状态监测与预测性维护来说是一个很重要的问题。

为了减少整个分析过程的复杂度，进行人因方面的考虑时，需筛选及确定关键人因事件，应遵循以下原则：

1）按照层次化的要求寻找失误原因，遵循“由大类到小类”的层次化原则依次确定失误原因。

2）优先选择对人因失误的发生具有直接影响和严重影响的因素，再分析对人因失误产生间接影响或者影响作用较小的因素；优先选择能够进行直接并客观评估的因素。

3）尽量消除不同失误原因之间可能存在的依赖或者耦合关系，如果无法消除，应该尽可能地降低不同原因之间的依赖程度。

4）失误原因的术语尽量保证清晰、通俗易懂，并保证不同原因之间能够明确区分；在定量计算中应避免重复的计算结果，当存在共因事件时，要考虑其相关性。

5）不同的筛选必须具有一致性，判断准则不应影响分析结果的正确性。

在进行数据传输过程中往往因为信号的相关处理系统和监测设备的距离比较远，数据很容易被干扰，并且也很容易发生数据损失，其受到周边环境的影响比较大。因此需要给数据开展模数转换，在通过一定的前期处理后进行压缩打包，再传输给对应的处理及控制中心。

数据处理其实就是数据信息的处理中心在收到相关设备有关状态量的一些分析信号之后，利用不同的分析方法进行处理。决策是指依据设备状态特征参数值与阈值进行对比、聚合分析，判断设备状态与全寿命结论的方法。当前，相关工作人员通常使用的数据处理方法是把数字化的一些信息技术手段及智能化的一些信息技术手段进行有效的结合，这种方法能够更好地提升数据信息在处理过程中的可靠性和精准性。

原始测量值为设备运行过程中经传感器信号采集的未经处理的数据；中间数据为通过传感器、设备在运行中获取的动态数据，经计算或调理后，去除外部干扰或无效信号的数据；状态表征数据是经数据处理（特征提取）后能表征设备状态特征的数据；设备状态信息是通过监测方法对设备各状态特征量进行信息聚合、阈值判断后得到的数据，其反映了设备的当前状态。当设备被测量为开关量时，信号调理与特征分析过程无须执行，故不存在中间数据与状态表征数据。当设备被测量为静态数据时，信号调理与特征分析步骤可以省略。

4.1.2　状态监测方法

随着各种高端制造装备的出现，越来越多的新型设备被应用到工业化生产中，传统的监测数据分析技术对数据的分析已经不能满足当今的发展要求，近年来，国内外相继出现了如线性回归技术、矩阵变换技术、灰色理论分析等新型数据分析方法[19]，其主要得益于新型数学模型和优化算法，如传统的铁谱磨粒图像识别大多基于人工对图像的判断，但随着神经网络技术、分形理论等新型数学算法的发展，尤其是 5G 技术的出现，快速提高了网络运算能力和存储能力，对状态监测分析技术的快速发展起到了极其重要的作用。借助 5G 通信技术，使状态监测分析技术从传统的人工离线分析延伸到超远程监测数据的快速传输、数据的网络计算及超快速在线监测。

状态监测可以分为直接状态监测与间接状态监测。直接状态监测通过仪器直接测量相关变化量，如使用显微镜或表面轮廓仪直接对被监测对象进行测量，这种直接监测方法能够体现出被监测对象在实际运行过程中尺寸大小的改变，从而获得非常精准的监测结果，但是，光学仪器在实际操作过程中会由于环境限制而导致精度和灵敏度下降，并且直接状态监测方式需要停机，会影响生产时间和质量。

间接状态监测是利用温度、压力、振动、超声波等不同类型传感器获取设备的多种运行状态信息。其中，温度传感器可用于汽轮机、空气压缩机等大型机组的油温、瓦温监测；振动传感器广泛应用于判断机械设备的非平稳运动现象；超声波等高频传感器可用于判断设备机械部件内部的细微摩擦，对于微小故障的判断较为灵敏。通过以上多种传感器数据之间的协同工作及功能互补，可实现更精确的状态监测。

1. 振动监测法

从广义上说，如果表征一种运动的物理量时而增大、时而减小反复变化，就可以称这种运动为振动。振动普遍存在于运转的机械设备中，当设备发生异常时，一般会出现振动增大和工作性能变化的情况，大多数的机械故障都能够通过振动反映出来，因此根据对机械振动信号的测量分析，可不用停机和解体，便对设备的劣化程度和故障性质有所了解。目前的振动理论和测量方法都比较成熟，且简单易行，在旋转机械中有着广泛的应用。

采用振动监测法还具有以下优点：

1）可以检测出各类型轴承、齿轮的异常现象。

2）在故障初期就可发现异常，能够防止恶性事故发生，对故障进行早期预测和及时诊断。

3）由于振动信号发自轴承本身，所以不需要特别的信号源。

4）信号检测和处理比较简单，可在设备机组运转中或基本不拆卸的情况下判断故障产生的部位和原因。

振动监测是状态监测中一个重要的检测方式，也是最为复杂的一个环节，其原理基于不同机械故障有其特有的频率，从而通过信号采集和信号分析来确定故障的根源。通过传感器测量，获得整个机器振动部分的包络曲线，并进行滤波去除非机械振动引起的干扰信号，再通过快速傅里叶变换（FFT）获得其特征频率，对其进行整流解调后即可获得所需的机械固有频率，包括工频、二倍频与共振频率等。通常的机械故障主要有轴承（内侧，外侧）、刀具、齿轮箱、联轴器等的机械磨损；转子不平衡、磁拉力不均衡；共振；摩擦等。不同机械故障显现不同的机械频谱，如转子不平衡，其不平衡原有包括了质量不平衡、永久弯曲、热弯曲、部件位移、结垢、联轴器不平衡多种原因，必须通过状态监测，进一步分析其故障原因[20]。

2. 声发射监测法

声发射是一种发生在材料内部或者表面的物理现象，术语“声发射”用来描述自然产生的弹性能量以瞬态弹性波形式释放的过程。发生在材料内部的声发射以弹性波的形式表现在材料表面，并且覆盖较宽的频率范围。一般来说，所检测到的声发射信号的频率范围为20k～1MHz。

通过使用合适的传感器可以检测到声发射（Acoustic Emission，AE）的波形，这种传感器将材料表面的位移转换为电信号。这些电信号可由合适的仪器或数据处理技术来处理，以表征系统的状态并且有助于检测早期的机械缺陷和结构的完整性。从传感器输出的信号波形受多路径传播和在材料内部或者表面形成的几种波模式影响。因此同一输入源通过不同的传递路径进行传播，传感器的响应也会不同[21]。

3. 油液监测法

油液监测技术就是将采集到的设备润滑油或工作介质，利用光学、电学、磁学等分析手段，分析其理化性能指标，检测其所携带的磨损和污染物颗粒，从而获得机组的润滑和磨粒状态的信息，定性和定量地描述设备磨损状态，找出诱发因素，评价机组的工作状况和预测其故障，并确定故障部位、原因和类型，从而对实际工作做出指导。图 4-3 所示为油液监测流程图，列出了油液监测中所用到的主要分析方法及其所对应的分析内容。

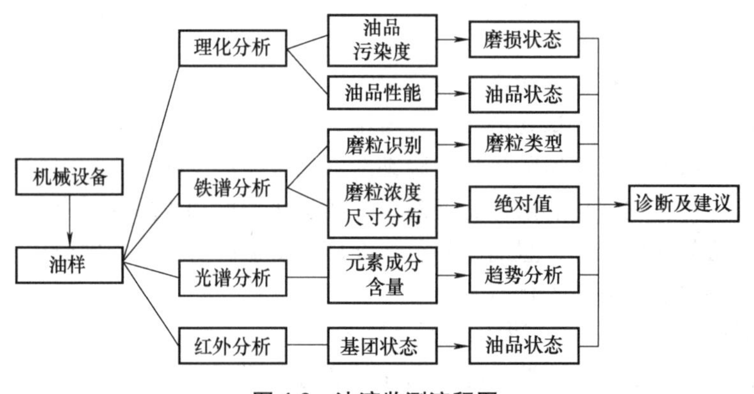

图 4-3　油液监测流程图

从图 4-3 中可以看出，油液监测技术所采用的技术手段主要涉及润滑剂分析和磨损微粒分析两大领域。润滑剂分析是通过监测设备机组中在用润滑油品的理化性能指标的变化，来检测机械设备的润滑状态及存在的机械故障。磨损微粒分析技术是通过监测设备机组中在用润滑油品所携带的磨损微粒的元素、尺寸、形貌、浓度等，实现对机组摩擦状态的监测和故障的诊断[22]。

润滑油的理化性能指标主要有黏度、密度、pH 值、抗氧化安定性、挤压抗磨性、腐蚀性等。参照润滑油的这些性能指标，油液监测技术中对润滑剂理化性能分析的主要内容包括：油品的衰化、油液中添加剂的损耗、油液的污染。例如，油品在使用过程中由于环境温度等外界条件的影响，引起了其黏度、密度、pH 值等性能指标的改变，从而造成油品的衰化，缩短了油品的使用寿命；另外，为了优化润滑油的使用性能，润滑油中通常加有各种具有不同性能的添加剂，而这些添加剂在使用过程中到外界影响会发生变化，产生相应元素的化合物，造成添加剂的损耗，从而使油品的性能发生劣化；除此之外，在润滑油的使用过程中，由于摩擦副的磨损和多种外界因素，也会造成润滑油的污染，从而影响其性能。

油液监测技术对油液中磨粒的分析主要有以下内容：化学成分分析，判断机械设备发生异常情况的部位和磨损类型；浓度含量分析，判断机械设备磨损的总量；尺寸大小分析，判断机械设备磨损的严重程度和磨损类型；几何形貌分析，判断机械设备的磨损机理。

4.2 故障诊断

故障诊断，即对故障的类型进行识别分类，诊断出发生的故障类型、故障位置及故障程度等。故障诊断可以概括为特征提取和模式识别[23]。所谓特征提取指的是从设备中提取与设备当前状态紧密相连的振动信号、噪声信号、温度信号油液分析信号等。实际经验表明，机械故障最常见的故障特征表现形式往往伴随着振动和噪声信号，事实上，机械的故障诊断也常依赖着以上两种信号。故障诊断的本质是建立故障深层特征与故障具体状态的映射，通过建立模型表达其中的映射关系。提取故障特征如运行数据的时域、频域或时频域等特征，建立深层特征与故障当前状态间的映射。因此模式识别就是将上所述的提取特征输入算法中进行故障状态识别。

信号特征提取是进行故障诊断和设备状态监测的前提与关键，信号特征提取主要包括数据采集和数据处理两个主要步骤。数据采集，即使用如传感器等设备采集机械设备运行时的一些参数信息，如温度、振动、油液信息、转速、压力等；数据处理，即对数据采集的数据指标进行处理，如提取时域或频域信息、去噪、标准或归一化处理等。常采用的数据特征提取技术包括统计分析、自回归模型、小波分析、经验模态分解和奇异值分解等。故障诊断过程如图 4-4 所示。

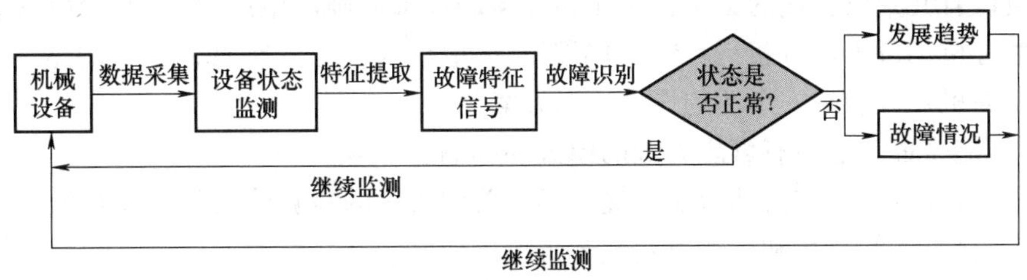

图 4-4 故障诊断过程

设备故障诊断技术过程当中需要利用数据处理的相关技术，快速、及时地得到关键的信息数据，然后利用数据相应传输及转化增强系统的运转效率。因为在具体的操作过程中涉及的相关数据非常多，因此当设备出现故障的时候就会出现对应的一些故障特征。所以，有关工作人员在实际的工作过程中，应该掌握基础的一些故障特征，增强故障诊断的精准性。故障特征信息数据的判定是故障诊断技术过程当中一个关键内容，所以要求有关工作人员在日常的工作当中要重视故障特征的相关积累，同时也要积极学习掌握新型技术，从而提升自身设备故障诊断技术的相关能力水平[24]。

4.2.1 故障诊断基本流程

故障诊断的基本流程一般为：

1）分析机器全过程的利用率、可维修性和危害度。

2）列举主要部件和他们的功能。

3）分析部件故障的失效模式和原因。

4）表示危害度，考虑重要性（安全性、利用率、维修费用、产品质量）和发生率。

5）确定哪些故障可以诊断（“可诊断的”）。

6）分析哪些运行工况最有利于观察不同故障，并规定基准工况。

7）对能用于评价机器状态和诊断机器故障的症状进行表示。

8）列出能用于评估的不同症状并进行表示。

9）识别必要的测量和传感器，从中导出或计算表征量。

10）对提取的特征利用数据分析算法进行异常判别。

其中在步骤1)~4）中，可以采用失效模式和影响分析（FMEA）或失效模式影响和危害度分析（FMECA）一样的方法进行维修优化。也可以采取以可靠性为中心的维修（RCM）的维修优化方式[25]。

1. 失效模式分析

失效模式分析（Failure Mode Analysis）类方法对于异常诊断和预测性维护有重要意义。常用的分析方法包括失效模式和影响分析、失效模式影响和危害度分析，以及失效模式、影响和诊断分析（FMEDA）。FMEA是自底向上的一种方法。故障树（FTA）也可用于失效分析，是自顶向下的一种方法。FMECA方法可用于工厂生产装备的异常诊断。FMECA是一种应用广泛的失效模式分析方法，用于确定失效后带来的后果影响和危害性分析等[26]。FMECA方法适用于故障安全导向的系统，也适合于普通系统。应尽量明确生产装备所有可能的故障，并根据对故障模式的分析，确定每种故障模式对生产装备产生的影响，确定单点故障，并按故障模式的严重度及其发生概率确定其危害性。所谓单点故障指的是引起生产设备故障并且没有冗余或替代的工作程序作为补救的局部故障。生产设备的FMECA包括故障模式和影响分析和危害性分析（CA）。FMECA一般以表格形式呈现，其目的是在早期设计过程中提出高可靠性、高安全性的设计选择方案。

1）尽可能全面考虑所有可能失效的模式和影响。

2）列出潜在失效模式及其影响，提出早期关键失效的检测计划及测试方案。

3）为定量可靠性分析和可达可用性分析提供依据。

4）为后续系统详细分析及系统改进提供参考文献。

5）为后续系统的权衡分析提供数据依据，为后续系统修正提供依据。

6）为后续系统重新设计及评估提供依据。

FMECA 是一种定性分析方法，主要应用于系统的设计过程。在工厂生产装备异常诊断语境下，FMECA 主要用于生产设备及生产设备构成的子系统和系统的分析。

生产设备 FMECA 实施步骤：

1）确定生产设备的定义和范围，以及系统边界。

2）确定生产设备的主要功能及不同操作模式。

3）掌握生产设备所处环境条件的资料。

4）当系统出现问题时，系统中的那些子系统仍能自如操作。

5）按照生产设备功能方框图画出其可靠性方框图。

6）根据所需要的结构和现有资料的多少来确定分析级别，即规定分析到的层次。

7）确定故障模式，分析其原因及影响。

8）确定故障的监测方法，可以是在线或离线。

9）找出设计时可能的预防措施，防止特别不希望发生的事件发生。

10）确定各种故障模式对生产设备产生危害的严重程度。

11）确定各种故障模式的发生概率等级。

12）制作 FMEA 表，并绘制危害性矩阵，如果需要进行定量 FMECA，则需要填写 CA 表。当实施生产设备 FMECA 分析时，应明确生产设备的各项应力界限。

在利用 FMECA 指导生产设备设计、安装时，应明确生产设备是否存在降额设计，以及降额原则和幅度；生产设备是否具有防护体系，以及具备何种类型的防护体系；在利用 FMECA 进行生产设备失效分析时，应参考其总体设计文档和详细设计文档，以及其出厂测试要求。

2. FTA 分析方法

FTA 分析是一种常用的自顶向下的失效分析工具[27]。FTA 可以进行定性或定量分析，是一种特殊的倒立树状逻辑因果关系图，它用事件符号、逻辑门符号和转移符号描述系统中各种事件之间的因果关系。逻辑门的输入事件是输出事件的“因”，逻辑门的输出事件是输入事件的“果”。与 FMEA 类方法的自底向上方式不同，故障树首先确定顶层事件，然后逐步向底层演绎，经过子系统、组件最终得到元件级失效事件。顶层事件通常为系统失效。故障树分析是一种二元分析，可以应用到工厂生产装备的失效分析，并且可与 FMECA 结合使用。它是一种从系统到部件，再到零件，按“下降形”分析的方法。FTA 从系统开始，通过由逻辑符号绘制出的一个逐渐展开成树状的分枝图，来分析顶层事件发生的概率。同时也可以用来分析零件、部件或子系统故障对系统故障的影响，其中包括人为因素和环境条件等在内原因。故障树不仅可以分析由单一构件所引起的系统故障，也可以分析多个构件不同模式故障产生的系统故障情况。因为故障树分析法使用的是一个逻辑图，因此，不论是设计人员或是使用和维修人员都容易掌握和运用，并且由它可派生出其他专门用途的“树”。故障树是一种逻辑门所构成的逻辑图，能够适用多种设备。

通过上述步骤可以得出不同故障类型可能发生的概率及故障可能造成的后果，此时把异常诊断水平从监测、影响、置信度、优先级等多方面划分等级，从而确定异常诊断分级并确定可诊断故障类型。

3. 故障特征提取

首先，要将设备故障与设备异常区分开来。设备故障是指设备不能正常运行，致使生产中断或效率降低而影响生产，比如电源开关未合闸导致的压缩机组不运转；设备异常是指设备在正常运行过程中，出现某些指标偏离正常范围的现象，比如压缩机的排气温度过高。设备异常通常是故障发生的前兆，这些异常信息是建立寿命预测模型的重要特征，往往与故障具有很高的相关性。生产设备状态监测功能和通信网络构成了工厂异常诊断的基本要素，生产设备异常诊断的数据支持来自状态监测数据。

（1）数据获取　状态监测数据获取的有关要求如下：

1）应尽量将生产设备所有的输入输出数据类型、量程及报警信息整理清晰、完备。

2）对于支持状态监测的生产设备，需要明确定义其状态监测数据的类型、量程，以及对应的物理意义。

3）对于内置诊断功能和报警功能的生产设备，在定义异常诊断计划时，要考虑诊断计划的周期，以及诊断功能是否能满足诊断需求。

4）应尽可能地对生产设备展开异常诊断，无论是基于数据驱动方法、基于定性经验还是基于模型的方法。

5）应明确定义各个诊断步骤或部分所需要的数据类型，以及异常诊断在本步骤或本部分所能给出的解集空间范围。

6）须建立高效的数据采集通道和存储能力，保证正常数据和异常数据都能有效地被搜集和保存。

7）生产设备的异常诊断主要依赖于状态监测数据和现有模型及经验进行，也可集合深度学习及大数据等更新的技术进行有效的故障模式识别与判断。

8）应考虑到生产设备涵盖范围广，种类繁多，采集、通信和智能化水平不同，对于有条件实现异常诊断的，应该尽量实现异常诊断。

9）应对被诊断的生产设备定义其明确的系统边界和输入、输出。

10）应确定被诊断设备的全部功能，包括正常功能、异常处理功能和安全功能。

11）应明确定义被诊断设备的降级能力，确定其降级状态和降级时能完成的功能。

12）应明确被诊断设备的冗余能力，从正常功能状态下能够区分出冗余设备功能是否已经启动。

（2）明确信息　对于被诊断的生产设备应该明确以下信息：

1）被诊断的生产设备的类型，如机械、液压、电子电气、气动等。

2）被诊断的生产设备的基本工作原理。

3）被诊断的生产设备的危险等级，包括可能的潜在危险。

4）设备安装的方法、位置和环境。

5）被诊断的生产设备的全部失效模式。

6）被诊断的生产设备全部失效模式所导致的一般性影响。

7）被诊断的生产设备全部失效模式所导致的危害性（关键性）性影响。

8）被诊断的生产设备数据的采集方式，如有线、无线、以太网、总线等。

9）被诊断的生产设备状态数据的类型：温度、压力、流量、液位、振动频率、位置、输入电压、输入电流等。

10）被诊断的生产设备数据获取的方式，如 OPC、OPC UA、Modbus 等。

11）被诊断的生产设备数据的精度、抖动、量程、正常门限等。

（3）征兆类型　状态检测的征兆类型：

1）动力学效应，即通过对振动波、脉冲波和声波等的检测，来评估生产装备的健康状态。

2）颗粒效应，即通过检测由油液中金属颗粒成分、大小、形状和密度变化，来评估生产装备的健康状态。

3）物理效应，通过监测生产装备的外观、结构、尺寸和物理变化，来评估生产装备的健康状态。

4）温度效应，通过监测生产装备自身及环境温度的变化，来评估装备的健康状态。

5）电学效应，通过监测生产装备的电阻、电压、电流参量的变化，来评估生产装备的健康状态。

（4）状态数据与表征量　表征量可以由状态监测系统直接得到，或者对测量结果处理后得到。由于选择性的原因，经常采用表征量而不采用测量值。表征量针对性越强，症状对应性就越好，从而使诊断更容易。当由症状推断故障时，表征量的针对性可使故障假设的数目减少。

4.2.2　故障诊断方法

1. 趋势分析

故障诊断首选通过数据采集进行测量，并把它们与相同或相似机器的历史趋势、基线或有代表性的数据进行比较。状态监测数据采集程序的管理经常是在线进行的，将测量列入计划采集顺序。数据采集也可以按照预定的设备监测离线进行，按初始规定的周期进行，该周期比预期出现失效模式的周期更频繁。对许多状态监测技术而言，基于计算机的系统可用于帮助管理数据采集和数据收集路径、测量结果的记录和趋势分析。

2. 对比分析

如果测量值与预警/报警准则对比是可以接受的，则除了记录数据和继续监测外，不需要采取措施。如果测量值与预警/报警准则对比是不可以接受的，则宜启动诊断过程。也有可能出现没有发现可疑或没有检测到异常的情况，但诊断与预报仍要继续进行，这是机器健康评估决策的要求。例如在设备停机前进行的设备状态调查要求这样做。也可能出现下列情况，即除了预警操作员检测到的噪声、气味或视觉征兆等，还有其他的征兆超出了检测程序范畴。

3. 基于模型的分析

现阶段预测性维护中的故障诊断主要依靠人工分析实现，诊断分析人员通过趋势、波形、频谱等专业分析工具，结合传动结构、机械部件参数等信息，实现设备故障的精准定位。工作人员应该按照设备故障的具体状况选择适当的诊断方法，故障诊断涉及的方法包括时域信号诊断、频域信号诊断，以及以此为基础的人工神经网络、专家系统综合诊断[28]等。

（1）基于神经网络的故障诊断方法　20 世纪 80 年代，随着计算机技术的发展，人工神经网络开始诞生。它通过模拟人类大脑的运行模式，从一个新视角来进行数据处理，从而实现事物状态的判别与分析。人工神经网络发展的初期形成了多种模型结构，主要包括多层感知器模型、BP（Back Propagation）神经网络、模糊神经网络、自组织映射神经网络、Hopfield 神经网络及递归神经网络等。将人工神经网络应用在故障诊断如一种基于主成分分析—径向基函数（PCA-RBF）神经网络的故障诊断算法，首先建立基于 LEACH 协议的 3 层融合模型，然后簇首节点采用 PCA 对大量多传感器进行数据降维，最后 Sink 节点采用 RBF 对数据进行决策级融合。仿真结果表明：该算法 3 个成员节点各上传 10 个数据包，簇头节点融合后剩余 4 个，融合率为 86.7%，每组故障识别准确率大于 85%。该算法具有高识别率和高压缩率，能够很好应用于煤矿设备故障监测。

（2）基于支持向量机的故障诊断方法　支持向量机（Support Vector Machine，SVM）是由 Corinna Cortes 和 Vapnik 提出的，在解决非线性、小样本和高纬度模式识别方面具有许多独特的优势，可以推广应用于函数拟合等机器学习问题。

在机器学习中，支持向量机属于监督学习模型的一种，常用来对数据进行分类和回归分析。给定一组训练实例，每一个被标记为属于两个类别中的一个或另一个，SVM 训练算法建立一个模型，该模型将新的实例分配给其中一个类别，以便成为非概率二进制线性分类器。SVM 模型是空间中点的实例的表示，映射使单独的类别示例被尽可能宽地清晰间隙划分，然后将新的实例映射到相同的空间中，并预测它们属于哪一类。

除了执行线性分类之外，支持向量机还可以使用核函数有效地执行非线性分类，并将它们的输入隐式映射到高维特征空间，以解决低维空间中的向量集难以划分的问题。样本可以通过核函数从原始空间映射到更高维的空间，然后可以在这个新的高维空间中被线性地分为两类，即达到空间中的线性划分。通过对核函数选择，就可以得到高维空间的分类函数。

SVM 可以说是一种泛化能力强、准确率高的高质量分类器。与逻辑回归和随机森林相比，SVM 的难点在于参数调整。因此，该方法一经提出就在故障诊断领域得到了广泛推广与应用。例如，基于支持向量机进行了不同故障模式和不同故障严重程度的诊断识别。

（3）基于深度学习的故障诊断方法　深度学习作为机器学习的分支，也是一种常见的特征学习方法，通过采用多重非线性的复杂模型的多个处理层将原始的数据进行高层抽象。深度学习框架集成了特征提取和分类的功能，可以对特征进行自动学习。深度学习是指基于多层神经网络，使用各种机器学习算法来解决各种文本和图像等问题的一系列算法的集合。

而深度学习是从神经网络演变而来的，通过输入输出权重（w）和阈值（b），以及多层感知机的结构，从而搭建出基本的神经网络。为了克服神经网络的缺点比如：容易过拟合及训练速度比较慢等，深度学习采用了另外的训练机制。基于层级的训练机制可以防止如在深层次网络的反向传播机制中，残差传播到后面及变得太小并导致梯度扩散。

虽然神经网络和支持向量机可以很好地实现故障分类，但依然存在需要人工提取特征和大数据量处理困难的问题。深度学习强大的特征挖掘和数据处理能力可以很好地解决传统神经网络的不足，因此得到了广泛应用。基于深度信念网络的故障诊断方法，通过从原始数据中挖掘分布式特征，特征提取是故障诊断的关键步骤。但不同的提取方法所提供的特征不同，引发的诊断也可能有所不同，因此增加了特征选择的难度和诊断的不确定性。深度信念网络是典型的深度学习方法之一，可以通过结合低级特征发现数据结构分布，从而获得抽象表示。通过直接从原始信号中学习和逐层训练，深度信念网络可以获得更好的特征表示，从而消除人工对特征提取的影响，增强故障诊断过程的智能化[29]。

4.3 寿命预测

作为预测性维护的重要组成部分，当对设备完成故障状态识别后，需要对设备未来一段时间内的健康状态做出判断，从而提出合理的维护建议，以延长设备的使用寿命，减少昂贵的非计划维护，因此设备的寿命预测一直是一个备受关注的热点问题。寿命预测在不同的研究机构和不同的预测方法下显示出不同的结果。从组织分类上，可以从不同的研究机构分类当前的工作技术和应用的综合情况，主要分类如下：

1）基于物理模型的寿命预测技术。

2）基于数据驱动的寿命预测技术。

3）基于数理统计模型的寿命预测技术。

4）基于综合模型的寿命预测技术。

4.3.1　基于物理模型的寿命预测技术

基于物理模型的寿命预测方法指采用动态过程预测方法、卡尔曼滤波方法、粒子滤波方法及基于专家经验的物理模型等模型的寿命预测技术。

预测技术一般要求系统寿命是已知的系统模型，在数学工作条件下提供了一种系统掌握预测组件或系统故障模式的计算技术手段，通过对功能计算模型的计算方法来评估关键部位的影响程度，并在有效的周期内评估部件使用中的故障严重程度，通过集成物理模型和建模，评估剩余使用寿命（Remaining Useful Life，RUL）。

该预测技术是从设备内部工作的物理机理出发，分析运行过程中的工作原理与性质，建立反映设备健康状态和性能下降的物理数学模型，通过数学模型反映设备的退化本质，进而推导设备性能退化的演变规律，预测设备的退化趋势。最常见的物理模型主要为 Paris 疲劳剩余使用寿命模型。现有研究在缺陷微观失效模式分析的基础上，从设备的失效机理出发，利用 paris 模型可以实现对球轴承的寿命预测。在此基础上，提出了基于改进 Paris 模型的滚动轴承寿命预测模型，提高了该方法在工程应用的价值。

基于物理模型的方法可以在不收集大量数据的情况下，表述系统的故障逻辑和退化趋势，但是需要领域专家的支持来建立和表述设备的数学模型，此过程中，它还需要对失效机理有准确的分析与研究，才能准确地实现状态预测。然而，大多数设备都是一个复杂的系统，由于对这些复杂设备失效机理不完全清楚与了解，建立的物理模型仅是基于假设工况，无法与设备的实际运行工况保持一致，导致设备生命周期中模型产生不一致性，因此很难建立有效的物理模型。这种方法一般针对简单的系统，只有在完全掌握了系统的退化机理与数学模型时，才会有好的预测效果[30]。

4.3.2　基于数据驱动的寿命预测技术

基于数据驱动的寿命预测技术需要从运行设备中收集状态监测数据，而不需要建立设备故障演化或寿命退化的精确数学模型。该方法不是通过随机、物理模型进行推断的，不需要具体了解设备的失效、退化机理，其直接从观测数据中去分析规律，得出预测结果。

常用的基于数据驱动的方法有自回归模型（Autoregressive Model，AR 模型）、人工神经网络（Artificial Neural Network，ANN）、支持向量机（Support Vector Machine，SVM）、相关向量机（Relevance Vector Machine，RVM）等。通过利用神经网络技术可实现对刀具剩余使用寿命的预测。虽然基于机器学习的寿命预测技术具有简单、易操作等优点，但是，由于机器学习自身的浅学习特征，在遇到复杂的非线性预测问题时，很难去挖掘非线性规律，容易对预测结果造成一定的影响。随着计算机能力的提高，深度学习的方法逐渐得到人们的关注，基于深度学习的寿命预测技术主要包括深度置信网络（DBN）、卷积神经网络（CNN）、循环神经网络（RNN）及长短时记忆网络等。

1. 特征提取与特征选择

为了获得精确可靠的寿命预测结果，有效的特征提取和选择起到了重要的作用。寿命预测的特征提取方法主要分为时域、频域和时频域。其中，时域特征提取方法是直接计算数据的统计特征如均值、方差、均方根、偏度、峰度、波峰因子、熵等；频域特征提取方法则利用傅立叶变换将时序数据变换到频域中，进而使用变换后的幅频谱和相频谱进行频谱分析，得到频域的统计特征；时频域特征提取方法利用希尔伯特黄变换—小波变化、经验模态分解（Empirical Modal Decomposition，EMD）及小波融合 EMD 等将时序数据拓展到二维空间，从而得到任意时刻的瞬时频率和幅值，最终获得时频域的特征。提取的特征在应用到寿命预测算法之前需要进行特征选择，以缓解维数困难的同时加快学习任务的速度。特征选择方法可分为监督式和无监督式，监督式特征选择方法包含随机森林、分布式梯度增强库、线性判别分析、Lasso、费歇尔评分、相关系数法等；无监督特征选择方法包含主成分分析、自编码器、t 分布随机邻居嵌入、局部线性嵌入、拉普拉斯评分等。上述特征选择方法从不同的角度对提取的大量特征进行层层选拔，最终得到更加具有代表性的关键特征，然后进行寿命预测。

数据驱动的方法需要从历史数据中提取特征，并将其转化为知识。通过数据分析和处理，挖掘隐藏在设备数据中的健康状态指标和性能退化特征信息。虽然数据驱动的方式具有很大的优势，然而，数据驱动的寿命预测技术由于数据量的限制、模型的训练及大量的标签信息，导致这种方式很难开展实际应用，并且数据驱动的算法模型并没有考虑设备的实际物理特性规律和差异性，对不同的系统预测性维护采用无差别的数据处理与分析预测，从而导致适应性差的问题。

2. 机械学习的预测方法

（1）高斯过程回归方法　高斯过程回归（Gaussian Process Regression，GPR）方法具有两个显著的特点：①GPR 是一种非参数方法，不需要预先假设候选模型结构，因此比使用参数模型更简单；②模型输出不是实数向量而是包含均值和方差的正态分布，能同时获得寿命预测结果和置信区间。此外，GPR 方法在数据不可靠、有噪声或缺失的情况下也具有一定优势。基于 GPR 方法的预测，一般是直接预测。

（2）隐马尔可夫方法　隐马尔可夫模型（Hidden Markov Model，HMM）是一种双重随机过程，即一个随机过程是马尔可夫链描述状态的转移，另一个随机过程描述状态和观察值之间的对应关系。HMM 因其良好的非平稳和复杂的物理过程建模能力而成为设备寿命预测的热点。随着设备使用时间的增加，不同健康状态持续时间存在相关性且不再服从几何分布，而 HMM 固定的自转移概率和持续时间服从几何分布特征，会导致 HMM 不能较好地描述这类设备的退化过程。隐半马尔可夫模型（Hidden Semi-markov Model，HSMM）通过显式的时间分布代替自转移概率，且不同形式的持续时间分布与自迁移概率的不同条件相对应，因而更符合相应设备实际退化特征。目前，为了提高设备的 RUL 预测精度，许多学者对 HSMM 算法进行了改进。

4.3.3　基于数理统计模型的寿命预测技术

基于数理统计模型的方法是指通过收集设备的历史故障信息来构建设备性能退化模型，其退化过程一般被视为随机过程，且一般包括基于直接状态监测数据和基于间接状态监测数据的数理统计模型。基于直接状态监测数据的方法包括回归模型、维纳过程模型、Gamma 过程模型和马尔可夫模型等，这类预测方法的主要思想是把剩余寿命定义为随机过程达到失效阈值的首达时间，通过求解首达时间的概率分布实现寿命预测，所得结果能描述预测结果的不确定性。基于间接状态监测数据的方法包括卡尔曼滤波、粒子滤波这些随机滤波模型及隐马尔可夫模型等[31,32]。

基于直接状态监测数据的数理统计模型是指可直接描述设备潜在退化状态的数据、特征或指标，如可测量的刀具磨损量、裂纹长度等，在这种情况下，健康状态预测如寿命预测就转化为预测这些数据、特征或指标未来到达失效阈值的时间。例如，若实现对钻头剩余使用寿命预测，可通过利用小波包分解方法提出钻孔非平稳电流信号特征，引用 Fisher 准则，选择磨损过程中的关键特征作为健康指标，采用 Logistic 回归和自回归滑动平均模型（ARMA）相结合的方法。

下面主要介绍维纳过程退化模型及伽马过程退化模型的寿命预测方法。

1. 维纳过程退化模型

该模型适用于刻画由大量微小损失而导致设备表现出增加或减小趋势的非单调退化过程。假设平均退化过程为时间的线性或者可线性化（如对数变换、时间尺度变换等）函数。考虑到设备在设计、生产及使用过程中的个体差异，测量数据中包含随机测量误差及随机过程固有的时变不确定性，符合实际工况的非线性、不确定及自适应特征的维纳过程退化模型成为研究的热点和难点。此外，经典维纳过程模型无法有效地刻画设备的随机退化建模中的两个显著特征：一是长期依赖性，反映了退化过程的非马尔可夫性：另一个是多模式的存在，反映了系统在整个生命周期中运行条件和外部环境的变化。基于分数阶布朗运动的维纳过程退化模型可以刻画设备退化的长期依赖性和多模态，成为当前维纳退化过程寿命预测理论的新热点。

2. 伽马过程退化模型

该模型是一种典型的随机退化模型，与维纳过程退化模型相比，它具有两个显著的特点：①伽马过程退化模型用来描述设备严格单调的退化过程，而维纳过程退化模型用来描述非单调退化过程；②伽马过程退化模型可描述连续的微小冲击导致的缓慢退化，也可以描述大的冲击造成的损伤，而维纳过程退化模型无法描述冲击造成损伤的不连续性。因此，伽马过程退化模型更符合一些设备的实际退化机理。此外，由于伽马过程的增量为伽马分布，分布的数学形式复杂，难以实时参数估计，导致伽马过程退化模型主要用来分析同类设备的共性寿命特征，难以实现高精度的个体设备寿命预测。

基于间接状态监测数据的数理统计模型是指观测到的状态监测数据与不可观测到的退化状态指标之间存在映射关系，通过观测到的状态监测数据来间接得到系统的退化状态。基于该方法，提出了滚珠丝杠副剩余使用寿命预测方法，主要包括健康指标构建与剩余使用寿命预测两部分，采用加权马氏距离构建表征滚珠丝杠副的健康指标，利用粒子滤波实现对寿命预测；该模型也可以对刀具状态进行预测，通过贝叶斯推理方法与虚拟传感技术近似估计刀具退化状态，利用核主成成分分析（KPCA）实现虚拟传感模型的特征融合，最后将融合特征输入粒子滤波模型中实现对刀具状态的预测。

基于数理统计模型的寿命预测技术的局限不仅在于这些方法大部分需要满足一定的假设，如马尔可夫假设等，而且，在使用这些方法时，需要找到一个或构建一个合适的健康指标来反映设备退化，并且还要有明显的单调性和趋势性，这样才能有效建模。同时，该方法比较适用于大批量的简单零部件产品，不适用于复杂昂贵的设备，如航天器、飞机和数控机床等，上述设备中包含成千上万个零部件、价格昂贵，很难做大量的试验进行统计分析。此外，该方法不考虑复杂的运行环境、材料性能退化特性等，故预测精度和预测结果的可信度较低[33]。

4.3.4 基于综合模型的寿命预测技术

一方面，设备的寿命预测模型已经积累了大量的经验和丰富的成果，比如基于物理模型、随机退化的维纳过程和伽马过程等。另一方面，研究对象系统的复杂性、非线性和随机性使现有的各类寿命预测方法距实际的寿命预测尚存较大的差距和挑战。首先是系统性能变量难以准确提取和系统退化状态难以有效识别。实际工程系统受工作环境干扰、系统内部状态不可直接观测、测量节点有限、早期退化征兆不明显等因素影响，数据常具有高噪声、高维、高冗余、样本容量小、样本不完全、数据特征多尺度等特点，导致系统性能变量提取结果误差较大，系统退化状态识别不准确。然后缺乏有效的非线性系统剩余寿命预测方法。由于系统具有复杂性，通常同时存在多个失效模式引起的多个性能退化过程、系统的强耦合性，从而导致各性能退化过程相互关联、互相影响；性能退化具有层次性、相关性及系统参数时变等，这些都会导致建模困难。因此能够在复杂退化模式下的寿命自适应预测方法是未来一定要突破的问题。最后由于现实应用中的旋转类机械设备系统种类各异，工作机理不同，任何单一的方法都不能很好地解决所有对象系统剩余使用寿命预测的问题。因此在接下来的预测研究中，考虑各方法的适应能力或根据其特性，将不同的方法集成起来互取所长，建立融合型剩余使用寿命预测模型，探索具有普遍适应性的解决方法，是当前对机械系统进行剩余使用寿命预测研究的一种趋势。

目前，寿命预测的融合主要分为不同模型、不同数据驱动方法及模型与数据驱动方法的融合。

数据与模型的融合主要以随机滤波（KF/EKF/ UKF/PF）为桥梁，基于特征工程建立健康指标，并选择合适的寿命预测模型，融合随机滤波方法或者参数辨识方法确定模型的参数，通过模型外推获得预测结果，实现数模方法的优势互补，提高预测精度。

1. 基于扩展卡尔曼/无迹卡尔曼的数模融合方法

卡尔曼滤波（Kalman Filtering，KF）针对输入输出观测数据，处理具有高斯噪声的线性系统状态最优估计问题。由于观测数据中包括系统的噪声和干扰，所以这种最优估计也可看作是滤波过程。扩展卡尔曼滤波（Extended Kalman Filter，EKF）和无迹卡曼尔波（Unscented Kalman Filter，UKF）都可以用来处理具有高斯噪声的非线性退化过程。其中 EKF 主要基于非线性退化过程的偏导建立雅可比行列式，进而实现线性化处理；UKF 利用无迹变换实现非线性退化过程的近似计算。这类方法的基本思路是假设设备退化符合某种退化机理模型，接着通过建立扩展向量把数学模型和关键参数融合成离散时间的状态空间模型，然后利用 KF/EKF/UKF 实现状态更新与预测。

2. 基于粒子滤波的数模融合方法

粒子滤波（Particle filter，PF）是基于蒙塔卡罗方法的一种递归贝叶斯算法，它利用序贯重要性抽样的概念提供了贝叶斯最优解的近似解，适用于描述具有非高斯随机噪声的非线性退化过程。事实上，贝叶斯方法预测的准确性在很大程度上取决于先前测试数量及样本的大小。与传统的贝叶斯方法相比，PF 技术避免了海量数据存储的问题和重算。随着迭代次数增加，粒子多样性的降低，即一些粒子的权重降低甚至可以忽略不计，从而导致粒子贫化问题。为了解决这个问题，常常通过粒子的状态和权重的更新来实现粒子重采样。为了提高粒子滤波方法寿命预测的精度，主要有三个研究思路：①选择合适的寿命预测模型；②通过重采样方法改进粒子滤波；③将 PF 和其他方法进行融合。

3. 基于非随机滤波的融合方法

以上部分以随机滤波方法为桥梁，进行数模预测方法的融合，以达到较高的预测精度。除此之外，还存在一些典型的融合预测方法。

1）不同退化模型间的融合：为了更好地描述设备的退化过程，特别是设备退化不同阶段的退化趋势具有较大差异，分别利用不同的模型来描述不同的退化阶段更符合退化实际情况。

2）不同机器学习方法的融合：不同的机器学习方法常具有不同的功能和特点，取长补短，通过不同机器学习方法的有效融合，可以获得意想不到的预测效果。

3）机器学习和退化模型间的融合：直接利用机器学习和退化模型进行融合研究也是数模融合的一个主要方向。

采用融合型预测性维护方法，可以实现多种方法之间的性能互补，充分利用各种方法的优点，有效地避免单一方法的局限性，从而获得更精确的预测性维护结果。但是如何构建复杂设备精确的数字化模型并保持其一致性，如何充分挖掘和利用设备运行过程中产生的大量传感数据，以及如何制定智能的预测性维护策略仍是有待解决的关键技术问题[34]。

4.4 维修决策

维修决策是在各种资源和时间的约束下，企业为实现既定目标而合理制定措施、组织工作的过程。维修决策是维修管理的核心内容，它直接决定了企业何种设备在何时采取何种维修策略，作为维修计划的基础，是维修管理工作的开端，以保证其他模块工作的正常进行。因此研究先进、经济、科学的维修决策方法具有重要的实际应用价值。现代企业的设备数量、种类繁多，形成了庞大而复杂的系统，从而使维修管理的范围极广，管理所涉及的影响因素也众多，不同的维修决策会使这些因素产生不同的影响。

维修决策在机械、民用建筑和航空领域的应用比较成功。可利用机械设备的各种特征，如：油液分析、振动监测等结果估计机械设备的寿命，并进行相关的维修决策。总体来说，由于维修决策支持系统的不完善、设备运行状态数据的缺失和不完整性、决策假设过于理想且与实际情况之间的偏差，各个领域关于维修决策的应用研究并非相当充分。

维修决策层次体系可分为三个层次，如图 4-5 所示。

战略层（Strategic Layer，简称 S 层），该层次的决策以合理统筹、分配维修资源为目标，区分设备等级或类别，在维持设备可靠性的前提下，使不同设备获得与之相匹配的维修，即为不同设备选择合理的维修方式。

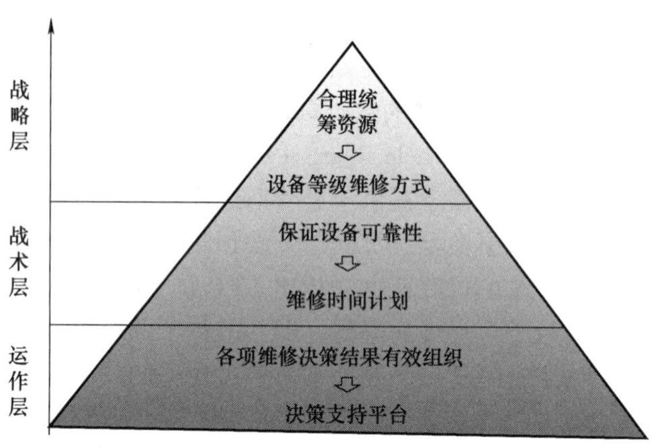

图 4-5　维修决策层次体系

战术层（Tactical Layer，简称 T 层），该层次的实质为设备维修时机的决策，主要工作为决策、分析设备的故障过程和运行状况，以生成恰当的时间计划进行故障预防工作，从而降低、避免设备功能性故障对生产的影响，保证设备的可靠性。

运作层（Operational Laver，简称 O 层），该层次是维修决策的终极目的，它以提高维修管理的工作效率为目标，将战略层和战术层的决策结果进行组织、安排、实施，为前面两个层次提供具体的操作支持[35]。

4.4.1　维修决策方式

维修决策的意义在于以设备可靠性为基础来保证最优的经济效益。对每类设备采用与其特点相符合的维修方式，既能维持设备可靠性，又可实现最低的设备维修费用。维修方式可从定性和定量两方面进行决策[36]。

1. 定性决策

定性决策一般利用设备的故障模式和影响分析（FMEA）来选择维修方式，大致思路如下：状态维修：故障发生频率高，影响严重且随机性较大；定期维修：平均两次故障的间隔较长，且故障有明显的规律，以磨损、老化为主；改进维修：设备已进入耗损期（老化、磨损非常严重）；事后维修：不属于工序流程且数量较多，故障不会影响生产。

2. 定量决策

定量决策一般利用数学模型从多方面影响因素进行分析考虑，相较于定性决策，其分析结果更加全面、科学。定量决策的一般思路是：利用数学模型从多方面影响因素综合评价设备，根据规定的阈值划分设备类别或等级，最后再根据设备的类别选择合适的维修方式。设备类别常以模糊综合评价法、多属性群决策法和蒙特卡罗模拟法为基本模型进行决策。

多属性群决策方法以已构建的属性集层次结构为基础，由专家小组同时确定某一指标属性及判断矩阵，构成某一指标判断矩阵集，再利用数学方法对判断矩阵集进行变换、处理，保证最终的决策能够反映专家组意见。蒙特卡罗模拟的基本思想是：当所需决策的问题为某类事件发生的概率，或是某个随机变量的期望值时，可以利用某种“模拟试验”的方法，求解该事件发生的频率，或该随机变量的均值，并将此结果作为问题的解。

此外，维修方式并不会一成不变，可能需要根据实际的维修情况做一定的调整。一方面，根据设备的运行情况的统计分析，企业监测、诊断技术、维修方式需要更新；另一方面，在维修工作的具体实施过程中，由于突发性的故障等原因，也需要做相应的调整。

设备维修是指根据设备实际劣化状态或者故障模式，为保持或恢复其规定功能状态而采取的技术活动，其包括计划维修与计划外的故障维修。设备维修主要包括设备维护保养、设备检查、设备修理。设备维护保养是为防止设备功能退化而采取的各项措施，如：润滑、防腐、紧固等日常护理工作；设备检查指测量设备加工精度、磨损程度和腐蚀状况的检验活动，是获取设备实际运行情况的重要手段：设备修理一般指计划外的故障维修，通过调整重置和更换零部件，排除由于各种原因造成的设备功能性故障，恢复设备的正常性能或原始状态。

4.4.2　维修决策内容

当设备进入新的衰退运行阶段时，在每一个状态监测时间点，都需要根据最新的剩余使用健康状态预测结果做出决策：

1）维修行为决策。根据设备系统的退化特性，建立一个合理的系统健康指数参考，并从中寻求适宜的维修阈值 W 和预测维修周期数 N，以此使长期维修总费用最小。

2）状态监测间隔决策。设备系统随工作时间的推移，退化程度会不断加深，衰退速度也会因机械疲劳而不断加快。为了准确把握系统的退化程度，需要更频繁地进行状态监测。由于状态监测是需要投入费用的，因此要将改变状态监测间隔考虑到维修决策中去，建立动态更新的状态监测决策。

4.4.3　维修模型构建（见图 4-6）

1. 模型基本假设

1）作为研究对象的输油泵为单机设备，是一个独立的系统。

2）输油泵的状态是可以实时监测的，检测行为是非破坏性的，并且能完全反映输油泵系统的退化程度，检测时间可以忽略。

3）检测行为不会影响系统的剩余使用寿命分布。

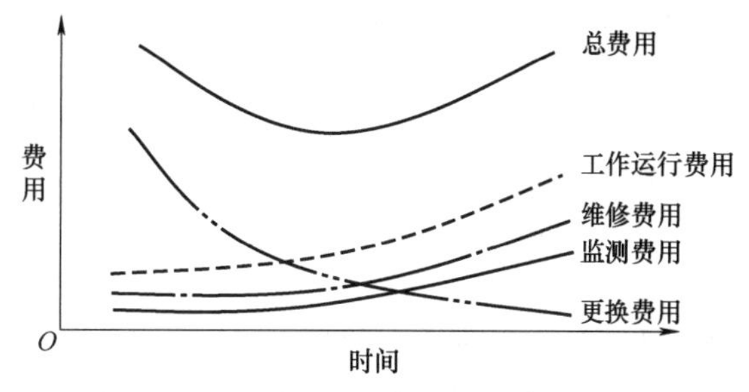

图 4-6　维修模型构建

4）输油泵系统的状态随时间和役龄的增长而衰退，需要进行停机维修和更换。

5）当输油泵系统进行过维修后立即进入新一轮的衰退周期。

2. 费用模型

本文提到的设备的预测性维护费用主要包括系统的预测性维护费用、预防性替换费用，此处不考虑故障后的更新费用。本文还考虑了设备的工作运行费用，分析了设备系统退化和维修活动对工作运行费用的影响。通过对这些费用的综合考虑和分析，构建相关费用函数，以达到寻求长期运行成本最低的目标。文中所涉及的成本费用如下：①工作运行费用 C_f；②预测性维护费用 C_m；③装备更换费用 C_r。

其中，工作运行费用由三部分构成：设备固定工作运行费用 C_g；相对于工作时间的运

行费用 $C_{\alpha,t}$；相对于维修次数的运行费用 $C_{\gamma,i}$。即

$$C_f = C_g + C_{\alpha,t}t + C_{\gamma,i}i \tag{4-1}$$

式中，C_f 为关于变量 t，i 的函数。

预测性维护费用由两部分构成：设备预测维修费用 C_{pm}；各个衰退周期内对设备系统的监测费用 C_d。即

$$C_m = C_{pm} + C_d \tag{4-2}$$

式中，C_{pm}、C_d 均由历史维修数据统计获得。

通过对设备工作过程中的费用分析，构建相关费用与总费用关系的预测性维护决策模型。

3. 剩余寿命模型

在设备衰退的第一阶段，由于影响设备寿命的故障因素较多，选取最容易导致设备故障的部分进行考虑。设备内部构件中的滑动轴承是最容易发生故障的部分，且较为独立，可以通过监测其退化的振动信号作为设备整机的衰退信号。结合此状态监测的结果预测设备的剩余使用寿命。

根据历史信号监测与试验研究表明，轴承在故障前的退化状态仅与时间的变化有关，且衰退的特征曲线符合指数分布的形式 $\varepsilon e^{\beta t}$。由设备振动标准 ISO 2372 定义平均振幅 A_{rms} = 0.03V 为试验轴承的故障阈值。此处可直接引用，即当振动幅值上升至 A_{rms} = 0.03V 时，轴承故障。由此推测轴承的故障时刻

$$t = \frac{1}{\beta}\ln\frac{0.3}{\varepsilon} \tag{4-3}$$

经多次试验研究，轴承的故障时刻 t 服从正态分布的形式，假定其符合

$$t \sim N(\mu, \sigma^2) \tag{4-4}$$

设备第一阶段 t_m 时刻的剩余使用寿命为

$$F(t) = \frac{\phi(g(t)) - \phi(g(0))}{1 - \phi(g(0))} \tag{4-5}$$

其中，

$$g(t) = \mu - \frac{t}{\sigma} - t_m \tag{4-6}$$

式中，$\phi(g)$ 为标准正态分布。

假设在剩余的衰退周期开始之前，经过预测性维护后的设备系统健康指数都恢复如新，即 $W^* = 1$。考虑到随时间变化的系统衰退特性，随着工时和维修频次的增加，从 W^* 衰退到 W 的衰退周期长度（即剩余使用寿命）DT 将会而缩短。

假定 $\alpha_i(0<\alpha_i<1)$ 是设备寿命衰退因子［i 表示对应的预测维修周期（衰退周期），$i \in \{1, 2, \cdots, N\}$，$N$ 为预测维修周期数］，γ_i 为维护次数对设备维修的影响因子。综合考虑这两类因子的共同作用预测各衰退周期 DT。

$$DT_i = \begin{cases} T_W - T_{W_0}, i = 1 \\ \dfrac{\alpha_{i-1}(T_W - T_{W^*})}{\gamma_{i-1}}, i = 2 \\ \dfrac{\alpha_{i-1}DT_{i-1}}{\gamma_{i-1}}, 3 \leqslant i \leqslant N \end{cases} \tag{4-7}$$

式中，DT 为衰退周期长度；i 为对应的预测维修周期；N 为预测维修周期数，T_W为 W 周期的周期长度，T_{W_0}为 W_0 周期的周期长度，T_{W^*}为经过预测维护后的 W 周期的周期长度，α_i为寿命衰退因子，γ_i为维护次数对设备维修的影响因子值，α_i和 γ_i为可根据对设备的历史维修数据统计获得。

4. 维修行为决策

在每个衰退周期内，对于设备系统，都会存在运行成本、状态监测成本、预测维修成本及装备更换成本，并且在设备衰退的最后一个周期内，只会存在装备更换成本而没有预测维修成本。通过之前对设备系统维修时间及相关成本费用间关系的分析，现建立一个完整的函数模型。即设备系统运行过程中长期平均总费用 CLT，即

$$CLT=\frac{C_{\mathrm{m}}+C_{\mathrm{d}}+C_{\gamma\mathrm{all}}+C_{\mathrm{r}}}{T}=\frac{C_{\mathrm{m}}+C_{\mathrm{d}}+C_{\gamma\mathrm{all}}+C_{\mathrm{r}}}{\sum\limits_{i=1}^{N}DT_i+T_{\mathrm{M}}}$$
$$=\frac{(N-1)C_{\mathrm{pr}}+jC_{\mathrm{d}}+\sum\limits_{i=1}^{N}\int_0^{DT_i}(C_{\mathrm{g}}+C_{\alpha,t}t+C_{\gamma,i}i)\mathrm{d}t+C_{\mathrm{r}}}{\sum\limits_{i=1}^{N}DT_i+T_{\mathrm{M}}} \tag{4-8}$$

式中，CLT 为运行平均总费用；T_{M}为平均周期时间；C_{m}为运行成本；C_{d} 为状态监测成本；$C_{\gamma\mathrm{all}}$为预测性维护成本；C_{r} 为装备更换成本；C_{pr}为单次维护成本；DT_i为衰退周期长度；N 为衰退周期数；T 为总时间，包括设备总运行时间、预测维修时间和系统装备更换时间。

由于设备系统不能无限次地进行维修而不更换，所以为衰退周期数 N，即维护周期数设置上限 $N_{\max}$。此时预测维修决策表现为目标函数的形式，即为求设备系统运行过程中长期平均总费用 CLT 的最小值。表现形式如下：

$$F=\min(CLT) \tag{4-9}$$

其约束条件为 $0<\alpha_i<1$；$\gamma_i>1$；$1\leqslant i\leqslant N<N_{\max}$；$C_{\mathrm{pr}}<C_{\mathrm{r}}$。

此时，构建设备预测维修决策模型的问题被已经转变为约束条件下函数求最值问题。是一个抽象性的数学问题。

5. 监测间隔决策

当设备系统处于正常工作状态下时，如何确定监测间隔时间对系统进行状态监测是一个主要的问题。确定合理的监测间隔，不仅能高效地对设备系统的退化信息进行掌控，更能减少在监测费用上的投入，降低生产运行成本、避免浪费。

以下将构建监测间隔决策，并确定最佳的监测间隔：

1）根据设备以往的维修经验及历史信息，预先设置一个状态监测间隔期 θ，并设置正常工作的状态监测点数 n（n 为该衰退周期内最后一个监测点）。

2）通过获取系统衰退周期第 m 个状态监测点的状态信息，计算其剩余使用寿命。

3）在设备系统衰退周期第 m 个状态监测点时刻 t_{n+m}，获取预测维修最佳时间［由函数模型 $F=\min(CLT)$ 确定］。

4）当与该状态监测时刻相对应的健康指数 W_{n+m}大于等于健康指数维修阈值 W 时，如果

在区间 [t_{n+m}，t_{n+m+1}] 的范围内存在计算得到的 CLT 的最小值，则时刻 t_{n+m} 为进行维护活动的时刻 t_x；反之，如果与状态监测时刻对应的健康指数 W_{n+m+1} 小于健康维修阈值 W，且 CLT 的最小值不存在于区间 [t_{n+m}，t_{n+m+1}] 的范围内，则被监测的设备在 t_{n+m} 时刻进行预测性维护活动。

5）如果与该状态监测时刻对应的健康指数 W_{n+m+1} 大于健康维修阈值 W，且 CLT 的最小值不存在于区间 [$t_{n+m,}$ t_{n+m+1}] 的范围内，则计算第 m+1 个状态监测点的剩余使用寿命，获取此时的预测维修最佳时间。

6）计算设备系统直到进行维修活动的时刻 t_x 时的平均维修费用 C。

7）改变状态监测间隔 θ 的值，重复 2)~6)，得到一系列的 θ 与 C_θ，其中最小的 C_θ 所对应的 θ 值即为所求最佳监测间隔。

当确定了最佳监测间隔 θ 后，通过对状态监测点所对应的健康指数 W_x 进行分析，确定第一个需要维修的时刻 t_1，此时健康指数 W_x 将小于健康维修阈值 W，至此确定所有的设备系统状态监测时刻。状态间隔期决策模型如图 4-7 所示。

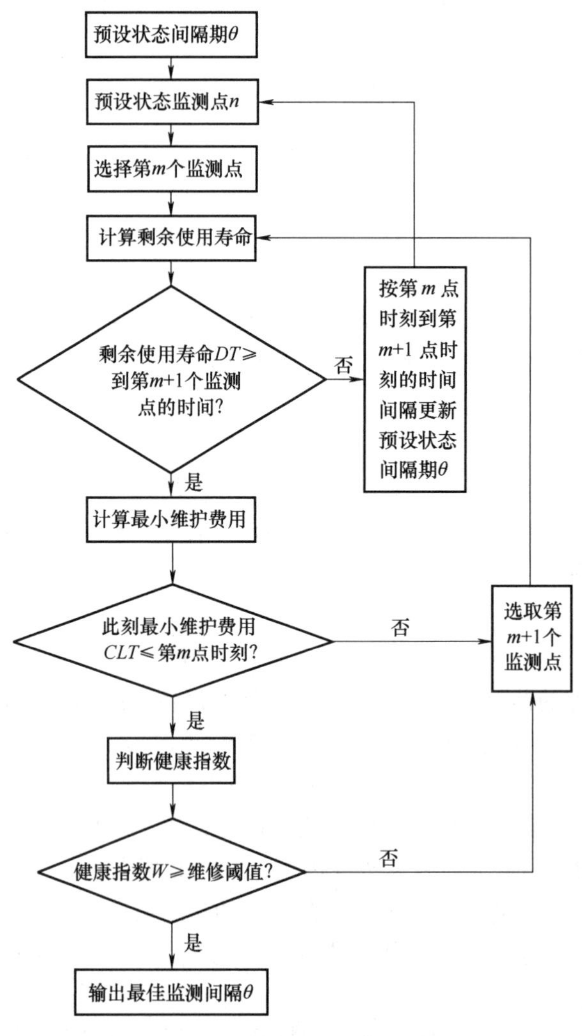

图 4-7　状态间隔期决策模型

4.5 发展方向

虽然，基于数据分析的预测性维护模式可以实现针对监测数据的定量分析，也提高了设备寿命预测的精度，但仍有大量的设备在线状态数据、环境参数、设备历史记录等未在分析过程中使用，数据分析手段偏于单一，导致分析过程面向特定特征值，预测结果片面。如何利用虚拟仿真技术融合设备实时状态数据、环境参数、设备历史记录等进行全方位地故障预测，是智能制造领域一个重要的研究方向。

4.5.1 基于数字孪生的预测性维护

为解决传统预测性维护手段的弊端，提出了预测性维护的一般模式，并基于数字孪生技术，构建了数字孪生系统，详细介绍了数字孪生驱动下的预测性维护模式，提高了设备的维护效率，降低了运维成本，增强了设备故障的可追溯性。同时，系统具备良好的可扩展性。

数字孪生的概念模型是 Grieves 教授在 2011 年提出的，分为 3 个部分：物理空间的实体产品、虚拟空间的虚拟产品、物理空间和虚拟空间之间的数据和信息交互接口。

数字孪生构建了“实”和“虚”的数据连接通道，也为物理世界和数字世界提供了数据交互的理论基础及相应的技术支撑。物理实体通过与虚拟实体的关联，通过指令信息和数据交互，直观形象地表现出两类实体的映射关系。数字孪生技术覆盖了产品从设计到报废回收的全生命周期，在智能制造领域应用非常广泛。

结合上文预测性维护的一般模式，融合数字孪生的预测性维护模式可分为以下 5 个具体步骤。

1）构建虚拟实体。虚拟现实与增强现实有一定的区别，预测性维护模式中对数字化实体的要求不单纯是模型外观形状上与底层设备相似，更注重其运行参数、状态数据等是否与物理实体保持实时同步。在构建虚拟实体模型时，即便已有充足的设备参数支撑，也需要对虚拟模型不断迭代优化以满足数据的一致性和完整性要求。

2）数据源构建。数据源构建过程主要由传感器参数采集、设备状态历史数据、设备故障数据、设备维护记录等组成。其中，工业以太网通过传感器对底层设备的机械系统、电气系统及外部环境等参数进行采集。设备历史状态数据和维护记录可以通过日常运维工作来记录。设备故障数据往往采用 Simulink 等仿真工具对故障进行模拟，得到特定场景下的故障状态值。

3）数据融合。由于步骤二中构建的是多维异构数据源，这些数据是无法直接被使用的，在应用之前需要对数据进行清洗、集成和转换等处理，即数据融合。统一了数据源中异构数据的格式，并对无意义的垃圾数据进行剔除，同时输入到数字化实体中，确保虚实统一。

4）模式识别。分为故障诊断和故障预测，①经过数据融合后，根据不同类型的设备，以及传感器采集到的数据经过特征提取等过程，获得引起故障的特征值，同步传输到数字化实体中，进行虚拟仿真，并将运行结果同故障知识库、设备历史状态等数据分别比较，判断设备故障出现的原因。本步骤中特征值的提取最为关键的，如果对应的特征值对设备故障不敏感，或没有一定的规律就无法准确地描述设备的工作状况，也不能为数字孪生提供模拟仿真依赖的参数。②故障预测的本质是对设备运行状态规律建模，预测故障可能产生的趋势。通常对多个时间、不同工况下关联性较强的一系列设备状态参数建模，在数字化实体中进行数据挖掘仿真试验，预测可能产生的故障类型及部位。

5）设备维护决策。找出设备可能存在的隐患因素，按照提前制定的策略针对性地对设备部件进行预测性维护，以减少潜在的故障，将设备的使用价值最大化，降低停机带来的损失。

结合数字孪生技术进行设备的预测性维护，通过虚拟仿真验证直观地将故障诊断和预测结果反馈给管理人员，可以做到及时对设备中可能存在的隐患部件进行维护，提高了故障排查的可追溯性。同时，通过预测性维护技术大大提升了对偶发性故障的预测精度，避免对正常设备无意义的预防性维护，降低了设备运维成本。此外，基于数字孪生的预测性维护系统采用模块化的开发方式便于未来扩展[37]。

4.5.2 基于边缘计算的预测性维护

基于物联网（IoT）技术的预测性维护，可以使维护成本相比较于传统的维护方式降低五分之二，并减少一半的停机时间，而且对于投资者来说，可将设备投资减少 5%，彰显了其重大的研究价值。

研究人员最初将预测性维护中心放在云计算上，通过基于云平台的 IoT 及大数据分析可以使预测性维护效益提高大约 25%，但是仍会遇到一些挑战，为解决这些挑战，引入了新崛起的“边缘计算”。对于预测性维护而言，边缘计算指在靠近用户的本地就直接对数据进行处理，使数据在本地就消化利用。这在工厂传感器每时每刻都有海量数据产生的情况下，大大提高了本地设备的利用率；减小了云端大数据中心的处理与存储压力；因为更接近数据源，反馈的速度更快，时延更小；还有利于用户更好地保护自己的隐私，不必将所有数据毫无保留地上传到云端。因此，将边缘计算与人工智能技术在制造业的预测性维护技术上进行结合具有很大的研究意义。

边缘计算已陆续在不同工业领域落地实施，工厂规模不同，边缘计算的应用程度就不同，其系统架构也就有简单有复杂。简单的架构就是借助一个工业现场的网关等设备，将之视作边缘控制器，实现在本地及时对传感数据处理分析并对现场进行一些必要的反馈与控制功能。而复杂一些的架构则会利用企业原有的数据平台，形成计算能力更强的边缘云，开发功能更加强大和多样化的边缘应用。边缘计算的提出不是为了取代云计算，而是将其作为云计算的补充。云计算关注大数据、长周期的需求，边缘计算则是把目光锁定在了对实时性要求高的小数据量的应用场景中，这种云边协同的边缘计算架构也已被大多数人所认可。

基于边缘计算的预测性维护系统划分为以下四层：基于设备特性的数据感知层、网络通信层、迁移至边缘端的数据处理层、本地及云上的系统应用层。其中数据感知层属于边缘计算参考架构中的现场设备层、云上的系统应用层属于云层、网络通信层、数据处理层与本地应用层则均属边缘层的范畴之内。

1. 基于设备特性的数据感知层

数据感知层是整个边缘计算系统框架的最底层，这一层是要通过安装在设备上的各种传感器来采集设备的状态数据。将设备运行状态精准无误地实时采集下来，是实现工业数字化的关键，是一切后续操作正常运行的基础，否则即便是再精准的算法模型都将失去意义。设备常见的状态特性指标包括电流、电压、功率等电气指标，还有温度、振动等物理指标，这些不同的指标各有其研究价值和适宜的应用场景。

2. 网络通信层

网络通信层起到了一个承上启下的作用，负责连通下层的机械设备与上层的数据处理层，数据在其层内是双向流通的，一方面上传现场数据到处理层进行再加工，另一方面也要承担将上层处理后返回的指令下达给设备，如异常发生时，警示灯亮、警报器响，甚至紧急停机的指令都要通过网络通信层及时传递回工业现场。因此，这一层需要做到安全、可靠、快速。既要保证上传过程不丢数据；又要保证时延在可接受范围之内，做到实时监测、实时反馈；还要保证数据的安全性。

3. 迁移至边缘端的数据处理层

数据处理层可以说是整个边缘计算架构的核心层，数据处理层运行于边缘侧，整合边缘端可利用的计算、存储资源，运行各个核心算法，并对数据进行预处理及复杂的数据分析操作，从而得到希望得到数据的最终结果形态。可以借鉴图像处理领域的思想，应用卷积神经网络（CNN）方法并对输入图像做了一定巧妙的变换，最大限度地消除了专家知识的影响，省去了人为特征提取的步骤，在将实时流数据转换为图片之后，直接带入先前由历史数据训练好的 CNN 模型中进行故障检测与分类。核心算法将部署在工厂内部边缘端的工业PC-NanoBox 上，使云上的算法模型迁移到边缘。将本来应该在云层进行的数据处理分析过程下迁到更接近用户的边缘端，且有以下几种优势：实时性好、安全性高、保护隐私数据、可扩展性高、具有位置感知。

4. 本地及云上的系统应用层

系统应用层的作用就是将上一层数据处理层发出的数据结果进行各种应用，是整套边缘计算系统价值的体现。数据结果到这里，可以将边缘计算处理之后得到的结果上传到云，进行更进一步的数据挖掘、存储备份等时间周期长，时延不敏感的操作，以待最大限度地开发数据潜力。如果结果已经可以直接使用，不必上传到云端，也可以直接在本地进行数据展示、报警、向工厂相关人员发出信息提示等操作[38]。

第 5 章 预测性维护技术发展趋势

5.1 趋势分析

在智能制造的环境下，预测性维护必须考虑整个系统而不是单台设备，这极大地增加了预测性维护的复杂性，并要求在标准、数据收集和分析、数据管理、系统培训和软件功能方面取得突破。对于预测性维护技术的趋势分析可以从技术应用、系统层级和功能模块等不同维度开展。

5.1.1 技术应用维度

就技术应用的维度而言，预测性维护技术的发展趋势包括以下 8 种。

1. 由表象研究向机理研究发展

从“所见即所得”的表象出发，只能对装备的故障机理和诊断结果一知半解，后续的维护管理也很难有效实施。故障机理是反映故障本质的根本原因，加强故障机理的研究是认识客观事物的科学实践。如果不重视故障机理的研究，预测性维护仅能以已有故障的信号特征为基础，对于新装备的诊断与预测便因没有故障案例或特征数据可循而会束手无策。尤其是面对多类型故障耦合或干扰较强的应用场景，基于故障机理模型的预测性维护的应用效果无疑将更加明显。

2. 由定性分析向定量分析发展

由定性向定量分析的发展是从故障判别和定义向损伤程度判定，甚至剩余寿命预测与可靠性评估的发展，其中前者可定义为预测性维护的定性分析，后者为定量分析。然而，随着预测性维护技术的发展，对损伤程度的判定，以及剩余寿命预测与可靠性评估本身也需要进行定量分析，包括损伤程度判定的准确性、剩余寿命预测的置信度等，这其中涉及样本、算法、算力等问题，也同时需要考虑可用性、兼容性等技术指标。

3. 由单一故障到复杂故障发展

面向单一故障的预测性维护目前主要是依靠信号处理方法，且引发的振动信号特征与其他干扰成分的频谱容易区分，通常容易实现，但是往往在推广使用时，其精度不高、泛化能力不强和通用性较差，因而制约了其在工程中的应用。况且，由于故障的原因往往不是单一的，特别是旋转机械故障是多种故障因素耦合的结果，因此，盲目地以单一故障对装备开展故障诊断和寿命预测会造成漏判甚至误判。以机械类装备为例，其核心部件的磨损、剥落、裂纹等故障往往同时出现或者先后级联发生，其振动信号往往并非多个单故障征兆信号的简单叠加，而是表现为故障特征信号相互耦合，因此，面向复杂故障的模式识别、特征分离也是预测性维护技术发展的重要趋势。

4. 由明显故障特征向微弱故障特征发展

故障特征由弱变强意味着故障已发展到中晚期，性能已出现了严重退化，若不及时采取处理手段，可能会造成重大事故。该类故障的信号特征容易提取，故障状态也容易识别，但预留给运维人员的处理时间过短，且容易对装备产生不可恢复的损坏，因此，针对微弱故障特征的预测性维护研究势在必行。微弱故障通常指处于早期阶段的微弱故障或潜在故障，具有症状不明显、特征信息微弱等特点，也包括在强噪声影响下的故障特征。可通过故障演化过程与特征间的映射关系建模、故障特征增强或强噪声背景下的故障特征提取方法进行准确有效地识别。

5. 由零部件/设备级向系统/生产线级发展

目前预测性维护主要针对装备中的关键零部件，如齿轮、轴承和转子等，进行监测与诊断预测。然而，系统间各系统的相互作用才是故障产生的本质原因，零部件级的故障诊断往往只能诊断出诱发性故障，却不能根治系统故障隐患。同样，由于目前成套装备的应用，预测性维护不仅面向装备个体，而通过建立多维和多参数复杂系统模型，从系统的整体性和联系性出发，深入研究系统内部各组成部分的动力特性、相互作用和依赖关系，探索系统故障的根源，从而根除装备故障隐患。

6. 由常规模型向自适应自优化模型发展

预测性维护算法主要分为基于机理模型的方法、基于数据驱动的方法和基于混合模型的方法，其中基于混合模型的方法由于结合了机理和数据的双重优势而获得了广泛应用。国内外针对预测性维护开展了大量的算法模型研究及软件开发工作，相关研究主要集中在状态数据的降噪及预处理、故障特征的有效挖掘算法研究、诊断和预测算法开发优化、多算法组合与协同优化等。但上述常规算法的研究多利用试验设备在稳定工况、已有故障下的测试数据进行分析，而实际现场设备多工作在运行工况多变、运行环境复杂的条件下，因此需要通过具备自适应自优化的模型进行更加准确的诊断与预测。但具备自适应自优化能力的模型通常会消耗更大的算力，在实际应用中，还需注意算法与资源的匹配。

7. 由独立系统向云边协同体系发展

传统的预测性维护主要通过独立的监测系统实施，与装备的控制相对独立，但在装备高度集成的发展趋势下，监测和诊断预测系统实现了集成，并且可以与设备的控制系统集成，实现在边缘端对装备的诊断与预测计算，即边缘计算。另一方面，由于控制系统算力的增加，集成在控制系统中的数据也可以支撑装备的预测性维护，也出现了“控诊融合”“控预一体”等技术。在云计算、大数据的推动下，边缘侧运算与云平台运算的边界逐渐模糊，系统能够根据算法对算力的需求，在边缘侧与云平台自动分配算力，实现对算法计算的最优化，即“云边协同”技术。

8. 由理论研究向应用实施发展

随着企业对预测性维护模式的认知，以及预测性维护技术的日趋成熟，越来越多的行业在开展技术应用的同时进行了预测性维护、远程运维、智能运维、故障诊断等系列标准的制定与发布，尤其是针对虚拟维护、运维效率评价等应用技术制定的国家或行业标准，使企业能够更好地了解预测性维护技术应用实施的效果，更加公平合理地体现不同解决方案地优劣，对于推动预测性维护技术的应用实施具有重要意义。

5.1.2 系统层级维度

就我国智能制造系统架构（IMSA）模型或 IEC 62264-1 模型规定的系统层级维度而言，预测性维护技术的发展趋势包括：

1）边缘层—单元层：多源数据采集、固定资产数字化、数据语义互通、工况自感知技术等。

2）工业 PaaS 层—车间层：基于复杂工业环境的组网和云平台数据库、性能预测性维护技术等。

3）应用层级—企业层：基于数字孪生模型的研究和 APP 开发、智能工艺规划技术等。

5.1.3 功能模块维度

就功能模块的角度而言，预测性维护技术可划分为传感及状态监测、故障诊断与寿命预测、维护管理三个模块，再加上系统和绩效评估、基础设施。五个功能模块的预测性维护技术发展趋势如下。

1. 传感及状态监测

1）部署集成传感器，降低传感器数量和部署难度，实现高速、高精度数据采集。

2）开放、透明、标准化的数据通信协议，能够实现传感器与数据库的快速连接。

3）实现设备信息与使用人员、维护人员和设备制造商之间的信息交互。

4）以最低的成本实现最有效的数据获取。

5）实时、闭环反馈的智能控制系统，支持自我感知和自我调节功能。

6）图像/视频数据的传输，以及模式识别之外的感知，如色彩明暗度。

7）灵活、动态、智能的监测参数设置。

8）易于扩展、易于部署。

9）具有自我监测、自我治疗能力。

10）实现虚实融合的状态监测、状态识别准确率≥99%。

2. 故障诊断与寿命预测

1）同时支持数据驱动和机理模型。

2）包含数据质量和机器退化模型。

3）支持可视化工具及相关的度量标准。

4）用于自我监测的人工智能和实时性的人机交互。

5）自适应与自优化算法模型开发与部署，模型具备可复制性。

6）能够生成可操作的数据以优化维修/更换计划。

3. 维护管理

1）基于知识管理的产品设计反馈和备件管理的决策运营系统。

2）群厂群智的远程运维专家系统。

3）基于虚拟现实技术的虚拟维护技术等。

4. 系统和绩效评估

1）将预测性维护功能的设计融入系统或产品的全生命周期设计。

2）能够预测产品生产过程对产品寿命及质量的影响。

3）统一的预测性维护相关术语、定义和信息模型。

4）分布式、快捷开发与部署、可重新配置的预测性维护系统，能够在复杂环境中启动设备的自我感知功能。

5）标准化信息模型的开发和应用。

6）实现场景化、空间化（AR/VR/MR）的可视化展示及实时交互，与数字孪生体的无缝集成。

7）确定对产品至关重要的数据或性能特征，并将其纳入预测性维护绩效评估指标。

8）基于预测性维护系统运行情况和性能指标实施绩效评估。

9）基于有限的数据执行绩效评估，建立绩效评估的标准化方法。

10）评估指标包括：安全性、整体设备效率（OEE）、数据的可用性、成本效益、投资回报比、置信度等。

11）诊断确定性超过 80%，平均预测确定性超过 50%。

12）危险失效模式的预测置信度超过 90%。

5. 基础设施

1）标准化的预测性维护硬件和软件功能平台。

2）边缘计算和人工智能技术的应用，促进预测性维护系统与生产装备/过程智能控制系统的集成，复杂算法的“边缘化”部署。

3）硬件设备的自我感知和标准化部署，提升数据存储能力，降低数据传输带宽。

4）平台化的软件工具，实现预测性维护系统的“边云协同”。

5）预测算法和模型的优化与开源共享。

6）建立设备的预测性维护知识库，专家经验知识化存储与迭代优化。

7）预测性维护系统与制造执行系统（MES）或企业资源计划（ERP）等业务系统的集成。

8）将仿真模型应用于预测性维护，用于构建物理对象的虚拟场景，捕获维修维护操作以验证和改进预测。

5.2 技术方向

5.2.1 云边协同

1. 现状与问题

预测性维护是减少装备故障、保证任务安全、提升使用效能、降低运营成本的重要手段，被誉为制造业“杀手级”应用。当前，在大国制造业激烈竞争的情况下，高端装备及其任务环境的复杂度大幅提升，其对智能装备预测性维护提出了更加迫切、更加高效和精准的要求，具体表现在对运维算法模型的数据处理能力、计算能力、智能化水平、资源消耗等提出了更高要求。因此，需要有效融合云计算强大的运算能力、边缘侧高效的数据处理能力、知识挖掘/爆炸式增长数据与知识处理/自主智能能力等，同时考虑到数据隐私和安全等问题，也应开展适用于云边环境下的运维算法模型、跨领域云边数据安全、云边资源部署优化及应用模式等技术研究。

2. 关键瓶颈

云边协同技术的相关研究主要集中在互联网、IT 公司等行业，如 Google、华为等企业将云边协同技术与人工智能领域中的深度学习、机器学习等算法相结合，应用于网络服务等领域。在工业界的智能装备运维应用中，云边协同技术尚处于概念及技术应用的萌芽阶段，开展云边协同技术研究的关键瓶颈如下。

（1）跨领域场景下多型异构知识的融合问题　由于装备体系结构和使用场景愈加复杂多样，跨领域、多型号、多场景条件下装备全生命周期数据、知识持续积累，传统的单一装备运行数据管理模型难以满足复杂装备预测性维护的需求，如何充分融合多源异构知识并从中挖掘关键信息用于运维模型优化成为当前亟待解决的技术问题。跨领域场景下多型异构知识融合与模型优化需要在积累装备设计、生产运行、维护、保障等多种数据和知识的前提下，有机融合不同装备的多型异构知识，挖掘场景—装备—运维之间的内在关联从而构建并持续优化运维模型。

（2）全生命周期动态任务需求和多约束条件下的资源优化问题　装备全生命周期过程中通常面临多任务动态需求，存在质量、能源、安全等多目标优化求解问题，其中涉及的变量复杂、耦合性强，约束条件繁多，导致资源优化模型复杂、计算量大、实时性要求高，加之外部环境的不确定性、任务约束或数据依赖等问题，对资源在线协同优化提出了更高的挑战。需要开展装备全生命周期动态任务需求和多约束条件下的资源优化，突破耦合变量、动态需求、多约束条件下的协同任务调度优化和集群资源算法，提升智能算法模型的泛化性与实时性。

（3）基于任务预测的云边协同资源部署优化问题　在云边协同的预测性维护工业应用场景下，针对遗传算法、模拟退火算法、改进蚁群算法需要开展对协同任务调度算法的综合分析，建立系统性能与误差之间的状态反馈方程，针对多约束协同优化问题研究基于任务预测的调度策略和自适应路径寻优技术，提出资源利用率的计算方法，均衡完成时间、资源利用率等指标，设计基于任务预测的资源部署方案。

3. 技术方向

云边协同架构是预测性维护重要的发展趋势之一，建议技术方向如下：

1）协同任务调度算法和基于任务预测的资源部署优化技术。

2）基于任务调度和预测研究云边协同数据分析和预测的资源部署技术。

3）通过运行预测与运维机理知识语义建模、大规模知识图谱索引构造、知识挖掘技术，构建面向智能装备精准运维的知识图谱库及微服务组件库。

5.2.2 控诊融合

1. 现状与问题

工业控制系统具有高通量、高实时性、高稳定性等特点，广泛应用于工业场景。随着技术的发展，工业控制系统的结构，经历了从计算机集中控制系统，到分散控制系统，再到现场总线控制系统的发展历程，随着现场总线技术的开放性、透明化发展趋势，以及以太网传输技术的发展，工业以太网正在逐步应用于各类型工业场景。而由于预测性维护对于状态监测参数的质量要求较高，传统的工业控制系统无法支撑特征信号的传输，但随着现场总线和工业以太网技术的发展，智能装备的控制系统中集成了大量装备运行过程的重要参数，如转速、电流等。部分控制系统能够处理传感器的原始信号，如控制系统集成振动传感器、温度传感器、编码器等，因此，行业正在探索将诊断预测与控制相融合的解决方案，减少外置传感器对装备运行状态监测的误差，以及对装备本体运行状态的影响，“控诊融合”有望成为未来工业自动化领域的研究热点。

2. 关键瓶颈

根据技术方向的不同，“控诊融合”技术实现的关键瓶颈如下。

1）适用于工业控制系统的诊断和预测算法　目前工业控制系统的算力有限，无法在高可靠、高实时性的要求下，满足高精度的振动信号分析，从而导致振动分析的时效性差，考虑到传感网络的可控性较差，目前采用在边缘侧进行低通滤波、快速傅里叶变换等计算，提高了检测精度，减轻了传感网络负载和工作站的计算压力，但上述处理导致了大量特征信号的丢失，系统难以支撑更复杂的故障诊断和寿命预测算法。因此，需要面向工业控制系统开发基于微弱特征和支持分布式计算的诊断和预测算法，在工业应用场景下尽可能提高诊断和预测的精度。

2）基于工业控制系统特征信号的故障诊断与寿命预测技术　传统的工业控制系统，由于信号采样率较低，信号类型少，难以支撑故障诊断和寿命预测。随着工业控制系统的不断发展，目前电流、电压、转速及装备的其他特征运行参数可以从工业控制系统中获取，虽然采样率依然不足，但可通过提升工业控制系统的数据处理能力，提升信号的采样率，以支撑故障诊断和寿命预测。因此，在工业控制系统特征信号的基础上，建立信号与故障和寿命之间的关系模型，实现诊断和预测，将成为未来技术研发的重点。

3. 技术方向

“控诊融合”是预测性维护技术在工业场景应用的重要技术方向，能够有效促进预测性维护技术的部署和应用，建议技术方向如下。

1）基于微弱特征和支持分布式计算的诊断和预测算法。

2）欠采样基础上的故障诊断与寿命预测建模和分析。

5.2.3　算法测评

1. 现状与问题

随着新一代信息技术的不断发展与应用，工业装备和任务环境的复杂度大幅度提升，对预测性维护提出了更高要求。目前，国内外针对预测性维护开展了大量的算法模型研究及软件开发工作，并已初步形成了一定的技术体系。我国目前在算法模型及关键系统中实现了相关技术的突破，并处于技术研究和系统应用的快速发展阶段。但由于应用对象的多样性与预测算法的复杂性，预测性维护技术的实施面临着预测算法有效性难以验证、预测结果置信度难以评价、预测算法泛化性难以度量等难题，限制了预测性维护技术的工程实施和应用。因此预测性维护算法测试与评价是其重要的发展趋势之一，建立可量化可评测的预测性维护算法测评体系对于提高算法的有效性、高效性和促进应用具有重要意义。

2. 关键瓶颈

预测性维护算法主要分为基于机理模型的方法、基于数据驱动的方法和基于混合模型的方法，此外，应用对象涉及数控机床、机器人、风机、电力变压器等多个行业领域，由于应用对象的多样性与预测算法的复杂性，对算法开展测试评价面临如下瓶颈问题。

（1）预测性维护算法测试数据库建设难　测试数据库是支撑算法测试工作开展的前提。建设主要面临以下瓶颈问题。

1）数据种类多样：预测性维护可用的数据类型包括振动、电流、噪声、温度、声发射等，每类数据的采集频率、采集位置和同类数据不同设备间的采集频率和采集位置均存在较大差异。

2）数据形式多样：能够支撑算法测试的数据应包含设备的部件、基础参数、故障部位、故障模式、工况数据、采集状态数据等，对于状态监测类算法还需增加报警阈值等指标。

3）数据来源多样：数据的来源包括但不限于现场设备数据、实验室设备数据、测试台架数据等，不同来源的数据存在着一定的差别，同时，现场数据的获取难度较大，实验室和测试台架数据尚不能完全反映真实应用场景。

4）数据作用不同：数据库支撑状态监测算法、故障诊断算法和寿命预测算法的测评，不同算法对数据的需求不尽相同，如诊断类算法要求具有故障模式数据，预测类算法的数据应包含寿命终点的全寿命周期数据。

（2）预测性维护算法测评指标体系缺失　测评指标体系是支撑算法测试开展的依据。预测性维护算法按照功能可分为状态监测、故障诊断、寿命预测等，其测试评价指标体系的建立面临如下困难。

1）算法种类的多样性：状态监测算法按照监测对象、监测程度等又分为阈值监测、健康度监测等，故障诊断、寿命预测等算法按照机理、功能等又可细分为基于机理模型的、基于数据驱动的和基于混合模型的等，且每类算法都有各自的优缺点和适用场景。种类多样性增大了测试指标体系的建立难度。

2）算法测试的复杂性：算法测试需根据不同算法的测试指标进行开展，针对故障诊断和寿命预测类算法，应考虑是否完成了模型训练、如何利用数据库进行测试；且对于预测类算法对故障模式、失效数据和时序的要求更高，算法测试难度较大。

3）测试方法可实现性：预测性维护算法测试指标应充分考虑不同测试维度，包括准确率、精确率、鲁棒性、召回率、预测水平、费效（费用和效益）、资源消耗度等，但不同测试指标对测试数据和测试方法的要求不同，部分指标如费效等由于要考虑整体系统，导致测试方法难以实现。

（3）算法测试与评价方法的通用性问题　算法测试与评价方法需要应对不同场景和不同设备，因此面临如下问题。

1）场景适应性问题：预测性维护应用于装备、汽车、电子、能源、化工、冶金、钢铁、水务等行业，应用场景丰富，且不同行业的设备结构和类型存在较大差别，如何建立面向不同行业不同领域的算法测试通用方法和通用平台是亟待解决的瓶颈问题之一。

2）方法通用性问题：预测性维护算法种类具有多样性，如何针对阈值判别、健康度评估、专家系统、图谱分析、机器学习等预测性维护算法建立通用的测试方法，也是亟待解决的瓶颈问题之一。

3. 技术方向

为解决预测性维护算法测评开展面临的瓶颈问题，建议技术方向如下。

1）建设预测性维护算法测评数据库和通用测试平台。

2）以标准化为抓手实现测试方法和指标体系的通用性。

3）基于应用场景的算法测试方法及测评指标体系优化。

标准—科研—产业深度融合的工作模式是预测性维护算法测评工作开展的有力保障。通过解决复杂环境下工业装备算法评价指标体系科学性、算法评价方法的通用性等问题，有效促进预测性维护技术应用落地，夯实我国预测性维护技术发展水平，为我国工业装备高质量发展的奠定坚实的技术基础。

5.2.4　自适应和自优化模型

1. 现状与问题

预测性维护算法主要分为基于机理模型的方法、基于数据驱动的方法和基于混合模型的方法，其中基于混合模型的方法由于结合了机理和数据的双重优势而获得了广泛应用。国内外针对预测性维护开展了大量的算法模型研究及软件开发工作，相关研究主要集中在状态数据的降噪及预处理、故障特征的有效挖掘算法研究、诊断和预测算法开发优化、多算法组合与协同优化等方面。但上述算法模型的研究多利用实验设备对稳定工况、已有故障下的测试数据进行分析，但实际现场设备多工作在运行工况多变、运行环境复杂条件下，因此给预测性维护模型的通用性和泛化性带来了极大挑战，进而限制了预测性维护技术的推广和应用。

2. 关键瓶颈

预测性维护模型应用环境的复杂性和场景多样性是影响其诊断和预测效果的重要因素，具体如下。

（1）复杂环境下状态数据的多变性导致数据可参考性差

1）复杂条件造成设备状态监测信号的非平稳性及故障特征的动态变化，导致数据存在多变性、故障特征的参考性差。

2）预测性维护算法模型的训练多基于实验室条件下的模拟测试，由于工业现场环境复杂且设备多样，进而导致数据特征发生改变，响应特性存在差异。

3）工业现场设备不允许故障运行，故障特征数据获取昂贵且困难，也限制了算法模型的训练和优化。

（2）复杂环境下样本分布的差异性导致模型泛化能力弱

1）故障特征的多变性也导致了样本分布的差异性。预测性维护算法多基于具有相同的特征空间和数据分布的假设之上。复杂工况导致训练样本和测试样本的数据分布不一致，致使已训练好的模型在测试时无法取得满意的表现。

2）跨行业跨设备模型构建难。不同设备、不同行业算法与模型的应用仍无法跨越，已有模型对于新设备、新故障的诊断和预测能力较差。

（3）复杂环境下故障趋势发展不确定性导致模型普适性差

1）复杂环境下故障趋势发展呈现不确定性，目前基于模型和基于数据的预测算法多为基于实验室或标准环境构建的理想模型，往往忽视了复杂工况下部件运行参量的动态变化。

2）复杂条件下部件的失效过程（如疲劳累积、裂纹扩展、磨损等）存在较大的不确定性，造成预测性维护算法模型的适应能力弱、普适性差。

3）工业现场设备结构复杂，基于模型的预测方法难以建立准确的物理模型，而基于数据驱动的预测方法又受到数据完备性、数据准确性等因素的制约，从而导致预测结果存在不确定性。

3. 技术方向

预测性维护自适应模型的构建是其重要的发展趋势之一，相关研究对于提高算法通用性，促进算法跨行业应用具有重要意义。建议技术方向如下：

1）复杂环境下状态数据及特征多变性机理研究。

2）结合人工智能等先进技术的自适应模型构建。

3）融合数字孪生等先进技术的模型自优化能力提升。

预测性维护技术自适应模型是实现其大规模推广应用的有效手段，对于跨设备、跨行业、跨领域的应用具有重要意义，随着设备的智能化水平不断提升，可监测参数日趋增长，数据的高效挖掘及模型的自适应优化不断进步，因此自适应模型的构建必将不断引起重视，也将为预测性维护整体水平的提升提供重要助力。

5.2.5 虚拟维护

1. 现状与问题

预测性维护除了故障诊断和寿命预测，也关注维护执行与管理，而虚拟维护作为支持维护决策的重要手段，能够基于数字化技术和虚拟现实技术，将传统的维护过程虚拟化，提前验证维护方案的可行性，丰富维护人员操作、测试和拆装的实操经验，具有培训成本低、效率高、时效性强等特点。目前国内关于虚拟维修与训练的仿真研究还处于探索和起步阶段，与国际先进水平仍有一定的差距，目前的虚拟维护系统多用于实训和培训，工业场景中的应用案例较少，如何快速准确地模拟或指导实际应用，是困扰虚拟维护系统应用于工业场景的重要问题。

2. 关键瓶颈

虚拟维护技术实现的关键瓶颈包括：

（1）虚拟维护系统的分布式虚拟环境部署　分布式虚拟环境本质上是一种实时网络交互环境，其核心技术是虚拟现实技术与网络技术。分布式虚拟环境中的结点分布在不同地域，结点间通过网络共享虚拟环境中的各类信息，从而协同执行分配到各个结点上的任务，不仅给用户提供了一种具有整体性、真实性及沉浸性的虚拟空间还提高了任务的执行效率。分布式虚拟环境技术具有扩展性强、使用方式灵活等特点，符合虚拟维护技术应用的实时性和准确性要求，但目前尚无针对性的开发和部署工具及实施案例。

（2）多维度、多专业检修资源数字化与智能决策　检修资源的数字化，是实现虚拟维护的基础，针对高端装备类型多、复杂度高、数量大、分散式部署等特点，研究基于群厂感知及专家决策系统的高安全装备数字化检修规划，通过建立分布式虚拟环境，将部署在不同地域的维修和专家资源作为分布式虚拟环境的节点，通过网络共享虚拟环境中的各类信息，从而协同执行分配到各个结点上的任务，实现基于群厂感知及专家系统的数字化检修规划及虚拟维护环境，提升了维修任务的执行效率和准确性。

3. 技术方向

虚拟维护领域建议的技术方向如下：

1）分布式虚拟维修系统的多场景部署与协同应用。

2）多维度、多专业检修资源数字化与智能决策。

5.2.6　运维效率评价

1. 现状与问题

随着智能制造和高端装备数字化转型升级的发展，预测性维护作为智能运维的重要组成部分，已形成了行业共识。但是，在预测性维护快速发展的同时，应用落地遇到了瓶颈，主要是用户和供应商无法对智能运维的效果进行有效评价，目前行业普遍认为，预测性维护能够降低设备的故障率及停机时间，提高设备利用率，保证设备持续使用，避免意外停工，提高企业生产率；减少维修费用及设备整个生命周期成本，消除在不必要的维护上所花费的时间和资源，对设备进行适时小修，减少大修、突发故障所带来的巨大维修费用，降低由设备的故障或突发故障所带来的难以估算的安全隐患，但缺乏公正、科学的可量化的考核指标和方法。

2. 关键瓶颈

运维效率评价是一个工程问题而非科学问题，因此其关键瓶颈为：如何规定一套科学、公平、合理的效果评价指标体系和方法，且适用于不同的行业。

3. 技术方向

运维效率评价建议的技术方向为：对不同行业的运维效率评价指标进行梳理，提取其共性要素，构建可量化考核的运维效率评价指标体系。

第 6 章 预测性维护标准体系与核心标准解读

6.1 预测性维护标准化现状

6.1.1 国际标准化技术组织及研究现状

预测性维护通过对设备运行状态的实时监测，结合大数据、人工智能等手段对其未来的工作状况进行预测，进而实现故障诊断、寿命预测、设备维护与管理，是人工智能技术在智能制造领域中最典型应用之一，被业内普遍誉为“未来工厂之光”。尤其是针对高价值、维护困难等核心设备或部件进行预测性维护，对于保证生产连续性，提高生产安全性，降低生产和维护成本具有重要意义。作为实现智能制造价值和落地应用的重要一环，预测性维护具有广泛的应用前景。

从国际标准化的角度分析，国际标准化组织（the International Organization for Standardization，ISO）、国际电工技术委员会（International Electrotechnical Commission，IEC）、电气电子工程师学会（Institute of Electrical and Electronics Engineers，IEEE）、机器信息管理开放系统联盟（Machinery Information Management Open System Alliance，MIMOSA）、国际自动机工程师学会（Society of Automotive Engineers International，SAE International）、美国联邦航空局（Federal Aviation Administration，FAA）和美国军方等针数据采集、状态监测、故障诊断等预测性维护相关技术的标准化进行了研究，制定了相关标准和规范。预测性维护相关标准化技术组织及标准和规范见表 6-1。

表 6-1 预测性维护相关标准化技术组织及标准和规范

标准组织	技术委员会	典型标准	种类
国际标准化组织（ISO）	TC108	CM&D 系列标准	基于状态的维护（CBM）
机器信息管理开放系统联盟（MIMOSA）	/	OSA-CBM，OSA-EAI	
国际自动机工程师学会（SAE International）	G-11r	CBM 推荐案例	
	HM-1	IVHM 系列标准	结构健康监测（IVHM）
	E-32	EHM 系列标准	故障预测与健康管理（PHM）
电气电子工程师学会（IEEE）	SCC20	IEEE Std-1232 系列标准	
	PHM	IEEE Std-1636 系列标准	

（续）

标准组织	技术委员会	典型标准	种类
国际自动机工程师学会（SAE International）	HM-1	HUMS 系列标准	健康和使用监控系统（HUMS）
美国联邦航空局（FAA）	/	AC-29C MG-15	
美国陆军（U. S. Army）	/	ADS-79-HDBK	
国际电工技术委员会（IEC）	TC 56	IEC 60300，IEC 60706，IEC 60812 等	预测性维护（PdM）
	TC65	IEC 63270，IEC 62264，IEC 61158 等	

ISO/TC108 机械振动、冲击与状态监测标准化技术委员会长期从事振动、冲击和状态监测领域的基础技术研究和标准化工作。ISO/TC108 的标准化工作集中在机械领域，形成了 CM&D 系列标准，例如：ISO 2041《机械振动、冲击和状态监测　词汇》、ISO 13372《机器的状态监测和诊断　词汇》、ISO 13379—1《机器的状态监测和诊断　数据解释和诊断技术　第 1 部分总则》、ISO 13381—1《机器状态监测与诊断　预测　第 1 部分：一般指南》、ISO 13374—3：2012 和 ISO 13374—4：2015 第二版等。除此之外，ISO 18434—1《机器的状态监测和诊断　热成像　第 1 部分：总则》和 ISO 18436—7《机器的状态监测和诊断　人员资格和评估要求》也与预测性维护有关。工业自动化系统集成的产品数据表达和交换分别在与预测性维护密切相关的 ISO 10303—11、ISO 10303—21、ISO 10303—28 中进行了定义。综上分析，国际标准化组织在预测性维护基础领域开展了大量且系统的工作，具有重要的地位。

IEEE/SCC20 标准协调委员会负责诊断等预测性维护标准化工作。IEEE Std 1232 和 IEEE Std 1636（SIMICA）系列标准是相对具有代表性的，主要针对支持诊断信息的交换和处理，以及诊断过程的控制（包括可测试性分析、可诊断性评估）等的系统进行定义。IEEE 标准化更多地关注测试和诊断信息的一般描述。IEEE 1636.2 维护工作信息交换标准草案使用 XML 技术来提供一个可能的信息交互路径。这也是构建大型系统和智能工厂所需的技术。

其他国际组织也制定了相关的行业应用标准，如机器信息管理开放系统联盟（MIMOSA）制定了 OSA-CBM 和 OSA-EAI 标准。OSA-CBM 为视情维护的执行开发了一个标准框架，并为基于状态维护（CBM）提供了标准的信息传输方法。OSA-EAI 为企业应用程序集成定义了一个开放式架构，包括可靠性、可维护性和资产管理。SAE 和 FAA 还在特定领域中提出了一些标准，如直升机场的 HUMS 系统，航空航天和商用飞机场的 IVHM/ISHM 系统。

IEC/TC65 是国际智能制造标准化的核心组织，组织国际专家制定了状态监测、全生命周期管理和智能设备管理标准[40]。例如：IEC 62890《工业过程测量、控制和自动化　系统和组件的生命周期管理》和 IEC/TC65E WG10“智能设备管理”工作组制定的 IEC TR 63082-1《智能设备管理　第 1 部分：概念和术语》[39]。IEC 62904 标准第 1 部分包含基本术语和模型，包括基于 IEC 61360 定义的语义性质描述，与 eCl@ss 和工业 4.0 兼容；第 2 部分为智能设备管理的用例和要求，IEC 62904 标准的第 3 部分为技术映射，是智能设备管理的应用准则和示例。此系列标准适配于 IEC 61131-3［可编程逻辑控制器（PLC）编程］、IEC 62541（OPCUA）、IEC 62264（MES）、IEC 61158（现场总线）和 IEC 61131-9（IO-Link）的映射。

我国自主提出的首项预测性维护国际标准提案《工业自动化设备和系统　预测性维护》于 2019 年 10 月 27 日经国际电工委员会工业过程测量、控制和自动化技术委员会企业控制系统集成分委会（IEC/SC65E）投票，以 84.6%的赞成率成功立项，并成立 WG12 预测性维护工作组，标准编号为 IEC 63270，由机械工业仪器仪表综合技术经济研究所专家担任工作组召集人。《工业自动化设备和系统预测性维护》国际标准定义了预测性维护的概念和范围，提供了预测性维护功能结构模型、过程、方法、基础结构接口，并给出了预测性维护数据要求指南[41]。此项国际标准的成功立项和顺利制定，表明了我国的智能运维相关技术已得到国际的普遍认可，将为我国大力发展的人工智能技术提供应用场景，为我国传统制造业向服务型制造业转型升级提供重要指导，推动核心装备智能运维产业高质量发展。

在 IEC 中，其他技术委员会也在研究与预测性维护相关的主题，但是应用领域有所不同。例如，标准 IEC 61800-7-1《可调速电驱动系统　第 7-1 部分：通用接口和使用功率驱动系统的配置文件　接口定义》讨论了驱动系统中的应用，而 IEC 61850-90-3《电力设施自动化通信网络和系统　第 90-3 部分　使用 IEC 61850 进行状态监测诊断和分析》重点关注电网和变电站自动化中的状态监测诊断和分析。

国际上在预测性维护和健康管理领域的研究主要集中在状态监测、故障诊断、设备管理等具体功能部分或温度、振动等具体量值部分，涉及航空、航天、船舶、武器等高科技装备的生产和应用领域。这些领域产品的复杂性和可靠性很高，因此需要系统的、清晰的预测性维护分析和指导，克服理论研究与实际应用之间的鸿沟。随着人工智能、大数据和云计算等新技术的快速发展，同时为了更好地适应智能制造的发展趋势，预测性维护标准化应与时俱进，以满足新技术发展的相关需求。

6.1.2　国内标准化技术组织及研究现状

全国工业过程测量和控制标准化技术委员会（SAC/TC124）（以下简称，标委员）是工业过程测量控制领域的专业标准化组织，秘书处设在机械工业仪器仪表综合技术经济研究所（以下简称“仪综所”）。标委会目前下设 10 个分委会，在智能制造及预测性维护标准化领域具有重要地位。其工作范围是工业过程测量控制和自动化领域国家标准和行业标准的制/修订工作。

标委会直接对口国际电工委员会 IEC/TC65“工业过程测量、控制和自动化标准化技术委员会”和国际标准化组织 ISO/TC30“封闭管道中流体流量的测量标准化技术委员会”，其中 IEC/TC65 是从事智能制造的核心国际标准化组织之一。标委会积极跟踪 IEC 和 ISO 关于智能制造及预测性维护的相关工作，参与 IEC/TC65/WG16（数字工厂）、IEC/SMB（标准管理局）/SG8“工业 4.0/智能制造”战略工作组、IEC/MSB（市场战略局）“未来工厂”白皮书项目、ISO/TMB（技术管理局）“工业 4.0/智能制造”战略顾问组、IEC/TC65“智能制造信息模型”和“智能制造框架和系统架构”特别工作组、IEC/TC65E/WG12 预测性维护的国际标准化工作，长期负责制定与我国智能制造、预测性维护相关的测量、控制和自动化等领域国家标准和行业标准。

标委会秘书处单位仪综所是国家智能制造基础技术标准创新基地、国家智能制造标准化总体组副组长单位、工业和信息化部智能制造综合标准化工作组、工业和信息化部产业技术基础公共服务平台、科技部中德智能制造科技创新合作平台、中德智能制造/工业 4.0 标准工作组等秘书处单位，长期致力于工业智能运维领域技术研究及标准研制工作。在科研项目方面，先后承担了工业和信息化部智能制造专项“智能装备预测性维护标准研制和验证平台建设”、科技部国家重点研发计划“高安全装备远程运维与数字化检修关键技术研究”“智能工厂资产可靠性数据采集与预防性维护”“典型工业设备和产品检测监测数据采集与状态监测技术研究”“仪器仪表智能运维及性能测试平台”“高转速叶片在线故障监测与诊断技术示范应用”等国家级科研项目，并取得了大量技术成果。在关键技术与平台方面：针对边缘计算、设备互联互通、数据采集、状态监测、健康管理等关键技术进行了研究，并取得了一系列关键技术模型和算法的突破。在仪综所亦庄基地建立了预测性维护技术验证平台，为技术研究与标准制定提供了平台支撑。在标准化方面，仪综所自主提出的首项预测性维护《工业自动化设备和系统　预测性维护》国际标准提案在 IEC/TC65E 成功立项，成立标准工作组 WG12，首项预测性维护国家标准 GB/T 40571《智能服务　预测性维护　通用要求》也于 2021 年底正式发布，国际标准与国家标准同步制定的新模式为预测性维护系列标准研制奠定了坚实基础。在产学研用方面，仪综所在获批筹建国家智能制造基础技术标准创新基地的基础上，筹建了工业智能与预测性维护联合创新中心、中德工业智能与预测性维护创新中心、北京航空航天大学大学生实践基地等，共同开展标准制定、技术研究、标准验证、培训宣贯等工作。

全国机械振动、冲击与状态监测标准化技术委员会（SAC/TC53）在专业范围负责全国振动与冲击的测量试验与数据处理方法，测量试验仪器与设备的特性描述，评定和校准；机器、运载工具与结构的振动与冲击性能测量与评定，振动与冲击的降低和控制；人体承受的机械振动与冲击等专业领域标准化工作。先后制定了 GB/T 41095—2021《机械振动　选择适当的机器振动标准的方法》、GB/T 29716.3—2021《机械振动与冲击　信号处理　第 3 部分：时频分析方法》等系列振动冲击诊断与预测国家/行业标准，但上述标准集中于振动监测、诊断与预测领域，主要适用于机械振动和冲击的监测方式。

此外，全国信息技术标准化技术委员会（SAC/TC28）、全国自动化系统与集成标准化技术委员会（SAC/TC159）等标准化技术组织也制定了远程运维等相关的国家标准，进一步推进了预测性维护标准体系的建立。

6.1.3　小结

结合国内国际标准化技术组织及相关技术标准现状，针对预测性维护的标准化工作已有一定的基础并正在积极推进中，各标准化组织在预测性维护领域进行了一系列的研究工作。目前已制定的标准主要集中在设备状态监测、故障诊断等具体功能领域，也包括振动、声发射等不同的监测手段[40]。然而，由于长期以来缺乏统一、完整、成体系的预测性维护标准，导致行业预测性维护概念不统一，应用实施及推广困难，严重影响了装备生产率的提升，制约了智能运维产业的发展。因此亟须制定预测性维护标准体系及关键技术标准，以规范行业概念、促进预测性维护技术科学发展和规范落地。

随着预测性维护技术的不断发展，各行各业都涌现出大量的实践案例，为预测性维护的标准化工作提供了更多支撑。在数字化转型升级的背景下，边缘计算、大数据和人工智能等新技术不断为预测性维护技术赋能，同时也为预测性维护的标准化带来了挑战。

6.2 预测性维护标准体系

国内外在预测性维护和健康管理领域进行了广泛研究，主要集中在航空航天、船舶、军工产品等高科技装备的生产和应用领域。这些领域产品的复杂性和可靠性很高，因此对预测性维护的需求也是清晰而强烈的。理论研究与实际应用之间存在代沟，因此急需要一个系统的、清晰的预测性维护分析和指导。

基于预测性维护标准化现状，目前已制定标准涉及数据采集、状态监测、故障诊断、寿命预测、维护管理及运维人员要求等方面。结合《国家智能制造标准体系建设指南（2021 版）》中运维体系的有关内容及其他相关文件，提出预测性维护标准体系框架见图 6-1。

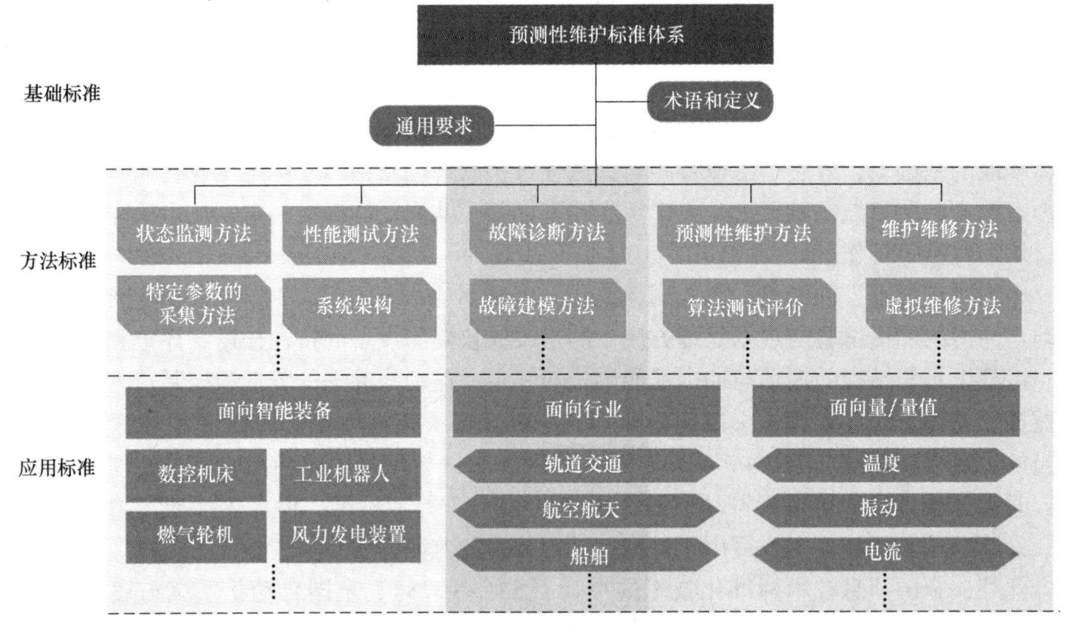

图 6-1 预测性维护标准体系框架

预测性维护标准体系具体包括基础标准（如通用要求、术语和定义等）、方法标准（如状态监测方法、性能测试方法、故障诊断方法、预测性维护方法、维护维修方法等）、应用标准（如面向智能装备的数控机床、工业机器人、燃气轮机、风力发电装置等，或面向行业，如针对轨道交通、航空航天、船舶等，或面向量/量值，如温度、振动、电流等）。标准体系构建涵盖了设备运行与管理的各个维度，可有效保障设备的经济高效运行。

由于人工智能、大数据和云计算等新技术的快速发展，同时为了更好地适应数字化转型升级的需求，未来的预测性维护标准化应体现新技术的集成和数字化特点，从而更好地适应预测性维护技术的发展趋势。

预测性维护标准化的主要目标是提供一个标准化的基础设施和体系，着重于体现预测性维护的系统性和功能性，并为数据采集、状态监测、故障诊断、寿命预测和维护管理等相关功能提供适当的接口。因此，预测性维护标准化应充分考虑预测性维护各个功能的具体需求，也应具有较高的可实现性和可扩展性，同时也应重点考虑不同行业的场景特点和场景需求，以体现行业的典型性和特殊性。

综上，预测性维护的标准化应包括以下步骤：

1）制定预测性维护通用标准，以规定预测性维护的术语和定义、技术范围和功能需求，规范行业的共识。

2）制定预测性维护算法标准，以开展预测算法与模型的测试与评价，促进提升故障诊断与寿命预测的准确性，推进预测性维护标准的实施应用和推广。

3）制定预测性维护管理标准，以虚拟维修、效率评价等标准制定优化维护策略和执行路径打通预测性维护落地应用的“最后一公里”。

预测性维护的标准将包括以下几个方面。

1）基本层面：术语和定义、范围。

2）技术层面：传感、状态监测、故障诊断、寿命预测等。

3）管理层面：与 ERP/制造运营管理（MOM）等交互平台的维护管理。

4）应用层面：应用指南、典型应用。

基于标准化基础设施预测性维护的引入将改变设备制造商的生产模式。通过建立预测性维护实施反馈、设备设计、设备生产、设备使用、设备维护的闭环体系，为设备制造商提供反馈信息和优化设计方案。通过引入定义明确的接口和系统结构，标准化还将为系统集成商和设备使用者带来更多效益。

当前数据已成为新的生产要素，通过将智能传感、物联网、互联网、大数据、数字孪生、人工智能、区块链等数字技术与装备产品研发、工艺设计、生产制造、服务运维等各环节融合应用，加快装备改造和升级换代，推动装备数字化智能化水平持续提升是必然趋势。预测性维护标准体系对于全面规范感知装备状态、工况环境，科学开展故障诊断、远程运维、预测性维护具有重要意义，可有效促进预测性维护行业规范发展，促进行业整体水平提升。

6.3 标准化路线图

6.3.1 概述

中德工业 4.0/智能制造预测性维护标准化路线图（简称预测性维护标准化路线图）由中德智能制造/工业 4.0 标准化工作组预测性维护技术工作组（TEG）编写，该工作组由中国和德国技术机构联合组成，分别由德国德累斯顿工业大学与中国机械工业仪器仪表综合技术经济研究所作为中德双方专家组组长单位。预测性维护标准化路线图针对智能制造/工业 4.0 的潜在爆发点之一：预测性维护，围绕其关键技术及标准化需求，对预测性维护技术的现状、关键功能和相关技术、应用案例及标准化需求等内容进行了描述。目前已发布了预测性维护标准化路线图第二版[41]。

预测性维护标准化路线图描述了预测性维护的当前标准和方法，并讨论了使能技术。由于预测性维护任务的复杂性，预测性维护标准化应着重于提供标准化的基础设施，包括制定通用的预测性维护标准，这一标准可以设置基本的术语和模型，使用带有明确界面的模块化方法来定义总体结构，并由特定领域的标准和规范进行支持，以映射到现有的标准。因此，标准制定需要不同的标准化组织之间的密切合作，同时标准制定也应包括技术映射或应用程序集成指南。

预测性维护标准化路线图第二版的发布，有助于规范预测性维护关键技术，指导预测性维护技术的开展和实施，对于促进预测性维护技术标准化具有重要意义。

6.3.2 智能制造中的预测性维护技术现状

1. 中国预测性维护技术现状

由于由智能设备和工厂等信息物理融合系统的智能制造技术引领的制造方式的变革，受由网络众包、协同设计、大规模定制、精准供应链管理、全生命周期管理、电子商务等新型制造模式重建的产业价值链体系，以及由智能终端产品，如可穿戴智能产品、智能家居和智能汽车等扩展的新型制造领域的影响，新一代信息技术正与制造业深度融合，带来了影响深远的产业革命，形成了新的生产模式、产业形态、商业模式和经济增长点。

另一方面，中国经济步入了一个新时代。智能制造是把新兴产业的培育和发展与传统产业的升级结合起来的最佳途径。同时，智能制造对于深化制造业与互联网的融合，强化实体经济的基础来说具有重要而深远的影响。因此，《中国制造 2025》将智能制造作为主攻方向，并把以下内容作为创建制造业强国的发展重点。

（1）加快智能制造设备和产品的发展　开发具有深度感知、智能决策和自动执行功能的智能制造设备和智能生产线，如高档数控机床、工业机器人和增材制造设备，并在智能化核心设备上取得突破性成就，如新型传感器、智能测量仪器、工业控制系统、伺服电动机和驱动器及变速器等设备，这些设备将提升工业化水平和工程技术能力。加快机械、航空、船舶、汽车、轻工业、纺织、食品、电子工业等领域的生产设备的智能化改造，提高精准制造的能力。规划和推进智能互网联汽车、智能工程机械、智能服务机器人、智能家居、智能照明设备和可穿戴设备等产品的设计和工业化。

（2）推进制造流程智能　在重点领域努力打造智能工厂/数字化车间，加快在生产流程中的智能人机交互、工业机器人、智能物流管理和增材制造等技术和设备的应用，以促进制造流程的仿真优化、数字控制、实时状态监测和自适应控制。推进关键环节的融合，如生产管控、设计与制造、制造与营销一体化、业务与金融关联等，以加快产品生命周期管理、客户关系管理和供应链管理体系的推广与应用为手段进行智能化控制，加快在民用爆炸品、危险化学品、食品、印染、稀土、杀虫剂等重点行业的智能检测监控系统建设，以提高智能化水平。

由工业机器人和大型数控机床组成的智能工厂，是信息技术与自动化技术的深度集成，也是智能制造的一个重要载体。如何避免在生产过程中出现意外宕机并保证智能工厂的生产率是智能制造领域的一个热点问题。

20 世纪 90 年代末，美国在民用工业领域引入了视情维修（通过对机械设备各部分的可靠性因素的分析、维修工作项目的科学决策、维修模式的优化、合理的维护期限的确定，确定必须要进行的维护工作，进而恢复机械设备的可靠性，节省维护时间和费用），并作为长期的战略设备保障策略。旨在实时或接近实时地监测设备的运行状态，并根据设备的实际情况确定最佳的维修时间，从而提高设备的可用性和任务的可靠性。预测维修技术已被广泛应用于汽车、民用飞机、桥梁、复杂建筑、核电站等重要设备和工程设施的监测和健康管理中。

预测性维护技术强调了设备的可靠性和设备的故障影响，并将其作为制定维护策略的主要依据。在对设备故障影响，综合故障影响及以运行经济性为出发点的故障模式评估与分析的基础上，提出了安全，经济且节约成本的维护策略。预测性维护技术有能力诊断系统的潜在故障并提前对其进行保护。因此，它可以有效提高智能设备的功能，提升智能设备的可靠性和可用性，降低智能设备的维护成本和生产系统的制造成本。与传统的故障维修和周期性维护技术相比，以特征识别、寿命预测、故障诊断、维护管理为核心的预测性维护技术具有实时性、智能化和网络化的特点。因此，预测性维护受到越来越多的关注。

然而，目前预测性维护技术仍存在一些瓶颈问题，这些问题严重影响了预测性维护技术在工业领域的应用。例如，对实际系统的研究不够充分，预测模型不能充分反映设备特性；关键设备的数字化和信息化程度低，积累的数据不能有效支持各种数据驱动算法；仍然需要专家根据运行数据来识别系统的运行状态和潜在故障，以及深度学习算法的潜力还没有得到充分的探索等。另外，如何将预测性维护的结果融入生产过程的运行维护管理中，以及如何评估预测性维护的有效性仍然是一个迫切的问题。预测性维护技术距离真正的工业化和商业化还有很长的路程要走。

我国在学术研究和论坛方面会定期召开多次会议，组织讨论预测性维护的最新进展。例如，中国振动工程学会每两年举办一次全国设备监测诊断与维护学术会议。中国高校和研究机构也会定期举办和赞助传感、诊断、预测、控制系统健康管理等相关的国际会议。

近年来，清华大学、北京航空航天大学、中国工程院、机械工业仪器仪表综合技术经济研究所等大学和研究机构针对预测性维护开展了系列研究活动，其中大部分需要特定领域深厚的专业知识。由于特定领域具有专业性，很少有某个学院或研究机构能够做到全面且多样化的研究。因此，从这个角度分析，多学科交叉和知识融合是非常必要的。

在工业领域，一些传统的公司在大型建筑/桥梁健康管理，大功率电动机监控等领域进行数据采集、调节监控和故障诊断等业务。一些新兴创业公司利用人工智能、大数据分析和云计算技术来开发高效算法，这些算法具有创造性解决问题的潜力。在工业 4.0/智能制造时代，一大批数据驱动型公司不断涌现，预测性维护成为数据驱动型公司最适用的领域。

2. 德国预测性维护技术现状

缩短意外停机时间并节省运营成本已成为德国众多企业的目标。按照不同的行业，相关单位已开发了不同的方法实现上述目标，其中最受关注的是视情维护方法，其也包含了一定预测方面的内容。在流程工业，如石油和天然气、化学品和发电厂，视情维修体现出更高的收益，结合连续运行和高设备成本，对预测性维护和维护计划提出了进一步要求。上述所列的行业，引入了资产管理这一术语。

资产管理可以从一般性及管理导向的角度分析，也可以从与生产车间密切相关的角度分析。其中一般性及管理导向角度的分析由 ERP 系统支持，与车间相关的资产管理称为工厂资产管理，以上资产管理是 NAMUR 及其类似组织的关注焦点。NAMUR 组织是一个为石油和天然气、化工、制药及类似行业最终用户提供支持的组织。NAMUR 发表了多项指南如 NE107、NE158，涵盖了工厂资产管理的基本原则，与制造执行系统（MES）的关系及组件自我诊断功能。上述指南在石油和天然气、化工、制药及类似行业中得到了广泛应用。

在离散制造业中，维护解决方案覆盖范围较广，涵盖了系统、设备和部件供应商等。供应商多提供个性化解决方案，来监控和维护其产品，因此对于最终用户或系统供应商而言，系统集成度进一步提升。根据所使用的单独组件，用于状态监测和预测的统一解决方案很难实现。典型的行业如汽车行业，倾向于将特定的解决方案集成到他们的制造执行系统中，从而提供测量和监控功能且维护计划和执行之间紧密联系。机器制造业、机器供应商需要将解决方案整合到机器专用工具和产品中，最终用户通常不得不将机器供应商提供的解决方案集成到他们自己的系统中。定义已有系统的可视化界面也是部分机构研究的重点，如德国工程师协会/德国电气工程师协会（VDI/GMA）成立 7.26 工作组进行可视化界面的研究。

德国机械设备制造业联合会（VDMA）研究了一种可以协调状态监测解决方案并减少其工程和操作工作量和成本的方法。由于 VD582 已经对参考架构进行了定义，因此其解决方案的主要目标是提供一个状态监视功能块的统一定义，定义界限清楚且适用于不同级别的自动化架构的接口。

目前，技术和解决方案常聚焦于状态监测和故障检测，其结果可以作为预测的输入。由于制造系统中采集组件的可靠信息很重要，因此直接采集和监测组件的运行状态也变得愈发重要。从技术层面上分析，工业 CPS 的发展及在制造系统中工业物联网（IIoT）的应用大大促进了预测性维护技术的进步，进一步减少了将组件整合到制造系统中的工作量，提升了预测性维护解决方案的可操作性，同时，也支持了工业中状态监测系统的部署和应用。

此外，由于可以集成历史数据、统计数据和互联网数据，大数据分析更好地为预测性维护提供了支撑，进一步推动了数据密集型应用和预测算法的优化，同时对于 MES、设备、机器和组件的适用能力也进一步增强。虽然计算大型数据集的方法越来越多，但预测模型不能在同一级别上获得，而是多由制造商或集成商进行开发且不能提供给最终用户。

工业 4.0 允许对表征组件和整机系统的信息进行统一和结构化访问，将信息组织在工业 4.0 组件的不同模型中，通过定义明确属性访问如工业 4.0 将允许提供预测性维护模型，并为属于不同视图的适当应用提供状态监视功能、寿命预测功能和监测数据。因此，通过工业 4.0 组件的资产管理壳可以进行状态监测、故障诊断和预测，一方面减少了工程工作量，另一方面也为功能、工具和解决方案的提供者开创了商机。互操作性是实现上述目标的关键技术，由统一和独特的语义定义及通过工业 4.0 符合性服务的统一访问进行支持。

3. 预测性维护相关技术的发展趋势

（1）市场驱动力　工业 4.0 的核心目标是更高的质量、更低的成本、更高的效率和可持续性。同时注重设备和生产系统的可靠性和稳定性，最终实现接近零故障操作的目标。对任何潜在故障的应对方式应该预先预测，而不是在失败后进行修理。

预测性维护还有其他的一些市场驱动因素。首先，缺乏经验丰富的运营商，这意味着我们必须将专业人员的知识和经验转化为模型和软件。其次，服务导向型商业模式的出现要求在设备和生产系统的整个生命周期中创造价值，预测性维护是最重要的价值点之一。最后，越来越多的可用数据、更强大的本地和云计算能力，以及更先进的算法使之具有了前所未有的可能性。

（2）挑战　目前依然面临一些严峻的挑战。几乎所有的模型都需要进行离线或在线培训，缺乏足够的数据导致模型训练困难。数据安全问题也同样不可忽视，安全问题可能导致客户与外部服务提供者无法共享数据。最后，机器模型的有限知识，生产系统和操作环境的复杂性，都会降低软件算法的有效性。

（3）使能技术　信息和通信技术（ICT）的快速发展，包括工业大数据分析、人工智能、物联网、云计算、边缘计算、5G 通信等，都是预测性维护的强大推驱动力量。物联网和 5G 使收集必要的数据、云计算和边缘计算变成可能，这带来了强大而充足的数据处理能力，数据分析和人工智能将提供更多可用的智能算法。

6.3.3　智能制造中预测性维护的关键功能与技术

1. 简介

目前已有多种不同的技术可用于预测性维护。信息通信技术未来的发展将为预测性维护带来更多潜在技术。由于技术周期将被缩短，在集成到预测性维护解决方案之前，需要对成熟度和应用先决条件进行彻底全面评估。

但是，预测性维护的整体功能性结构将保持相对固定。相关组件的当前状态确定需要使用传感功能来实现。基于此，可以进行健康状态计算和条件状态评估。最后，所有的维护措施都需要在制造运营管理层面上无缝集成到维护管理解决方案中。通常会建立预测性维护系统以集成所有功能。系统的方法，以建立预测性维护系统。预测性维护的原理功能结构如图 6-2 所示。

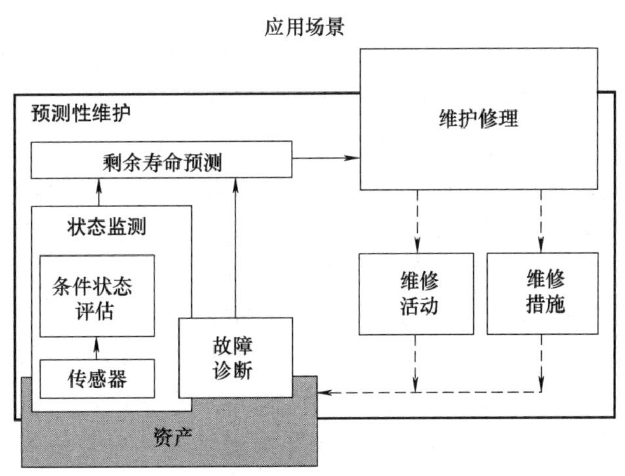

图 6-2　预测性维护的原理功能结构

预测性维护功能结构涵盖了两种方法，现场维护和远程维护。技术发展、特别是通信和数据处理解决方案将提高远程监控和维护的使用。

2. 传感技术

为了获取最具代表性的机械状态信息，传感技术中的关键问题有两个方面，即传感模式和传感器布置策略。

目前，已有各种传感技术已被用于获取机械状态。根据传感参数与机器状态之间的相互关系，这些传感技术可以分为直接传感和间接传感两种方法。直接传感技术（如工具制造商的显微镜，放射性同位素）可以测量具备直接指示条件的实际数值。由于缺陷通常发生在机器内部，所以通常通过拆卸机器结构或中断正常操作来执行直接感测。相反，由于机械故障引起的症状（如振动、摩擦或发热增加），间接传感技术可以测量辅助进程内的量（如力、振动和声发射等），这些量可以间接指示机械条件。与直接传感相比，间接传感方法的成本更低，并且能够连续检测所有变化（如工具破损、工具磨损等），从而在不中断正常机械操作的情况下发出测量信号。以加工工具为例，表 6-2 所示为机床上直接传感技术和间接传感技术的比较。

表 6-2　机床上直接传感技术和间接传感技术的比较

种类	传感技术	优点	缺点
直接传感	显微镜、CCD 相机、电阻、放射性同位素	准确，可获得工具条件的直接指标	成本高，受操作环境的限制，主要用于离线或间歇性监控
间接传感	切削力、振动、声音、声波发射、温度、主轴功率、排量	更简单，成本更低，适合实际应用中的连续监测	获得机械条件的间接指标

通过可扩展的网络容量（如智能物联网），传感器会变得更加智能。一般而言，制造设备上的传感器越多，获得的综合信息就能更好地代表设备的状况。尽管如此，在实践中，传感器的数量通常是有限的，并且受到诸如成本、安装等问题的影响。因此，只能布置有限数量的传感器，传感器放置位置需要被优化以获得尽可能多的制造设备信息。已有的位置优化策略包括启发式方法，经典和组合优化等。

3. 状态监测

基于采集到的状态数据对设备进行状态监测。收集到的数据将用作计算组件状态的输入，该状态通常被称为健康状态。健康状态取决于实际运行情况，可能与历史数据相结合。实际运行情况可以通过直接或间接传感功能进行测量。通常，通过将测量或计算的状况状态与阈值或参考值进行比较来进行评估。另外，也可以融合当前系统状态或其他上下文信息。为了评估状态，可能需要执行预处理功能，如用于过滤，数据校正，消除叠加趋势等。

根据应用程序，可以使用不同的算法来进行数值处理。处理方法涵盖了简单的算术函数、统计函数、微分、积分及 FFT 等变换函数。随着组件的计算能力的增加，这种算法可以被部署到自动化组件上，甚至是传感器级别上。数据驱动型方法也可用于状态监测。数据驱动方法通过使用历史数据对期望的系统输出（但不一定是系统的机制）进行建模。这些方法包括“常规”数值算法，如线性回归或卡尔曼滤波器，以及机器学习和数据挖掘领域常见的算法。后者算法包括神经网络、决策树和支持向量机。图 6-3 所示为通过处理实际输入值来确定组件的健康状态。

由于功能存在多样性和广泛性，故为设备状态提供统一的解释方式非常重要。其中一个合适的方法就是将条件状态映射到依赖于应用的数值范围，并以阈值或参考值表示。这些范围可以被分配颜色，从而创建一个交通灯状态。条件状态评估如图 6-4 所示。

组件条件状态的计算可能不足以为整个设备或系统提供条件状态。因此，有必要组合不同的状态值或信号灯。例如，在图 6-5 中，显示了一个机床的条件状态，它从其功能组件的单个条件状态（如主轴驱动、进给轴、气动和流体系统）汇总。这种组合的结构由设备或系统的功能结构给出。它可能跨越几个逻辑层次，如几个组合函数可以按顺序聚合，最终形成一个树形结构。组合功能本身的范围可以在简单的逻辑或功能，更复杂的逻辑功能，参数化或加权输入，一直到复杂的聚合功能之间进行变化。

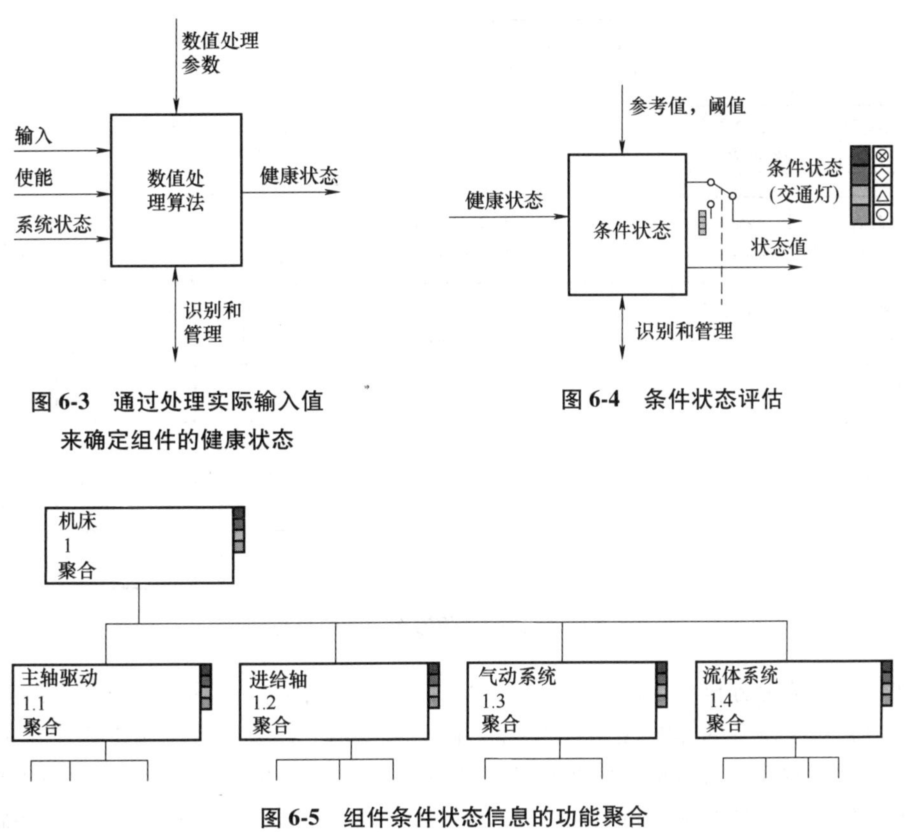

图 6-3　通过处理实际输入值来确定组件的健康状态

图 6-4　条件状态评估

图 6-5　组件条件状态信息的功能聚合

将这些功能聚合与组件进行物理部署区分很重要。在定义部署结构时，功能聚合的逻辑互联被转换为物理通信路径。

4. 故障诊断

故障诊断的范围包括机器、电子、通信网络等，它们的使用方法略有不同。故障诊断可细分为故障检测、故障定位、故障隔离和故障恢复。

故障诊断方法可以按照定性/定量的方式进行分类，也可以按照基于分析模型的方法进行分类，或者可以根据定性经验知识或根据数据驱动方法进行分类。故障诊断的相关方法也可应用于状态监测过程，基于数据驱动的方法也可用于寿命预测。图 6-6 所示为常见的故障诊断方法的分类。

基于分析模型的方法包括状态估计、参数估计、等价空间和冗余分析。这些方法需要构建过程中准确的数学模型，而建模是对过程中机制结构的深入理解，其理想状态是获得一个准确的模型。在实践中，经常存在不能被准确建模的情况，如复杂的行为，这些行为可以降低诊断效果。

基于定性经验知识的方法包括作为典型方法的专家系统。同时，专家系统在液压机械，电力和发动机领域中得到了广泛的应用。

基于数据驱动的方法包括统计方法、信号处理方法和定量人工智能方法。这种方法有广泛的应用范围和适应性范围，特别适用于难以获得精确模型的领域。基于数据驱动的方法包括统计分析方法，如灰色理论方法、时间序列分析方法和多元统计分析方法。代表性的多元

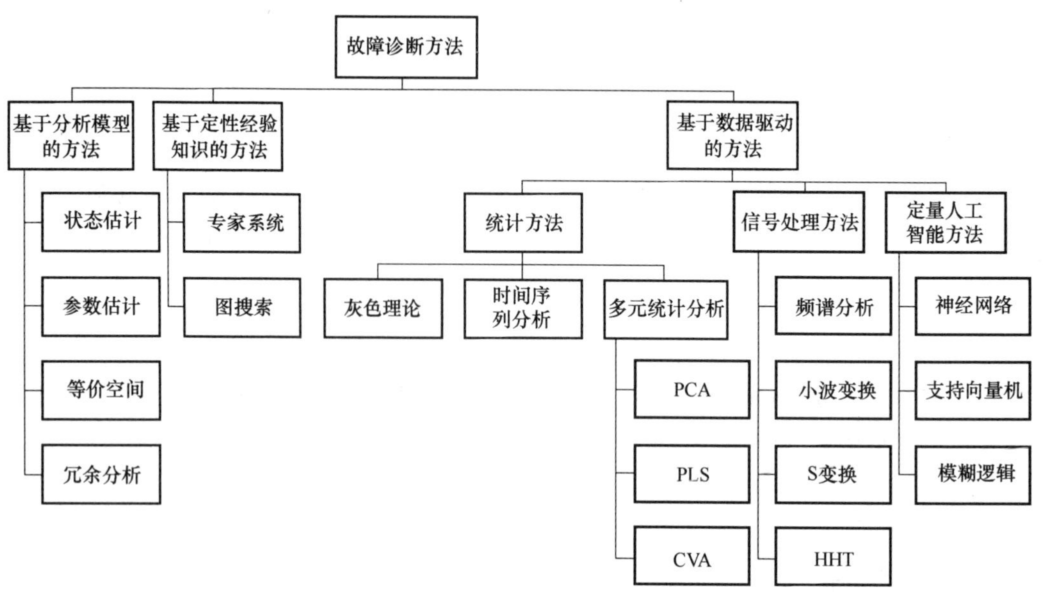

图 6-6 常见的故障诊断方法的分类

分析方法包括主成分分析（PCA），该方法通过以降维为目的的基础变化将数据映射到另一个空间，但它对于复杂的非线性系统来说并不理想。PCA 方法经常应用于流程工业，如化学工程和故障检测控制（FDC）流程中集成电路（IC）设备的故障诊断。应用的数学工具包括主成分分析和标准变量分析（CVA）。基于信号处理的故障诊断被广泛应用于振动信号等领域，如电动机，旋转机械和内燃机等。所应用的工具包括小波变换、HHT 和卡尔曼滤波器。

值得注意的是，因为状态监测、故障诊断和寿命预测之间存在内在关系，故三者所使用的分析方法具有一定的相似性。

5. 寿命预测

寿命预测基于监测和评估数据来预测设备或系统的故障和剩余寿命。剩余寿命研究的方法可以分为两类：一类是估计或预测平均剩余寿命；另一类是找到剩余寿命的概率分布。

影响设备寿命的因素很多，如制造、装配、测试、运输和安装调试过程，任何环节都可能影响到部件的可靠性。运行和维护环境，如设备生产负载的大小，运行环境（温度、湿度和灰尘）及维护设备的水平和维护人员的责任都会影响到设备的剩余寿命。因此，寿命预测是一项非常具有挑战性的任务，它需要综合应用传感技术、状态监测、故障诊断和寿命预测等方法。寿命预测的基本流程如图 6-7 所示。

寿命预测主要包括四种方法，即保险和警示装置方法，基于数据驱动的方法，基于故障物理模型的方法和融合预测方法。

从技术角度分析，寿命预测是可行的。随着传感器、微处理器、紧凑型非易失性存储器、电池技术和无线通信网络技术的发展，通过寿命预测实现传感器模块和自动数据记录器已经变得可能。信号与信息处理单元理论是寿命预测系统的核心，目前已经取得了重大进展。寿命预测的数学模型正在变得更加智能和实用，在准确预测关键部件寿命的基础上，寿命预测与自动识别技术还可以进行结合，如射频识别（RFID）技术，该技术可用于定位供应链中的零件。根据要求，它可以快速获得并提供准时供应的替换零件。

6. 维护管理

维护管理是实施机器维护计划的基本任务。预测性维护可影响从当前状态发展到功能故障的速度，并提供经济高效的维护策略。图 6-8 所示为故障时间、可靠性和成本之间的关系。当到出现故障的时间等于零时，系统将进入故障状态。随着系统到出现故障时的时间接近于零，系统的可靠性会降低。系统的性能成本增加而维护成本降低。因此，作为性能成本和维护成本之和的总体成本将先下降后上升。具有精确预测系统故障时间和系统可靠性的预测性维护能够为制定经济的维护计划提供有用的信息。

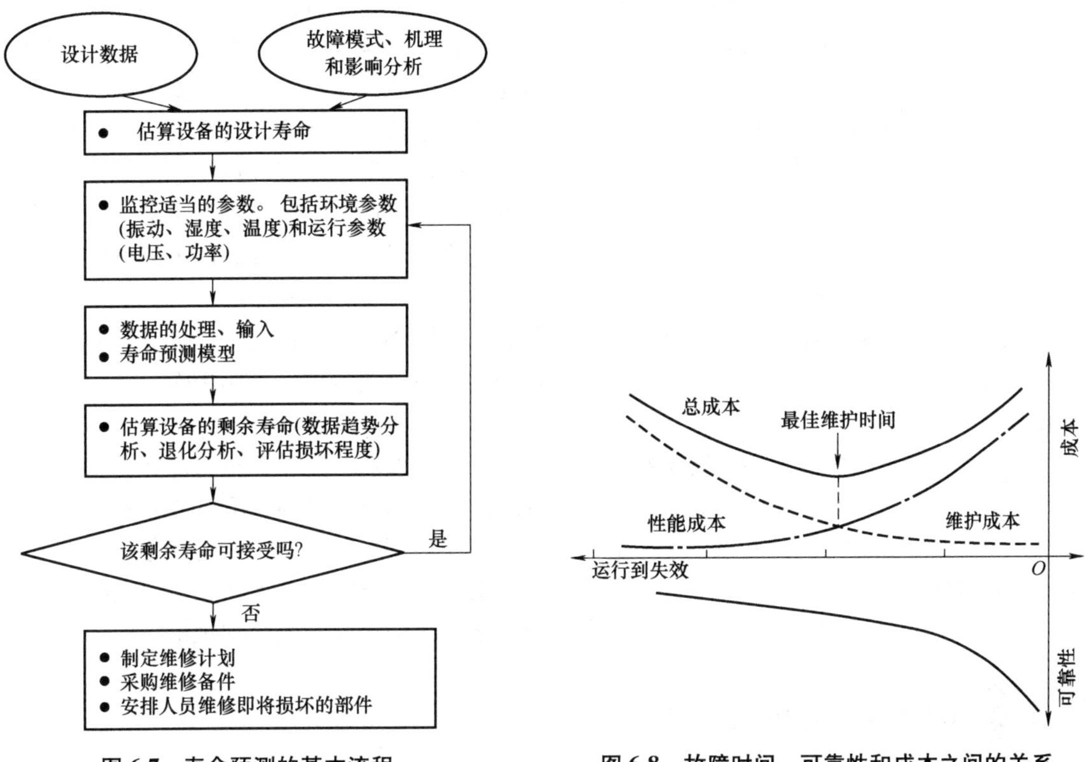

图 6-7　寿命预测的基本流程　　　图 6-8　故障时间、可靠性和成本之间的关系

除此之外，预测性维护需要考虑组织维护所需的资源类型，包括人员、备件、工具和时间。维护管理的主要内容是计划、实施、检查、分析（PDCA）的闭环控制。

然而，由于应用程序的整体安排，这一最佳时间并不总是可以实现的。因此，需要将其整合到生产运营管理（MOM）中。MOM 在支持持续改进生产率、质量控制、成本节约、一致性、安全性和延伸价值链敏捷性方面发挥着重要作用。通过在制造流程中创造端到端业务，并提供有价值的实时数据，以支持跨操作的快速和有能力的决策，MOM 功能可以在人员和现有工业自动化系统投资中创造显著的附加价值。

一些领先的全面制造执行系统和企业资源规划供应商扩展了他们的产品，促进了现代 MOM 软件解决方案不断发展和成熟。高级生产计划与调度（APS）、物资需求计划（MRP）、MES、虚拟主机管理器（WHM）、先进过程控制（APC）、设备综合效率（OEE）、产品质量先期策划（APQP）、统计过程控制（SPC）/统计质量控制（SQC）等。MES 处于核心地位，它通常包括制造执行和部分质量执行和合规。预测性维护或设备健康管理是 MOM 软件的一部分，并且变得越来越重要。

标准 IEC 62264 定义了适用于 MOM 的结构、功能区域、活动、对象和属性，其中维护管理的功能区域尤为重要。使用此标准，预测性维护解决方案可以使用标准化的接口和处理访问 MOM 的相关功能组件。

7. 系统方面

状态计算和预测的具体算法取决于组件所提供的特定功能。正如在 VDMA ［VD582］ 中介绍的，功能块的概念允许压缩和隐藏算法的细节，同时能够建立复杂的预测性维护解决方案，并将数据聚合在系统的功能层次结构中。此外，它还保护了算法开发人员的知识产权。

为了应对未来制造系统日益增长的灵活性和异质性，为预测性维护提供一个系统方法是必要的。这需要开发一个预测性维护平台，甚至是一个完整的生态系统。其整体结构应该是模块化的，能够为传感、状态评估、诊断和预测工作轻松添加或增强功能组件。除了这些功能组件外，它还应包含将这些功能根据不同资源进行灵活部署的手段。例如，确定来自电力驱动器的数据传感功能可以在驱动器本身内部实现，但也可以在连接到现场水平网络的专用监视部件、边缘或组件中实现，或直接在云系统中实现。对于不同的计算能力，可根据上下文数据（例如生产计划）或成本来选择不同的部署选项。

因此，一个预测性维护解决方案应提供组件和接口的必要抽象概念，以适应不同的行业和应用领域。另一方面，配置工作应尽量少。例如，它应该支持即插即用操作，有时也应支持自适应。

这要求明确区分单个功能，将其沿功能层次聚合，并按照特定资源进行部署。从系统架构的角度分析，可以设想应用系统设计原则，如根据 ISO/IEC/IEEE 42010 的观点概念，将业务和功能观点与实施和通信观点进行分离可以支持所需的灵活性。建筑方面应由组织措施进行支持，如识别方法、版本控制、依赖关系跟踪等。由于该路线图主要关注点是智能制造和工业 4.0 环境下的预测性维护，因此应采用在此背景下设定的定义、概念和规范。

6.4 预测性维护核心标准解读

国家标准 GB/T 40571-2021《智能服务　预测性维护　通用要求》于 2021 年 10 月 11 日正式发布，并于 2022 年 5 月 1 日正式实施。

6.4.1 标准内容解读

该标准规定了智能服务预测性维护的总则、设备与功能识别、失效模式影响分析功能、可行性分析功能、状态监测功能、故障诊断功能、寿命预测功能、维护管理功能等，适用于预测性维护系统的设计、开发、使用、维护等。

标准核心技术内容包括：

1. 测性维护概念的标准化

GB/T 40571-2021《智能服务　预测性维护　通用要求》根据需求和目的的差异，将预测性维护分为三类，即基于状态的维护（CBM）、基于预测的维护和基于全生命周期管理的维护。

1）第一类：实现基于状态的维护（CBM），即通过设备运行状态关键数据的采集，完成状态识别和基本的故障诊断等功能，并提供基本的维修与维护策略，如报警、停机等。该类预测性维护可基于 MES 或其他信息系统开展。

2）第二类：实现基于预测的维护，即通过设备运行状态相关数据的采集，完成状态识别、故障诊断、寿命预测等功能，并预先提供维修和维护方案，支持设备的维修维护管理。该类预测性维护宜基于独立的系统开展，可与 MES 或其他信息系统互联互通。

3）第三类：实现基于全生命周期管理的维护，即通过设备运行状态数据的全面采集，完成状态识别、故障诊断、寿命预测等功能，并能判断寿命预测结果的置信度，预先提供完整可信的维修和维护方案，指导设备的维修维护管理。执行该任务的系统能够在数字孪生、人工智能、系统集成等技术的辅助下，不断优化预测结果，提升预测的置信度与可行性。

由于标准的对象是预测性维护系统，结合当前行业发展现状和发展水平，标准中规定的技术条款主要针对第二类预测性维护的实施。

2. 预测性维护系统架构标准化

GB/T 40571-2021《智能服务　预测性维护　通用要求》将传感、状态识别、故障诊断、寿命预测和维修维护管理定义为预测性维护的核心功能块[42]，如图 6-9 所示，对于预测性维护技术的应用具有指导意义。

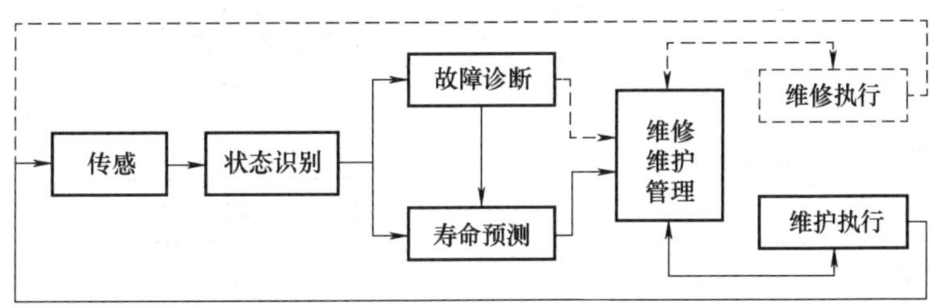

图 6-9　预测性维护系统功能模型

预测性维护的开展主要基于采集设备运行状态数据的监测终端和数据采集设备，设备控制系统，能够进行数据存储、分析、传输的上层系统或平台，具体如下：

（1）监测终端和数据采集设备　该类设备可以集成在设备本体，也可外置，其功能是对设备的运行状态参数进行监测，为数据的分析计算提供数据。但通常集成在设备本体的方案更适用于设备制造商，设备用户更推荐采用外置监测终端的方案。

（2）设备控制系统　对于不具备边缘计算，仅提供数据采集功能的控制系统，可将其视为数据采集设备，对于具备边缘计算能力的控制系统，能够将设备运行状态参数在边缘端进行分析和预测，并通过人机界面或其他手段显示结果。边缘计算技术的应用需综合考虑成本与预测的准确性。

（3）上层系统或平台　将采集的数据上传至系统或平台中进行分析和预测，并能够不断修正预测结果，为了更好地实现设备维护，该系统或平台应与 MES 或 ERP 提供信息交互。但该系统或平台对于通信协议与接口的一致性具有较高的需求，且需考虑信息安全。

3. 预测性维护工作流程标准化

预测性维护的实施应着重于识别和避免根本原因的失效模式，其工作流程如图 6-10 所示。

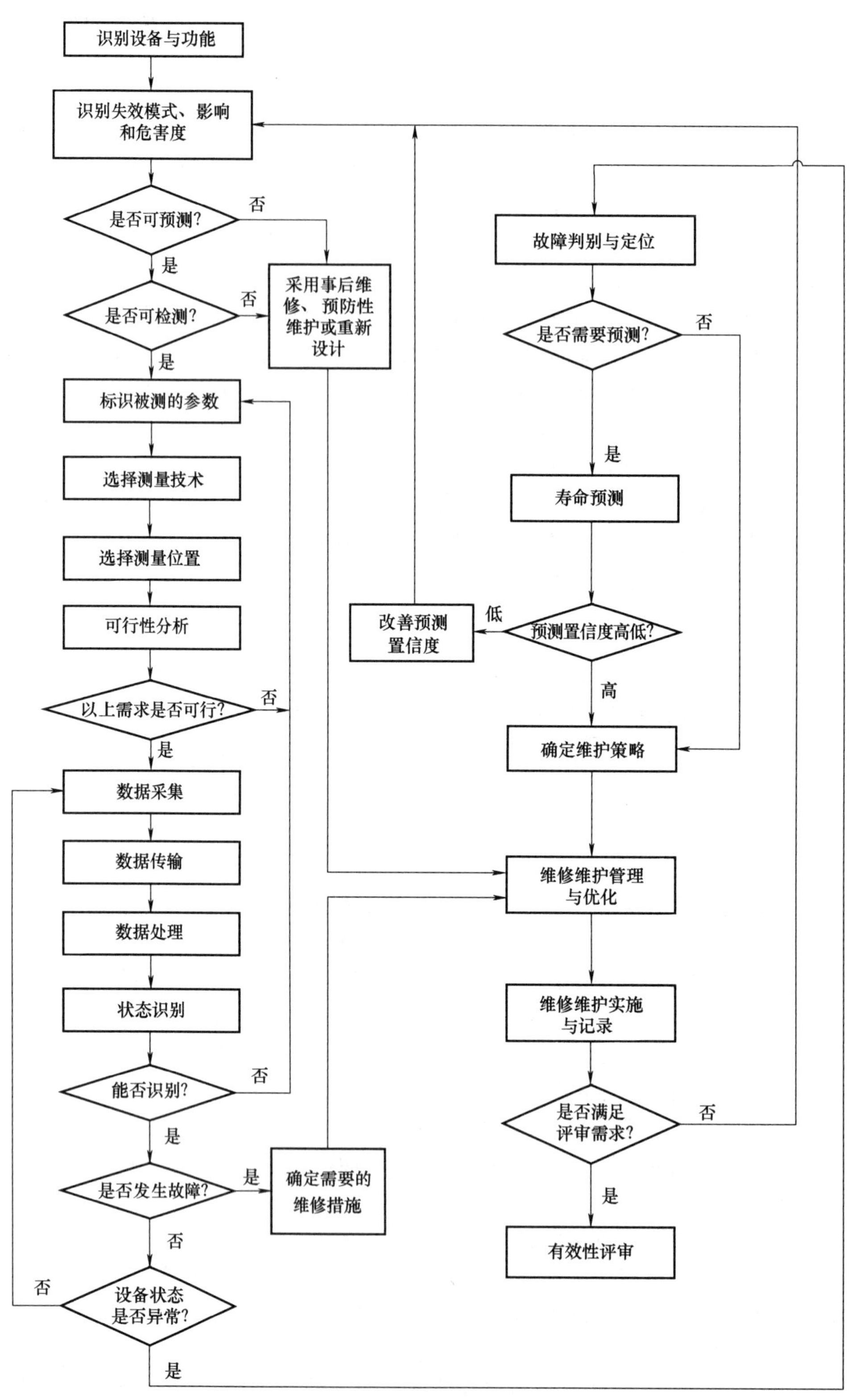

图 6-10　预测性维护工作流程

预测性维护的实施应首先识别设备的结构与功能，进行 FMEA 或 FMECA 等失效模式分析，识别该设备的失效模式、影响和危害度；其次，针对可预测可检测的设备，应标识被测的参数、选择测量技术和测量位置，同时进行方案实施的可行性分析；再次，执行预测性维护的数据采集、状态识别、故障诊断、寿命预测、维护管理等功能；最后，通过维护实施与记录反馈设备设计端，形成预测性维护闭环工作流程。

预测性维护流程的标准化进一步规范了实施流程，对于科学实施预测性维护技术具有重要意义。

4. 预测性维护系统功能要求的规范化

标准中详细规定了预测性维护各实施阶段的功能要求，除核心功能块外，对于预测性维护系统实施的功能识别、失效模式影响分析和可行性分析等进行了规范，从应用的角度保障了预测性维护的准确性与可行性，其中，将故障诊断与寿命预测的方法分为基于数据驱动的方法、基于机理模型的方法和基于定性经验知识的方法，为预测性维护的算法评测奠定了坚实的基础。

（1）状态监测功能　状态监测主要包括数据采集、数据预处理、特征提取、特征分析和状态识别，在该阶段应实现数据质量和故障/异常的判断。设备的状态监测可以在设备层进行，也可以上传至系统层进行。

设备状态监测的过程如图 6-11 所示，具体包括：

1）原始测量值为通过传感器信号采集后未经处理的数据。

2）中间数据为通过传感器、设备在运行中获取的动态数据，经计算或调理后，除去外部干扰或无效信号的数据。

3）状态表征数据为经数据处理（特征提取）后能表征设备状态特征的数据。

4）结果表征数据为经数据处理（特征分析）后能表征设备状态结果的数据。

5）设备状态数据为通过监测方法对设备各状态特征量进行信息聚合、阈值判断后得到的数据，其反映了设备当前状态。

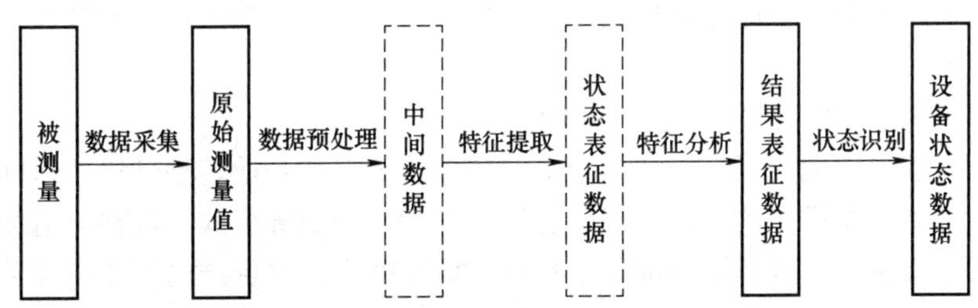

图 6-11　状态监测过程示意图

当设备被测量为开关量时，信号调理与特征分析过程无须执行，无中间数据与状态表征数据。当设备被测量为静态数据时，信号调理与特征分析非必需的。

（2）故障诊断功能　设备的预测性维护应针对设备异常参数的分析判断，虽并未出现故障，但仍需要故障诊断技术的支持，如故障类型的判断、故障定位等。通常可采用基于数据驱动的方法、基于机理模型的方法和基于定性经验知识的方法等，以实现上述功能，并为寿命预测提供决策依据。部分严重程度较高的异常可由故障诊断直接提供维护或维修策略。

（3）寿命预测功能　寿命预测应基于故障诊断提供的类型判断、故障定位等数据，对设备的剩余使用寿命进行评估。可采用的分析方法包括多参数分析、趋势分析和对比分析等，建模方法包括数据驱动、机理模型和混合模型等。在执行寿命预测过程时，还应对预测的置信度进行评估，置信度评估可以从数据质量、历史经验数据、模型准确性和过程控制等角度开展。

（4）维护管理功能　维护管理，应依据寿命预测结果，结合生产实际情况建立应急响应机制，同时在充分考虑安全和成本的基础上，将故障诊断和寿命预测的输出结果，与企业设备管理相结合，制定相应的维护维修策略，也可借助企业的管理信息系统，如 MES、ERP 等，实现维修维护管理的优化。包括维护维修的可行性优化，如虚拟维修等；备品备件、维修人员的资源调度优化；基于智能排产的生产优化等。

当维修任务完成后，宜记录维修过程和机器的变化，包括使用的备件、工艺和维修期间发现的其他故障。上述信息应反馈到历史记录表格中，将有助于后续的诊断与预测，以及有效性评审。

重复的失效能降低系统的可靠性，增加运行费用。可通过对维修维护开展有效性评审，分析失效的根原因，并开展针对性的改进措施，以避免或降低重复失效的影响。必要时，还应向设备生产商反馈信息，形成设计阶段优化的建议。

5. 典型设备预测性维护技术的实例化

标准以数控机床、工业机器人、电动机、变压器等典型设备为例，提供了开展预测性维护的过程、原理和方法，上述设备预测性维护的实例化，既是对标准技术内容的验证，也是对标准技术要求的解读，对标准的宣贯推广具有重要意义。

6.4.2　标准实施意义

1. 装备数字化能力提升的重要指导

预测性维护是人工智能技术在工业领域的典型应用，是装备数字化能力提升的重要组成，本标准的实施可指导企业建立规范化的预测性维护平台，将故障诊断、寿命预测和维护管理等先进技术融入装备智能运维体系，全面提升装备运维的前瞻性和有效性，实现装备的数字化赋能。

2. 服务型制造企业转型升级的重要推手

随着我国智能制造的发展，服务型制造已成为绝大多数企业转型升级的目标，而预测性维护既是企业开展运维服务的基础，也是运维服务的典型服务模式，已在制造加工、工程机械、航空航天、石油石化等行业中取得了良好的应用效果，本标准的实施将充分发挥行业企业的应用示范效应，大力推动企业的转型升级与高质量发展。

3. 抢占工业自动化领域国际标准话语权的重要成果

本标准是首项预测性维护国家标准，与我国提出并担任工作组召集人的首项 IEC 预测性维护国际标准《工业自动化设备和系统　预测性维护》同步制定，本标准的发布和实施，将为国际标准的制定提供宝贵的数据和应用案例，对抢占工业自动化领域国际标准话语权，推动“中国方案”走向世界具有重要意义。

第 7 章 预测性维护应用案例和场景

生产高效性在很大程度上依赖于生产设备的可用性。为保证设备的正常运行、避免计划外的停机时间，需要监测和评估设备及其部件的状态。这个过程称为状态监测。在监测的基础上，根据设备状态及劣化趋势，可以对设备的剩余寿命进行预测，并提供维护和维修策略。这个过程被称为预测性维护（PDM）。根据设备的维护策略，也可以反馈和完善生产流程。图 7-1 所示为生产系统中状态监测、预测和维护维修的定位。

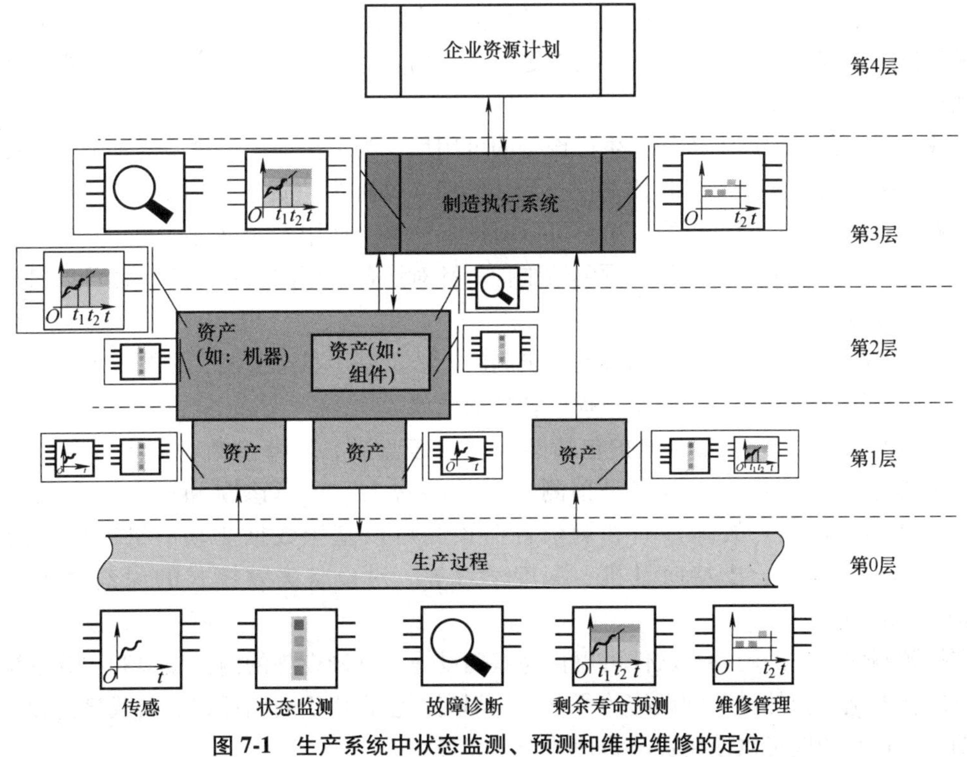

图 7-1　生产系统中状态监测、预测和维护维修的定位

7.1 案例介绍

7.1.1 概述

术语“用例”的理解和使用在不同场景中具有较大区别。结合工业 4.0 的标准化路线

图中对用例的表述，将“用例”的基本类别区分为以下三种。

1）描述业务角色价值网络的业务场景，其中每个业务角色都有一个业务模型。

2）描述技术角色与技术系统的交互用例，其中指定了技术系统的上下文和高级需求，以及技术系统如何在其上下文中交互。

3）案例项目、案例研究、技术解决方案概念等。

在本书中，术语“用例”被理解为上述三类中的第二类。

本案例集级及上述三类中的第二类和第三类。

IEC TC65 WG23 和“智能制造用例”工作组的目标是分析智能制造对标准化的影响。其中“智能制造用例”工作组选择的方法是收集和评估用例。

生产资产用例预测性维护使用 IEC TC65 WG23 的方法，并在 WG23 中扩展了生产资源用例状态监控的范围。

7.1.2 目标

与设备状态相比，生产经理往往更关心的是设备能使用多久，以及如何找到最经济的维护方式。需要丰富的经验、大量的数据和计算能力来满足生产管理者的需求，任何利益相关者都很难独立完成。因此，需要标准化的定义、结构、方法和应用程序示例，以提供建立预测性维护“数据池”的可能性。

高效生产在很大程度上依赖于生产设备的可用性。为了保证这类设备的预定使用和避免计划外的停机时间，需要监测和评估设备及其部件（又称为“资产”）的状态。在评估的基础上，根据对将要实施的过程的了解，可以对设备的剩余使用寿命进行预测，并对可能的维护活动进行计划。这个过程被称为预测性维护。针对设备使用的重新组织，也可以启动生产工作流程的更改。

该用例的核心是使用数据驱动或基于机制的方法，基于状态监测，预测设备的未来健康状态，优化维护资源分配，并向用户提供合理的建议。

从技术角度来看，预测性维护包括感知、状态监测、故障诊断、剩余寿命预测和维护管理等技术。感知和状态监测是预测性维护的输入，故障诊断和剩余寿命预测是过程，维护管理是输出。故障诊断和剩余寿命预测可以基于数据驱动、机制模型或混合方法，包括神经网络、支持向量机、深度学习等。对设备失效模式的深刻理解是预测性维护的先决条件。

支持预测性维护的硬件和软件可以称为基础设施，基础设施的内部接口和相关系统的外部接口应标准化。此外，基础设施的所有组件都应该包含用于通用标识、自我描述和组件管理的功能，这些功能可以使用资产管理外壳来实现。

因此，这个用例中涉及的角色包括资产供应商和用户。服务供应商在其专业领域为双方提供服务，如建立诊断和预测模型。虽然越来越多的资产供应商具备提供预测性维护服务的能力，但服务供应商的加入更有利于经验分享和基础设施的标准化。

这个用例包括服务供应商。在描述这个用例时，使用了与用例“资产管理”一致的描述方法。

7.1.3 角色

1. 商业环境

商业环境角色示意图，如图 7-2 所示。

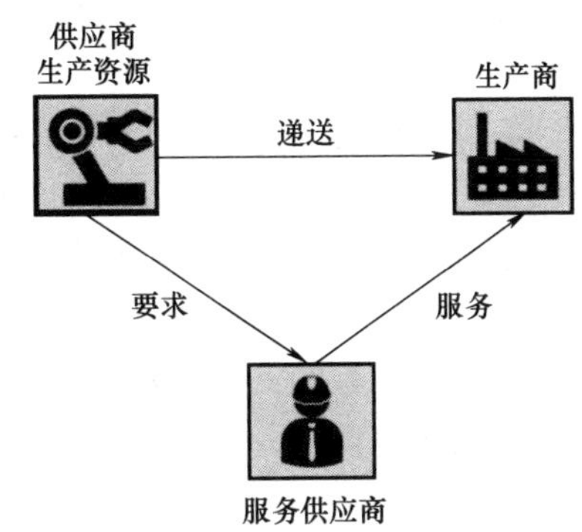

图 7-2　商业环境角色示意图

2. 技术视角

技术视角角色示意图，如图 7-3 所示。

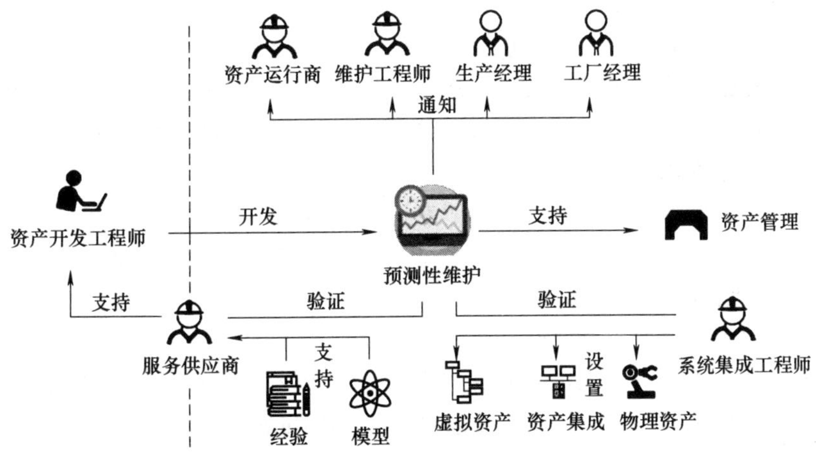

图 7-3　技术视角角色示意图

7.1.4 类型

1. 角色交互

资产开发工程师开发了资产的预测性维护功能，在开发过程中，服务供应商可以提供经验、数据和模型的支持。预测性维护的结果应为资产管理系统提供信息。

服务提供者是从事预测性维护咨询、解决方案、软硬件设备、系统集成和数据/模型支持的专业角色，可以是独立的公司，也可以是资产供应商或制造商的部门。

系统集成工程师负责将预测性维护功能与制造商的硬件和软件连接起来，以实现必要的信息通信。如有必要，系统集成工程师需要进行资产集成，为健康预测提供所需的计算能力

（在资产本身不提供适当计算能力的情况下）。

预测性维护功能持续监控资产提供的使用信息，并在资产管理中更新资产的状况。在紧急情况下，及时通知资产运行商、维护工程师、生产经理和工厂经理。

2. 发展趋势

由于工业生产的实时性要求，预测性维护的发展趋势之一是边缘计算，即通过具有计算能力的边缘设备处理数据并反馈维护信息。

随着对预测结果准确性的要求，预测性维护的另一个发展趋势是平台计算，即依靠通信技术的更新，将尽可能多的数据上传到平台进行计算，以获得更多的计算能力。由于平台计算和边缘计算的实现方式不同，边缘计算通常用于处理报警信息，而平台计算用于预测功能。

除了模型，预测性维护的实施也需要经验的支持。因此，“数据池”也是预测性维护的发展趋势。一般来说，供应商的数据是无法共享的，但随着预测性维护服务商的出现，“数据池”的建立成了必要，这也产生了标准化的需求。

7.2 场景分类

不论是针对车间/工厂，还是资产，预测性维护的功能模块是适用的，区别在于不同功能模块的执行方，以及技术实现方案的差异。

针对车间/工厂的预测性维护，通常由车间/工厂的部门或人员，即资产的操作者来实施，也有可能委托给专业的第三方技术服务公司。预测性维护的结果通常会以维修或维护方案的形式呈现。而在技术实现方案上，他们会希望尽可能利用现有的资源，如 PLC、MES 等，以减少对制造过程的影响。

针对资产的预测性维护，通常由资产的制造者来实施，由于他们对资产更加了解，实施预测性维护的方法更加丰富，但通常预测性维护的结果以剩余寿命的预测形式呈现，因为资产的使用和维护/维修的资源对资产制造者而言，是不可知的。而在技术实现方案上，他们会更多地利用传感器，以及独立的软件系统。

因此，本书从上述两个不同的角度来介绍场景，但不同场景之间的技术实现是可融合的。前提是通过标准化的手段，规范其系统架构、基础设施接口和功能模块。

7.3 工厂或车间的预测性维护场景

7.3.1 场景 1：基于资产运行状态价值的服务

1. 概述

供应商将设备交付给客户后，通常不会从设备使用中获得任何反馈。工业 4.0 平台定义的基于价值的服务（Value-Based Service，VBS）和交付产品的透明度和适应性（Transparency and Adaptability of Deliver Products，TADP）专注于开发基于设备状态的服务信息，通过向设备供应商提供状态反馈数据进而提升供应商的设备更新能力。基于状态反馈数据的设备更新为其长期使用奠定了基础，也为设备供应商或独立服务供应商的设备信息交互提供了媒介。

为实现 VBS，预测性维护系统应在生产系统架构中覆盖第 1~4 层级。系统层级示意图如图 7-4 所示。

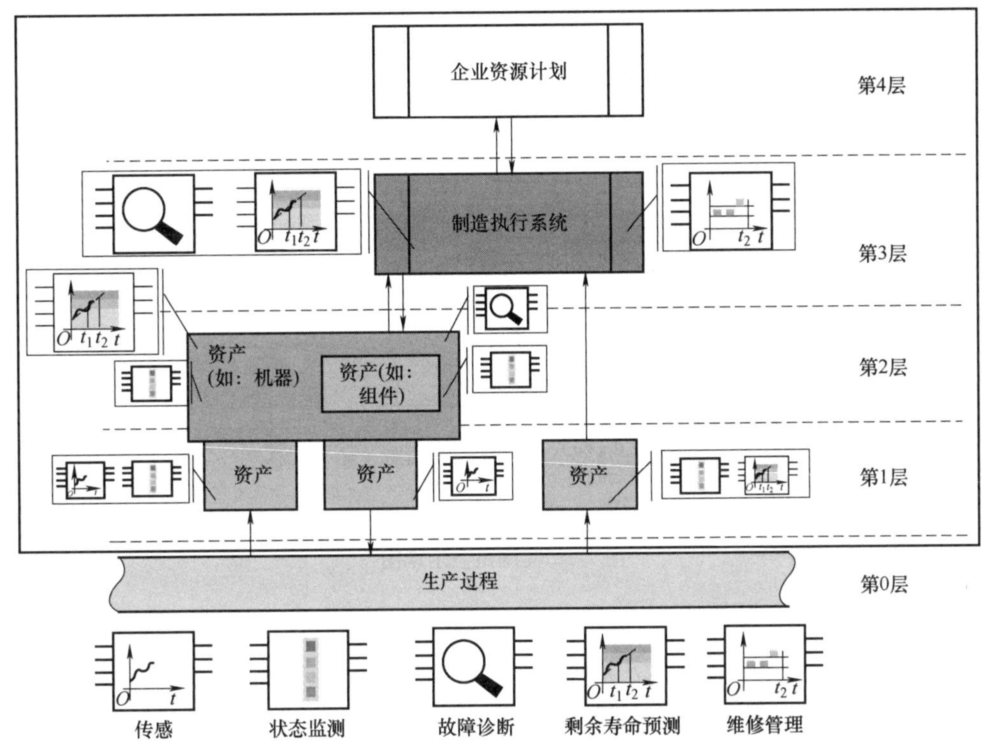

图 7-4　系统层级示意图

要构建基于 VBS 的智能工厂，预测性维护系统应具备完整的预测性维护功能，即包括生产制造装备的传感、状态监测、故障诊断、剩余寿命预测和维修管理等功能，如图 7-5 所示。

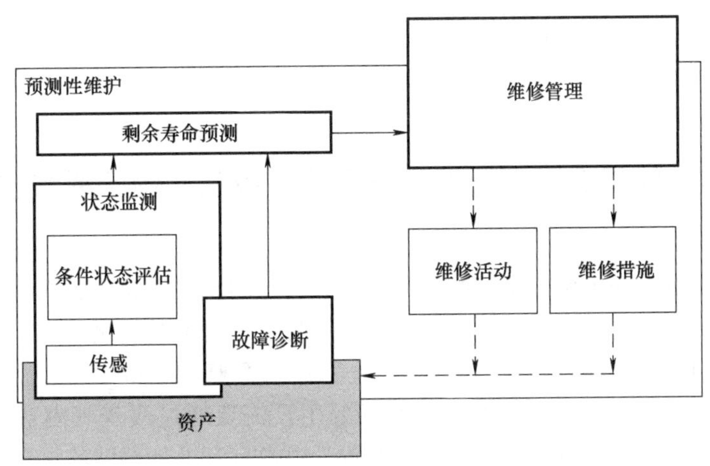

图 7-5　系统功能示意图

2. 角色

本案例的实施模式为预测性维护平台由服务供应商与用户共同运营，同时，平台也可由用户独立运行。实施角色示意图如图 7-6 所示。

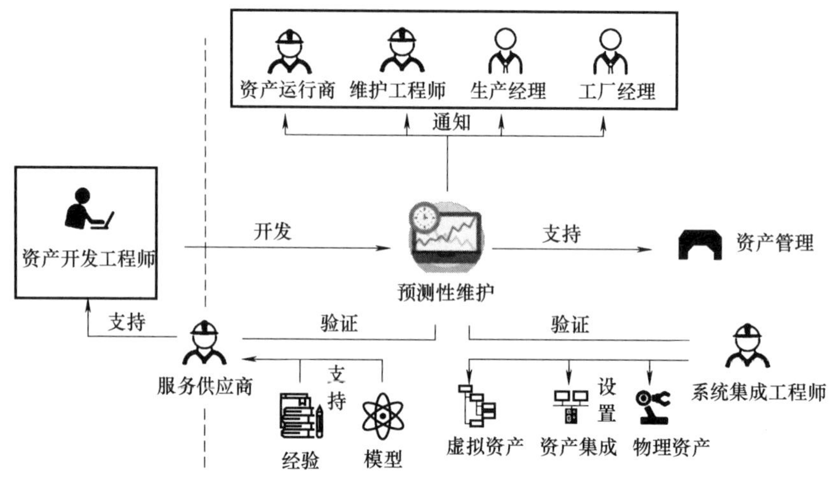

图 7-6 实施角色示意图

3. 功能和方法

工业 4.0 平台可对用户现场使用的设备进行持续监控，以计算其健康状态并执行必要的维护措施，其中，与设备有关的原始数据和计算得到的设备状态，以及设备使用过程中的运行数据，都可以反馈至设备供应商。具体的数据量由设备供应商、服务供应商和用户之间协商。根据供应商的设备模型和对设备的详细了解，可以对反馈数据进行评估，以便提前发现和预测可能的故障和设备问题。预测性维护实施可考虑和评估不同的应用场景，或使用数据挖掘等分析方法。

4. 可视化

本案例的核心为设备供应商和用户间的反馈闭环，通过反馈信息完成的设备更新增强了产品的鲁棒性，从而实现了设备在不同场景下的最佳使用。此外，预测性维护有助于创建新的服务，以更好地定制设备，满足客户的个性化需求。这些服务可以由设备供应商和新的服务供应商提供。

7.3.2 场景 2：预测性维护支持自适应工厂概念、用户背景和问题

1. 概述

工厂的建设通常是基于预先设计好的建设方案进行的，且建成后长期固定不变，生产灵活性受到一定限制。工厂生产灵活性的提升需要提高工厂对不断变化的生产和市场条件的适应能力，这也是工业 4.0 应用场景“适应性工厂（WFF）”和“工厂无缝和动态工程（DDA）”的重点。为适应新的生产和市场环境，工厂需要通过改变其内部结构和组成，但现有的调整方式没有考虑到可用组件的实际位置，也没有考虑到部件的潜在功能、可用性和具体工作情况。

为了实现对自适应工厂的支持，预测性维护系统在系统架构中应覆盖第 1~4 层级。系

统层级示意图可参考图 7-7。

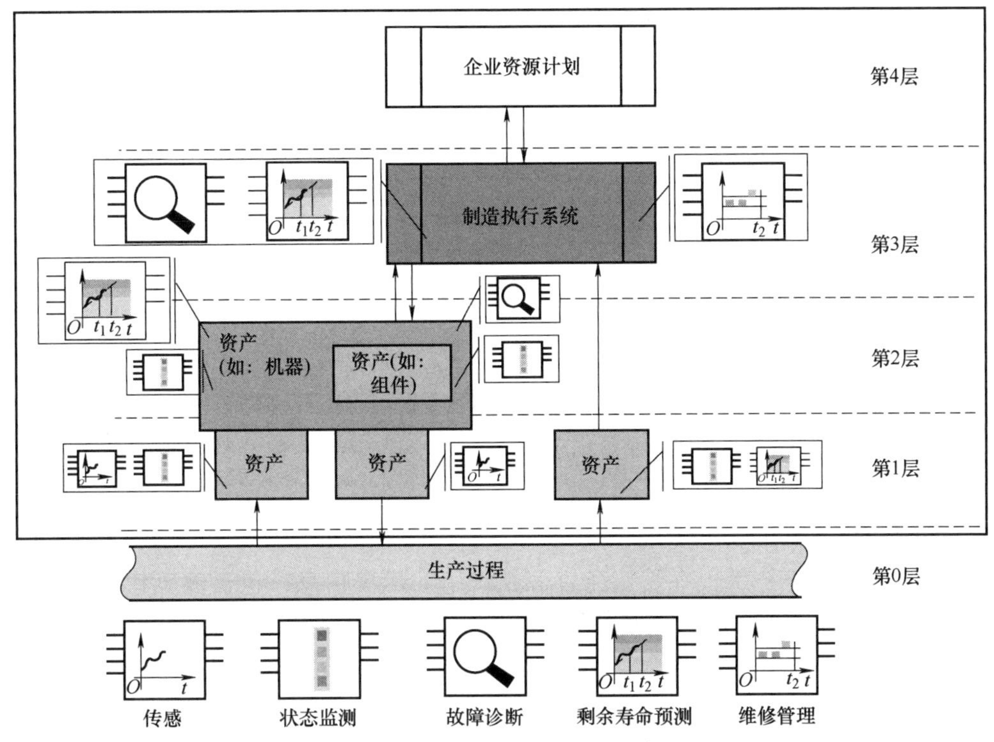

图 7-7　系统层级示意图

具备自适应功能的智能工厂，应具备完整的预测性维护功能，即包括生产制造装备的传感、状态监测、故障诊断、剩余寿命预测和维修管理等功能，如图 7-8 所示。

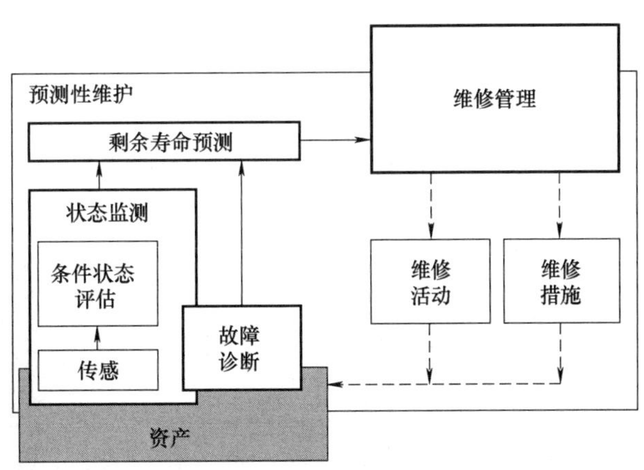

图 7-8　系统功能示意图

2. 角色

本案例的实施模式为预测性维护平台由服务供应商与用户共同运营，同时，平台也可由用户独立运行。实施角色示意图如图 7-9 所示。

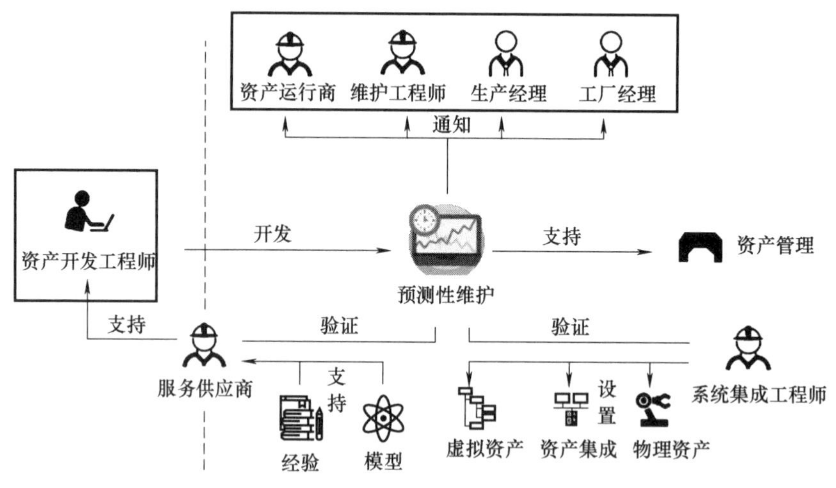

图 7-9　实施角色示意图

3. 功能和方法

本案例的重点是维护部件在特定条件和情况下的历史信息，包括健康状态预测、MES 的维护操作结果、维修记录、性能评估等。结合生产环境及其变化的日志，可以通过优化预测结果以表征工厂中潜在适应性的影响。如果多个部件的组合需要满足一定的功能需求，但实际上是按照满足单个部件的状态实现的，这种实现模式也可以优化新组合的剩余寿命计算结果。维修维护决策可通过数据分析或使用人工智能系统实现。

4. 可视化

基于组件本身或运行过程提出的工厂适应性结果评估将提升工厂适应性的总体价值，同时，也可支撑最佳适应性的确定并将提供更准确的性能预测。

7.3.3　场景 3：定制化工厂的预测性维护

1. 概述

个性化定制生产线由三菱电机自动化（中国）有限公司（以下简称“三菱”）和机械工业仪器仪表综合技术经济研究所（以下简称“仪综所”）共同开发，如图 7-10 所示。作

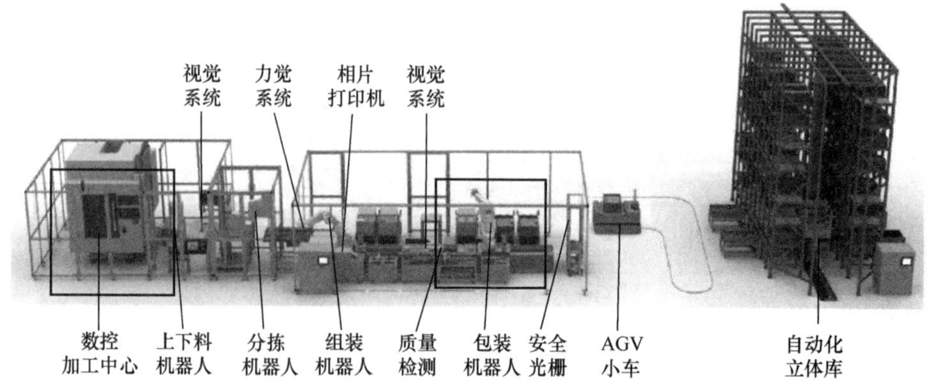

图 7-10　个性化定制生产线

为个性化定制生产线的核心装备，数控机床和智能机器人的正常运行对于保障生产线的运行稳定性至关重要。突发故障会导致数控机床和智能机器人宕机，造成生产停滞，同时也会导致生产成本提高，生产率降低。因此对数控机床和智能机器人开展预测性维护是十分必要的，亟须部署预测性维护平台以提高智能装备的经济性和可靠性，提高生产线运行的稳定性。

仪综所和三菱针对个性化定制生产线开发了预测性维护平台，实现了对生产线关键装备数控机床和智能机器人的预测性维护。开发的预测性维护平台在系统层级中的位置如图 7-11 所示，覆盖了第 0~3 层级。

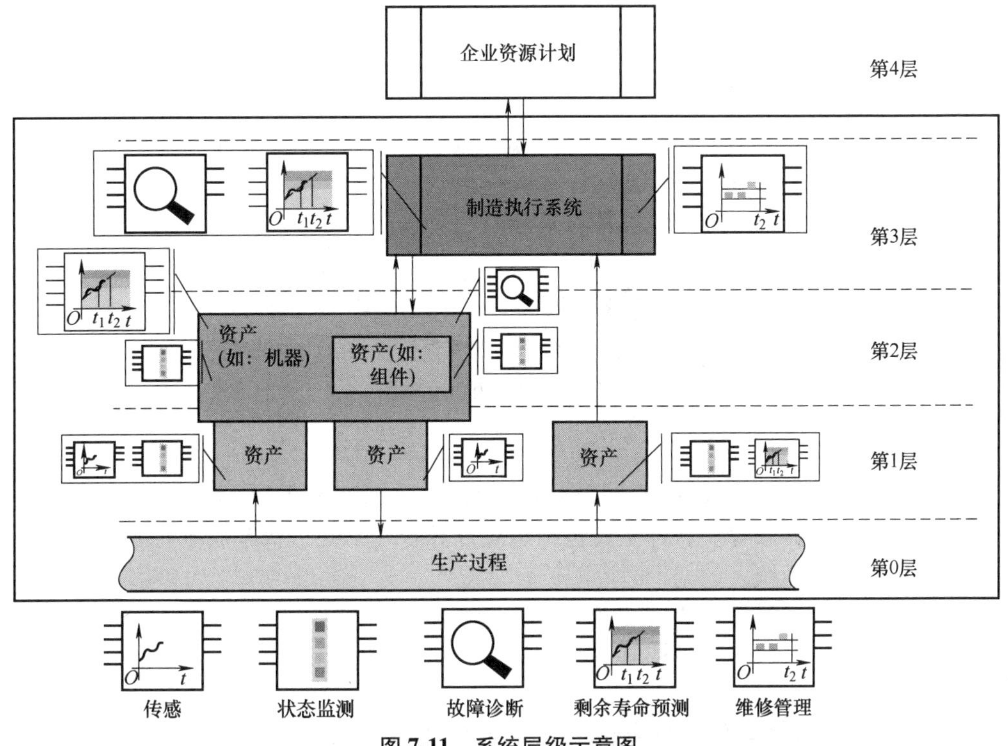

图 7-11 系统层级示意图

个性化定制生产线预测性维护平台可以实现生产线关键装备数控机床和智能机器人的传感、状态监测、故障诊断、剩余寿命预测、维修管理等功能，如图 7-12 所示。

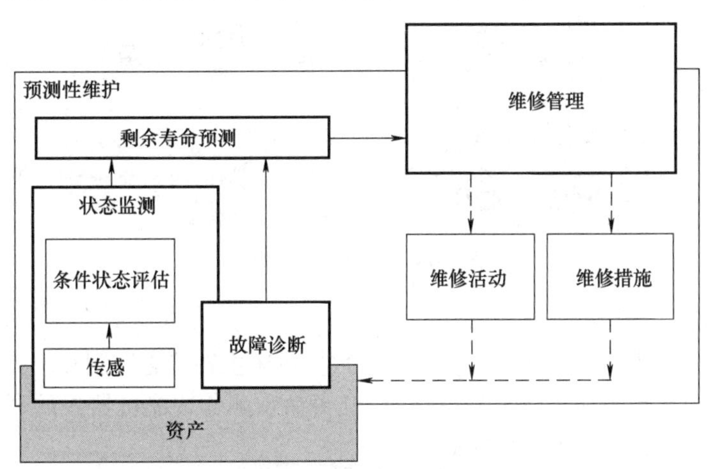

图 7-12 系统功能示意图

2. 角色

本案例的实施模式为服务供应商与系统集成工程师合作开发预测性维护平台。在生产线预测性维护平台建设中仪综所的角色为服务供应商，主要提供预测性维护技术、平台建设方案和数据/模型支持；三菱的角色为系统集成工程师，主要负责将预测性维护功能与制造商的硬件和软件进行连接，以实现系统集成，实施角色示意图如图 7-13 所示。

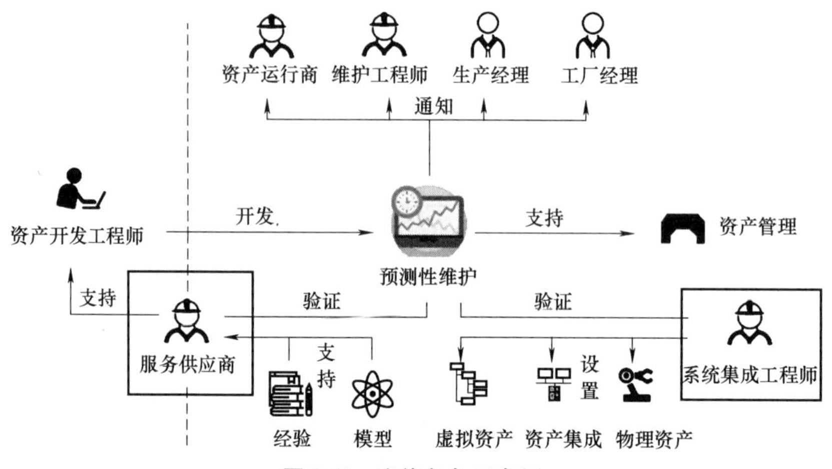

图 7-13　实施角色示意图

3. 系统架构

个性化定制生产线预测性维护平台的系统架构示意图如图 7-14 所示。其中硬件主要包括数控机床、智能机器人等。软件主要包括边缘计算管理系统、状态监测与健康管理系统及智能建模与模型验证系统。

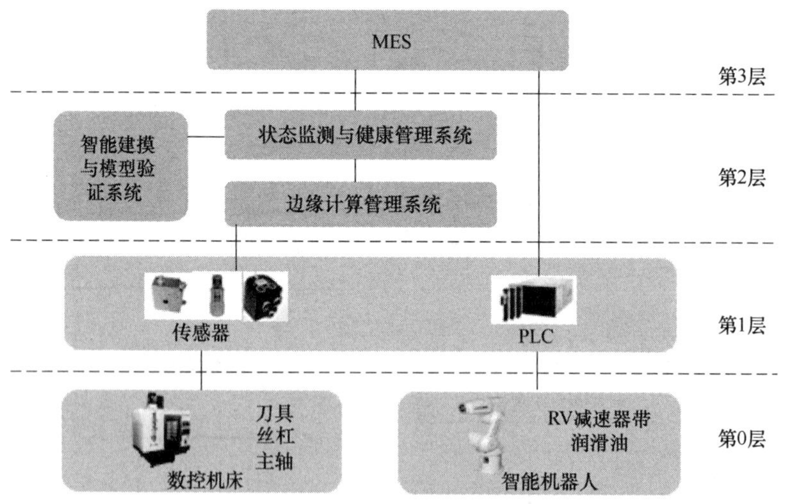

图 7-14　系统架构示意图

4. 功能和方法

个性化定制生产线预测性维护平台可实现数控机床主轴状态监测和故障诊断、刀具剩余寿命预测（提前 1 天提出换刀要求）、滚珠丝杠寿命预测，智能机器人的剩余寿命预测、负载管理、位置精度分析等，主要功能如下。

1）边缘计算管理：实现边缘端数据采集与分析功能，包括设备状态、趋势分析、硬件管理、报警管理、系统管理等模块。

2）预测性维护云平台：主要实现预测性维护算法模型运行环境搭建、数据中心数据的分析和处理，包括流程管理、模型管理、设备管理、接入服务、数据服务、系统管理等模块。

3）智能建模与模型验证：主要实现模型离线训练和有效性验证，包括建模、训练、优化、数据源管理等模块。

4）状态监测与健康管理：主要实现装备状态及预测结果的可视化分析，包括温度趋势分析、电流趋势分析、振动均方根（RMS）值趋势分析、振动频谱分析、RUL 值显示等模块。

5. 技术亮点

个性化定制生产线预测性维护平台的突出特点如下。

1）边缘端智能化 IPC（工业计算机）：个性化定制生产线部署的边缘端智能化 IPC 将 PLC 控制器、网关、运动控制、I/O 数据采集、现场总线协议、设备联网等多领域功能集成于一体，兼具“实时控制”和“边缘计算”，具有高速度、大容量的数据传输和处理能力，高精度、低延时的控制性能，省空间、可扩展、易维护的使用特性。

2）PLC 与传感器融合采集：个性化定制生产线部署的智能采集终端具有六个测量通道，实现了振动、温度、湿度等传感器数据采集与 PLC 数据采集的融合，保障了数据的质量和统一。

3）具备预测性维护功能的智能机器人：个性化定制生产线中的智能机器人具备了 RV 减速器、带、润滑油的状态监测和寿命预测功能，内嵌的预测性维护功能模块为智能机器人的稳定运行提供了保障。

6. 可视化

个性化定制生产线预测性维护平台可以实现数控机床主轴、*Y* 轴、*Z* 轴的温度、电池、电流、转速等参数及振动加速度、有效值等参数的可视化展示。绿色、黄色、红色分别表示设备正常、设备异常、设备故障三种状态，实现可视化显示和预警。数控机床预测性维护界面如图 7-15 所示。

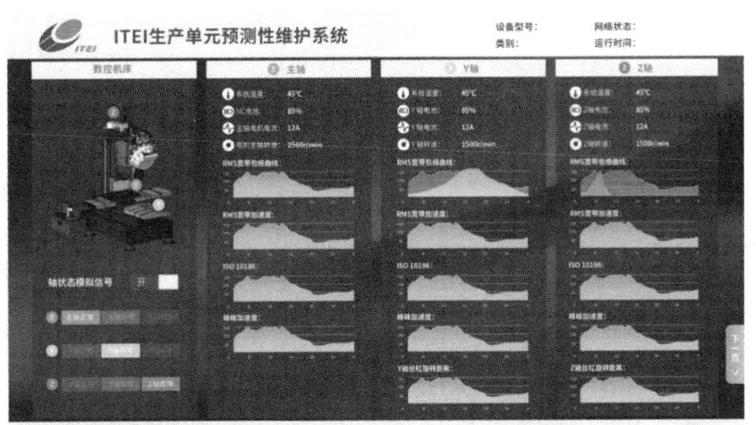

图 7-15　数控机床预测性维护界面

个性化定制生产线预测性维护平台可实现智能机器人的 J1～J6 轴的电流、编码器温度、马达转速、减速器消耗度、润滑油消耗度等参数的可视化展示。绿色、黄色、红色分别表示设备正常、设备异常、设备故障三种状态，实现可视化显示和预警。智能机器人预测性维护界面如图 7-16 所示。

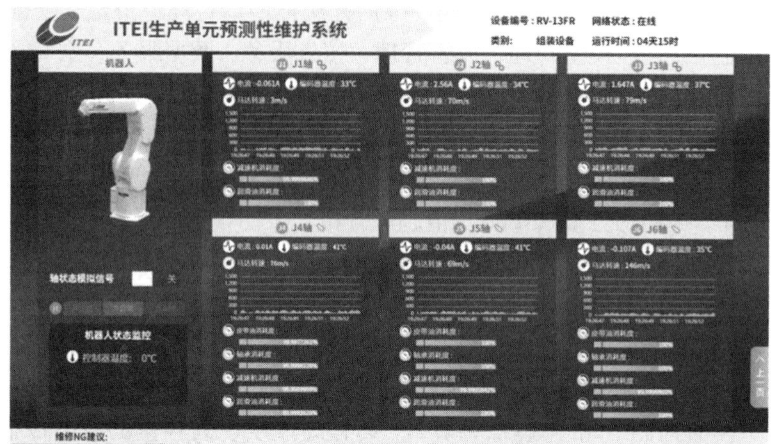

图 7-16 智能机器人预测性维护界面

7. 数据需求

数据需求表见表 7-1。

表 7-1 数据需求表

设备	部件	故障模式	数据需求	监测手段
数控机床	轴承	轴承故障	振动、温度	传感器
			转速、负载	PLC
		转子偏心	转速、电流、电压	PLC
		定子绕组绝缘衰退	转速、电流、电压	PLC
		转子失磁/绕组故障	转速、电流、电压	PLC
		转子断条	振动	传感器
			转速、电流	PLC
	刀具	刀具磨损	振动	传感器
			使用次数	计数器
	主轴	主轴弯曲	振动	传感器
		主轴磨损	振动	传感器
	电池	电池寿命	电流、电压	PLC
	丝杠	丝杠旋转距离	丝杠运行距离	计数器
智能机器人	RV 减速器	位置误差	编码器、振动	传感器（内置）
	驱动电动机	轴承故障	振动	传感器（内置）
			转速、电压、电流	PLC
		过载	电压、电流	PLC
	润滑油	润滑油消耗过度	润滑油消耗度	计数器（内置）
	带	带磨损	润滑油消耗度	计数器（内置）

7.3.4　场景 4：冲压生产线预测性维护系统应用

1. 概述

冲压是汽车制造四大工艺（冲压、焊装、涂装和总装）的第一步，它涉及汽车生产中60%~70%金属部件的制造，一旦因设备故障发生突然性停机将直接影响后续其他工艺的正常运行，尤其在安全库存不能满足高强度生产需求时。针对冲压生产线重点易发生故障设备的状态监控已有很多方案，比如定期巡检，或采用移动式振动采集装置分析设备振动情况，这些方案能够在一定程度上检测到设备的故障征兆，但也有其不足之处，如人力成本过高、受主观影响较明显，数据来源不稳定等。本案例提供了一种基于人工智能和大数据分析的在线预测性维护系统，结合了振动分析、机器学习和专家经验，利用采集目标设备的历史数据训练监控模型，对实时数据进行状态分析，当设备运行异常时及时触发报警，通知维护团队，安排维修计划，避免非计划性停机。本系统应用涉及目标设备选定、数据采集、数据传输、数据分析和用户交互界面，自上线以来帮助客户成功避免了多次非计划性停机，所避免的停机时长预估均在 200min 以上（属于较为严重的停机故障），获得了用户的高度认可。

如图 7-17 所示，该冲压生产线为六道工序，包括六台主电动机和其他辅助设备，板料从左侧进入，经过六次冲压之后成形，零件从右侧输出。

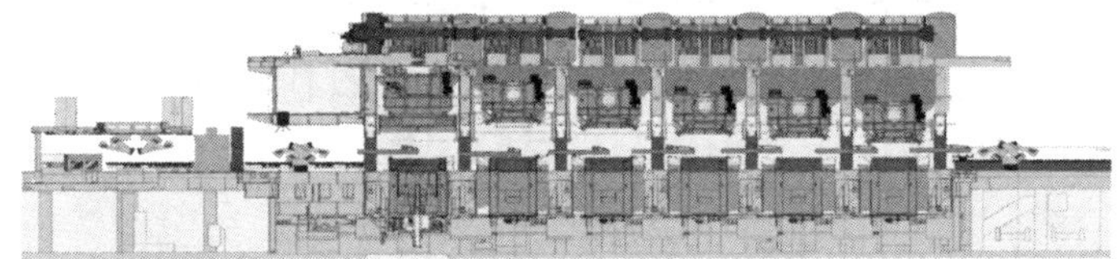

图 7-17　冲压生产线示意图

经与现场维护团队和领域专家商讨，首先确认了目标设备，包含了各工序压力机的主电动机和变速器，以及辅助设施电动机，这些设备的运行状态能够决定整个生产线的运行状态。项目的目标即为这些关键设备提供一套基于振动分析的预测性维护系统，能够在设备失效前发出预警，并给出设备劣化趋势。如图 7-18 所示，通过合适的数据采集硬件和传感器

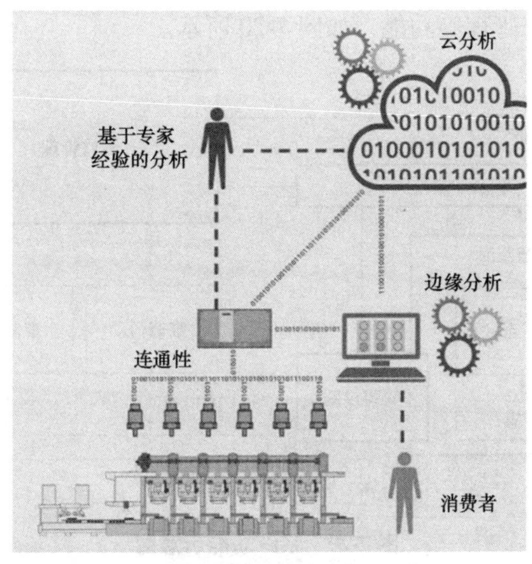

图 7-18　系统层级

等收集目标设备运行时的振动、温度和其他数据，将之存储在私有云上以供用户、领域专家和预测性维护系统使用。其中领域专家可通过工具查看历史和实时数据，定期根据数据情况给出详细的设备状态分析报告，而预测性维护系统则基于人工智能的应用不间断地基于实时数据评估设备运行状态，预测设备的健康趋势，并在设备出现异常时及时预警，通知维修团队完成后续流程。

该预测性维护平台在生产系统架构中覆盖了第 0~3 层级，如图 7-19 所示。

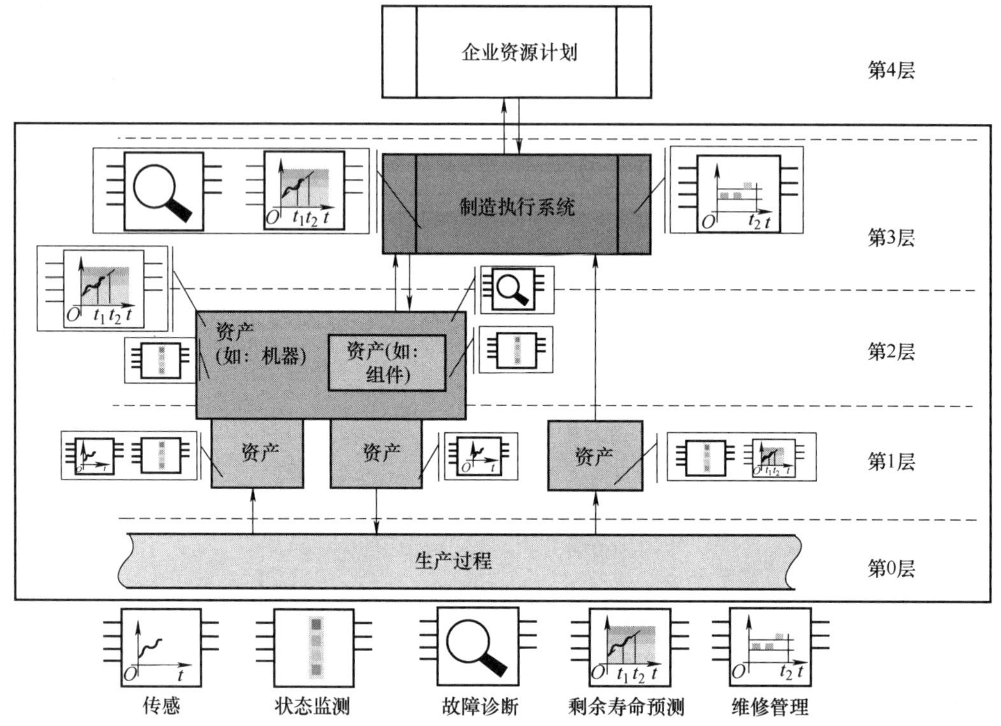

图 7-19　系统层级示意图

基于人工智能的冲压生产线预测性维护系统可以实现压力机的传感、状态监测、故障诊断、剩余寿命预测和维修管理等功能，如图 7-20 所示。

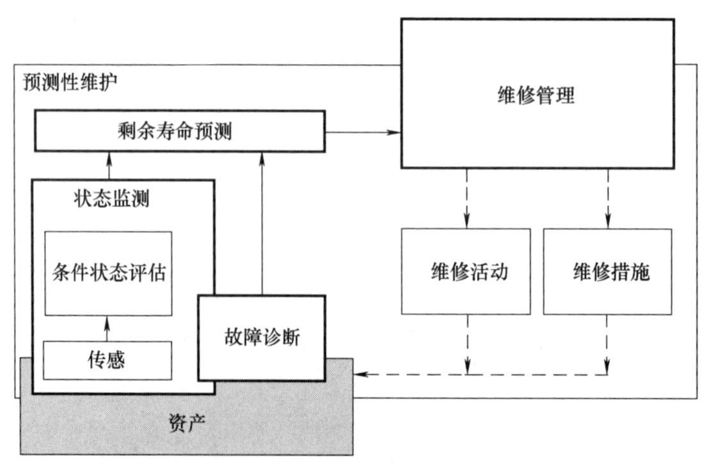

图 7-20　系统功能示意图

2. 角色

本案例的实施模式为用户、系统集成工程师和服务供应商合作开发预测性维护平台，其中用户为某头部汽车制造企业，系统集成工程师为西门子工厂自动化工程有限公司，服务供应商为西门子中国研究院。西门子工厂自动化工程有限公司同用户一同基于冲压生产线相应设备的现有生产网络，搭建数据采集和分析平台，西门子中国研究院提供数据分析服务、预测性维护技术。实施角色示意图如图 7-21 所示

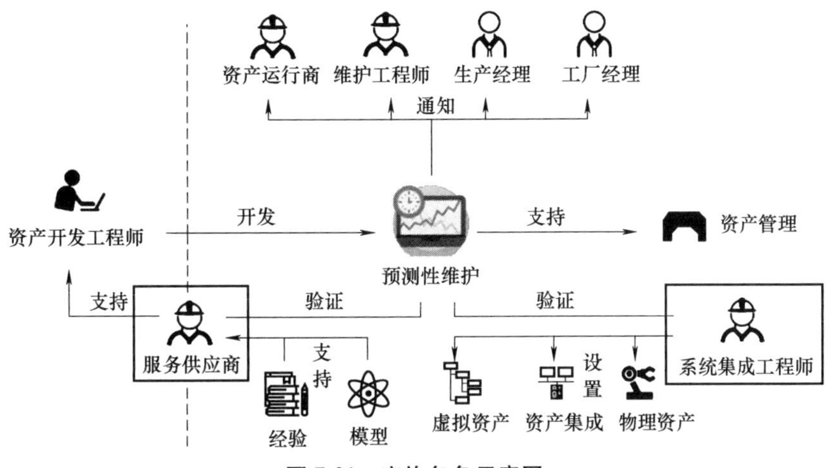

图 7-21　实施角色示意图

3. 系统架构

系统的硬件设计包括数据采集方案设计和数据分析硬件架构设计，具体可分为传感器选型、传感器安装方案、数据传输方案、数据存储方案、数据分析架构等。

传感器尤其是振动传感器的选型如前所述，应根据设备运行情况及传感器参数选定。安装在设备内部的传感器电缆出线位置应根据现场布线、固定、走线方向和操作空间等因素选择合适的方式。系统架构示意图如图 7-22 所示，传感器通过专用线缆连接至 PLC。数据经

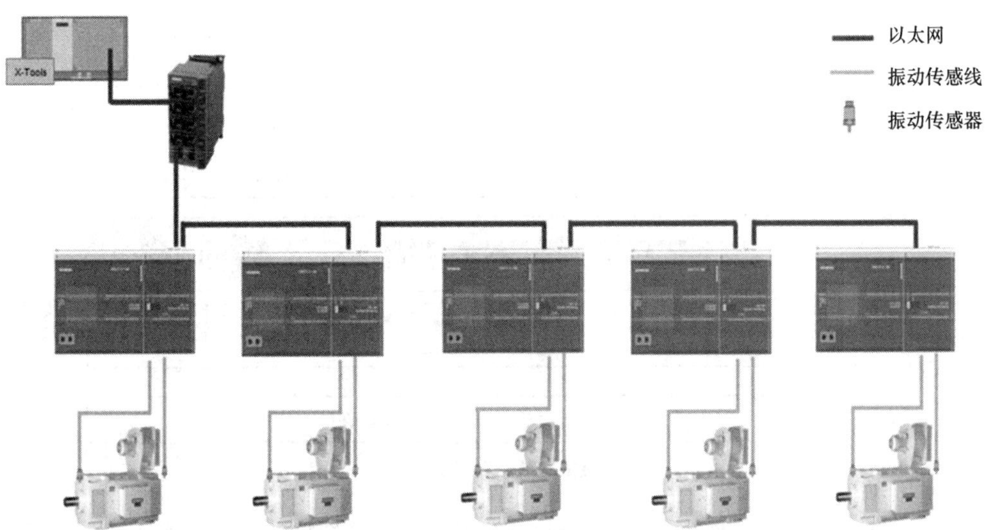

图 7-22　系统架构示意图

数据采集盒子采集后传输至装有数据解析和采集管理软件 Xtools、数据库服务器和应用服务器等的工业计算机中，然后以 Web-service 的形式供用户使用。

在系统硬件架构中，数据采集部分采用西门子状态监控系统（CMS），由输入模块和 PLC 组成采集硬件，由位于服务器中的软件 Xtools 解析采集到的数据，如图 7-23 所示。此外还通过另外的 PLC 采集温度和电动机的控制信号，如电流、力矩和转速等。采集到的数据在服务器中实现结构化并存储到数据库，以供数据分析模块（ADA）使用。用户可通过浏览器等来访问分析结果并获取可视化数据等。

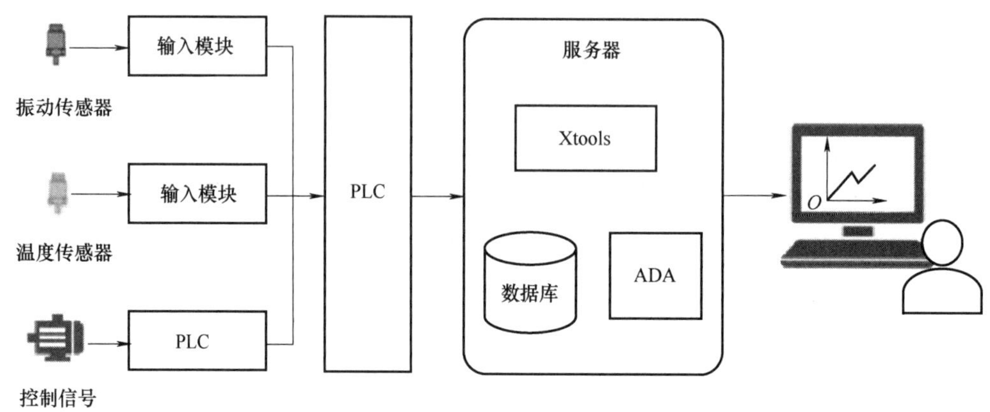

图 7-23　系统硬件架构示意图

4. 功能和方法

冲压生产线预测性维护系统整合了设备系统和传感器的监测数据，实现了设备健康状态在线监控、设备工作趋势预测、故障预警，为生产运维提供了决策支持，如图 7-24 所示。

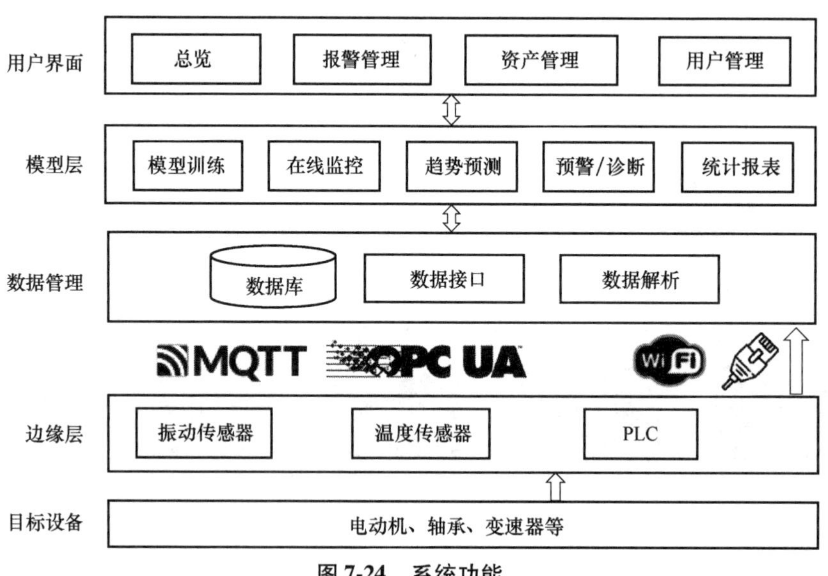

图 7-24　系统功能

1）系统通过电动机、轴承和变速器等设备上的传感器获取振动、温度等信息，使用不同的工业数据传输协议，将原始数据解析后存储到数据库中，并为上层服务和应用提供所需接口。

2）数据管理层还集成了原始数据的预处理和特征工程服务，完成数据清洗和基于领域知识与数据驱动的特征抽取。

3）模型层基于特征数据完成监控模型的训练，部署之后评估实时数据的状态，检测到异常之后根据报警机制触发不同级别的警报。

4）用户界面提供了基本的操作，如总览、报警管理、资产管理、用户管理等。

5. 技术亮点

本系统的突出特点如下。

1）具备私有云部署功能。

2）可采取多监测手段进行融合分析：通过对压力机的振动传感器、温度传感器和控制信号的融合分析，实现设备工作趋势预测和故障预警功能。

3）基于人工智能的模型训练和部署，实现在线监控和趋势预测，在检测到异常时提供早期预警。

4）可以进行设备运行的风险分析，并可通过计算机、移动平板、手机等终端随时随地地获知设备运行的相关信息。

6. 可视化

预测性系统中首页下的信息总览页面汇总并显示了重要级别较高的监控、报警和统计信息，是第一时间掌握工厂生产及设备情况的最高效途径。各分区的信息卡中设有超链接，在浏览过程中可直接单击信息卡，系统会自动跳转至相应页面，方便及时对问题进行处理。

如图 7-25 所示，在系统面板首页，可以了解每日工厂或生产线概况，了解报警信息和有运行风险的设备等。

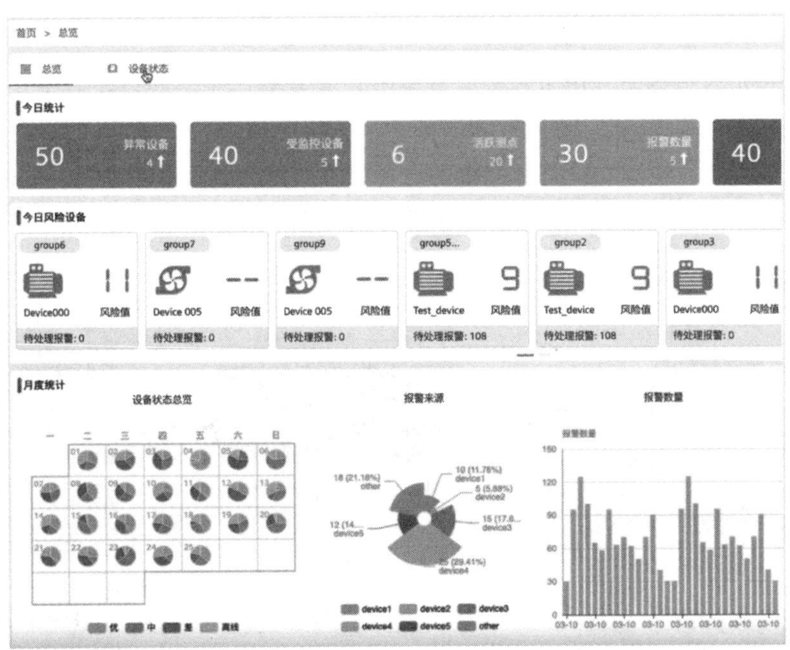

图 7-25　冲压生产线预测性维护系统界面

图 7-26 所示为移动端系统界面，可以用于移动平板和手机端。

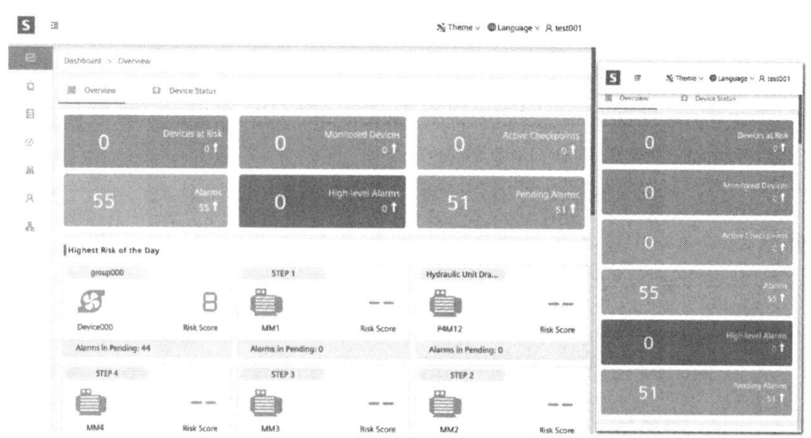

图 7-26　冲压生产线预测性维护移动端系统界面

7. 数据需求

表 7-2 所示为数据需求表。

表 7-2　数据需求表

设备	故障模式	数据需求	监测手段
压力机	轴承故障	振动、温度	传感器
		转速、负载	PLC
	转子故障	振动、转速、电流、电压	传感器、PLC

7.3.5　场景 5：汽车冲压厂的预测性维护

1. 概述

北京奔驰汽车有限公司（以下简称北京奔驰）汽车冲压生产线已运行了 15 年，主电动机、液压站电动机的损坏将造成至少 3h 的大停机，造成停产。因此，针对汽车冲压生产线上的一系列重要设备，应建立一整套完善的设备状态监控和故障诊断系统，以便能在故障早期，及时发现、尽早介入，尽可能减少对生产的负面影响。汽车冲压生产线如图 7-27 所示。

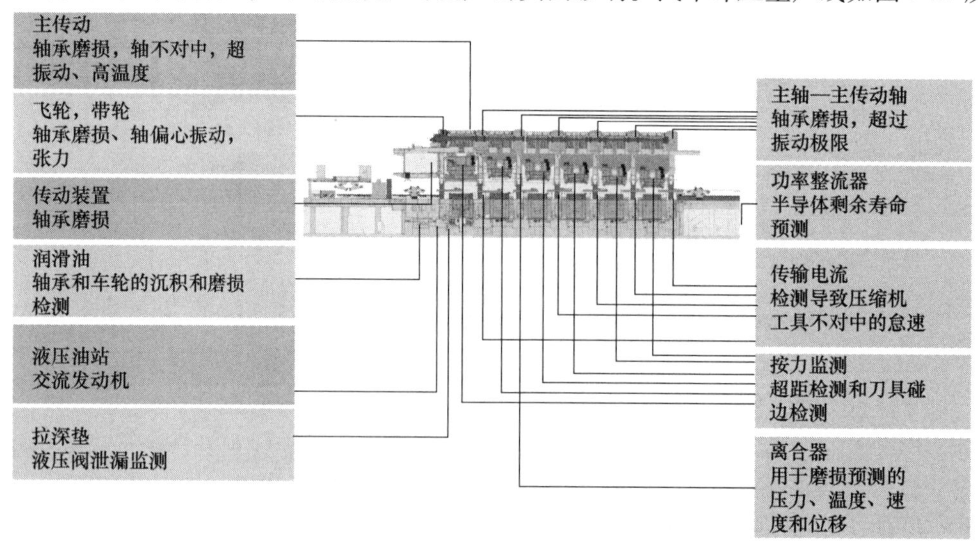

图 7-27　汽车冲压生产线

汽车冲压生产线预测性维护系统共安装了 70 余个传感器，增设的 PLC1200 系统收集高频信号及采集整线的 PLC 信号，采用振动数据的预处理、特征抽取、基于大数据的专家分析、深度学习的神经网络算法等多种算法融合的方式，对设备的实时状态进行监控、分析，可随时监控设备的历史状态、实时状态，同时为设备的健康状态给出评估，并可在相应设备进入异常的早期状态时，给出预警。系统硬件架构如图 7-28 所示。

预测性维护系统在系统层级中的位置如图 7-29 所示，覆盖了第 0~3 层级。

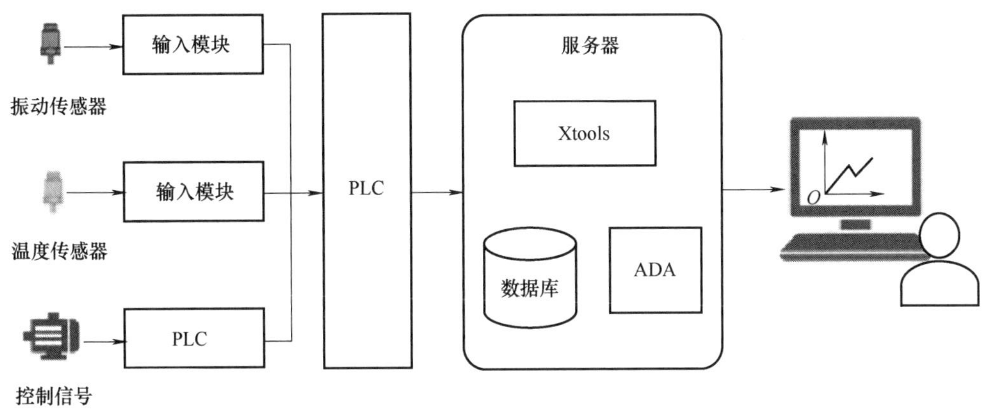

图 7-28　系统硬件架构

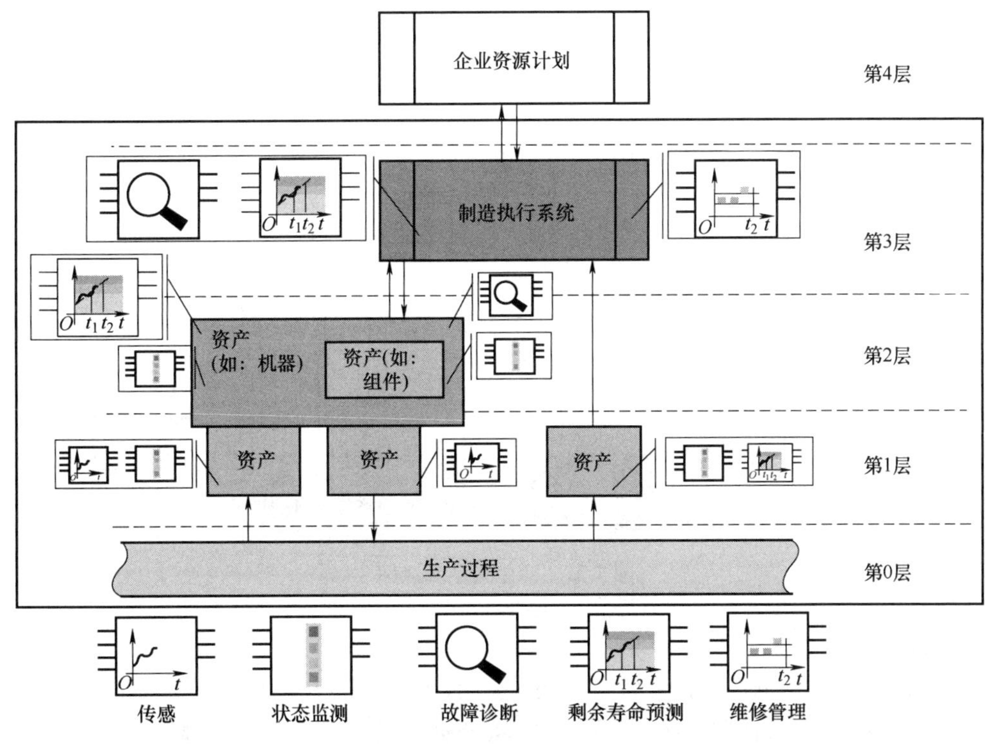

图 7-29　系统层级示意图

汽车冲压生产线预测性维护系统可以实现对重要设备的传感、状态监测、历史数据管理、故障诊断、剩余寿命预测和维修管理等功能，如图 7-30 所示。

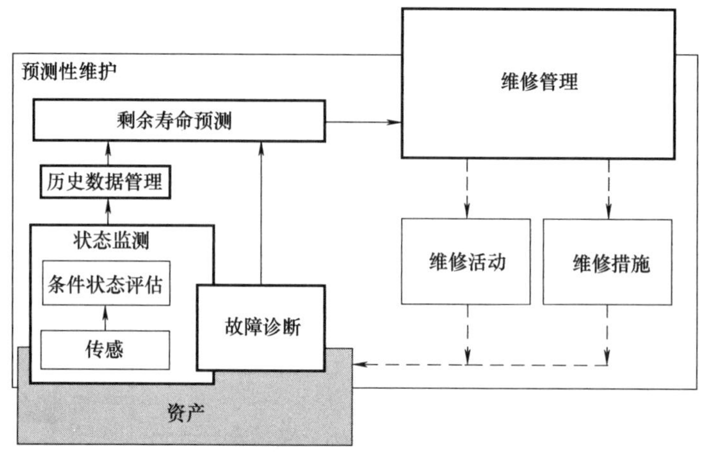

图 7-30 系统功能示意图

2. 角色

汽车冲压生产线预测性维护系统由北京奔驰团队和西门子股份公司（以下简称西门子）组件团队共同制定方案、开发、实施。角色分工如图 7-31 所示，西门子作为服务供应商和系统集成工程师，提供了项目经验、硬件安装、调试、预测性维护技术理论支持、振动分析建模支持等，北京奔驰团队参与了项目的全过程。图 7-31 所示为实施角色示意图。

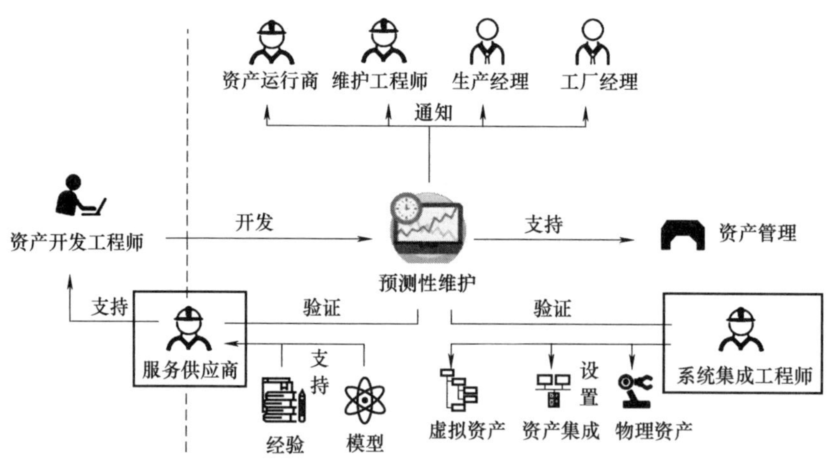

图 7-31 实施角色示意图

3. 系统架构

汽车冲压生产线预测性维护系统的系统架构示意图如图 7-32 所示。针对汽车冲压生产线主电动机、液压站电动机及主传动系统共三类重要设备，部署振动、温度传感器，同步采集 PLC 信号，实现了状态监测与故障诊断等功能。同时，由于本项目采集的设备数据量庞大，为提高系统性能，部署了 CASSANDRA 数据库。

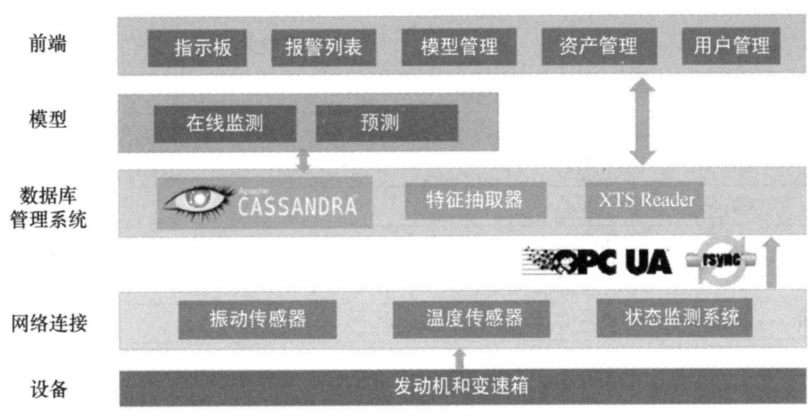

图 7-32　系统架构示意图

4. 功能和方法

汽车冲压生产线预测性维护系统实现了对汽车冲压生产线主电动机、液压站电动机及主传动系统共三类重要设备的在线数据采集，实时状态监测、故障诊断和剩余寿命预测功能。

1）物联与数据预处理：通过传感器、PLC、Xtools 实现数据采集与预处理功能。

2）数据管理：通过部署 CASSANDRA 数据库，满足高性能的数据输入和输出及历史数据管理。

3）智能建模与模型管理：通过使用回归（Regression）、神经网络（NN）、高斯过程（Gaussian Process）等算法实现预测性模型的建立、优化和管理，并可通过调整模型的训练集逐渐优化模型的精度。

4）状态监控与健康评估：通过对实时数据的处理，使其呈现在画面上，从而实现对设备的状态监控，并通过智能模型实现设备的实时健康度评估和故障预警，结合使用 Regression、NN、ARIMA 等算法实现对主要设备的健康度预测。

5. 技术亮点

汽车冲压生产线预测性维护系统的突出特点如下。

1）多种类信号分析：通过增加振动和温度传感器，结合 PLC 采集转矩、转速、电流等信号，实现了设备状态实时监测、故障预警和健康度预测功能。

2）基于大数据的多算法融合：部署 CASSANDRA 数据库用于保存海量设备数据，采用 NN、Regression、Gaussian Process、自动回归积分滑动平均模型（ARIMA）等算法实现模型构建，提升了模型预测精度，并可调整训练数据逐步优化模型准确性；

3）健康度预测：基于 Regression、NN、ARIMA 等算法和模型实现设备健康度预测功能。

6. 可视化

汽车冲压生产线预测性维护系统可以实现设备运行当前状态、历史状况、振动数据分析、健康度趋势的实时可视化展示，以及故障信息等的展示，其中，绿色、黄色、红色分别表示设备状态良好、设备状态中等、设备状态差三种状态，灰色代表无数据，如图 7-33 所示。

每一台设备的数据可视化界面，可以分别展示原始振动数据、数据特征值（DKW、

设备状态

数据良好 数据中等 数据差 无数据

装置轴1	SHF1 CPU1 MM1
装置轴2	SHF2 MM2
装置轴3	SHF3 MM3
装置轴4	SHF4 MM4
装置轴5	SHF5 MM5
液压装置离合器	PM5-13 PM5-12 PM5-11
液压装置牵引垫	PM4-11 PM4-12 PM4-13 PM4-14 PM4-15
润滑装置	PM3-11 PM3-12 PM3-13 PM3-14

图 7-33 设备状态界面

RMS）、FFT 频谱分析及预测分析模型的状态分布，如图 7-34 所示。

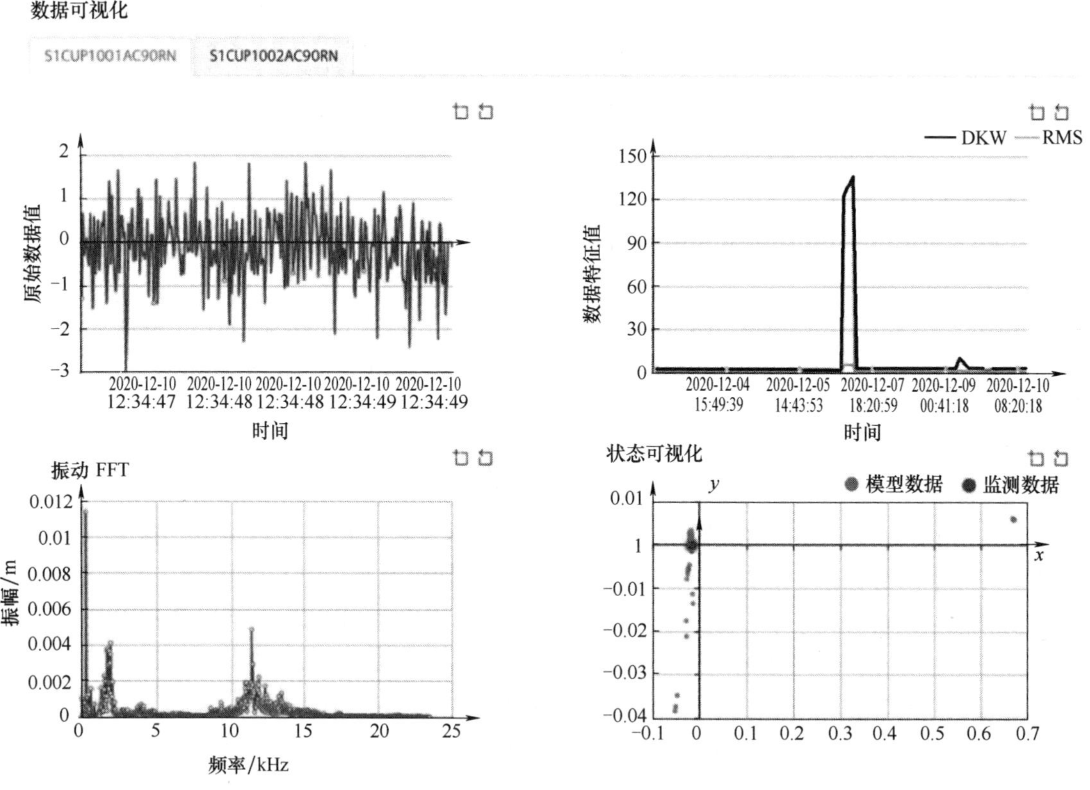

图 7-34 设备数据可视化界面

预测模型可以为每一台设备做出设备健康度的评分，并绘制曲线，同时可通过预测性分析模型对设备的后续健康度给出预测。图 7-35 所示为设备健康度界面。

7. 数据需求

表 7-3 所示为数据需求表。

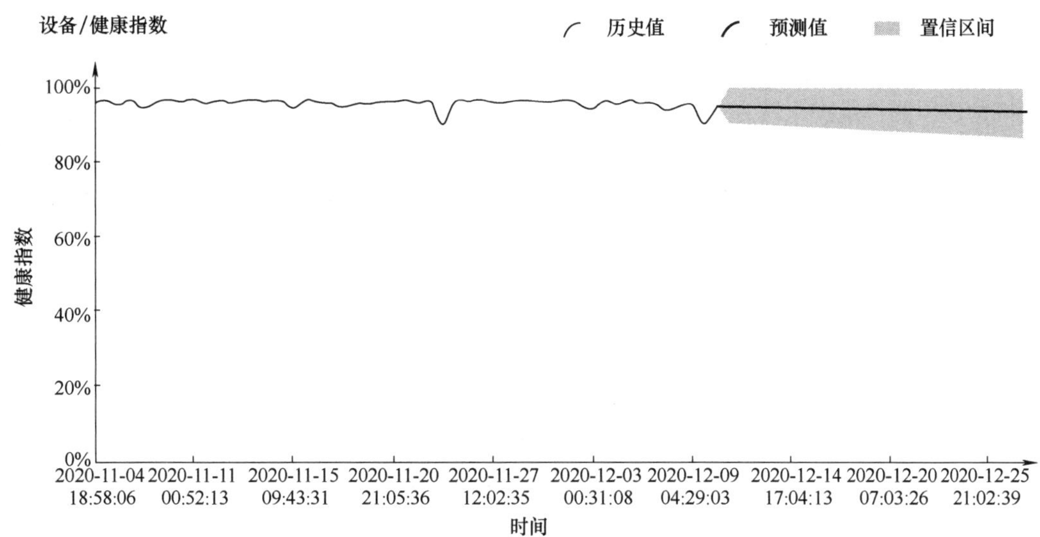

图 7-35　设备健康度界面

表 7-3　数据需求表

设备	部件	故障模式	数据需求	监测手段
压力机	主电动机	异常振动	振动、温度	传感器
			启动信号、转速、电流、转矩	PLC
		动平衡失效	振动	传感器
			启动信号、转速、电流、转矩	PLC
	飞轮轴承箱	异常振动	振动	传感器
		异常发热	温度	传感器
	主传动箱	传动箱轴承故障	振动、温度	传感器
			启动信号	PLC
		传动箱齿轮故障	振动	传感器
			启动信号	PLC
液压站	电动机	异常振动	振动	传感器
			启动信号	PLC
		动平衡失效	振动	传感器
			启动信号	PLC
	泵	泵磨损	振动	传感器
	联轴器	联轴器磨损	振动	传感器

7.3.6　场景 6：机械加工数字化工厂的预测性维护

1. 概述

自动化和智能化设备作为数字化生产线的核心，其稳定性对生产具有直接影响。对于设备的突发故障，一方面会造成生产中断；另一方面还会导致维修故障处理周期长，耗费大量时间成本。因此，需要对数字化生产线的各类设备开展预测性维护，将事后处理转变为事前预测，提升设备运行效率。

台达智能科技（北京）有限公司（以下简称台达智能科技）负责对数控机床、机器人和分板机构建预测性维护系统，通过与设备层层相连、加装传感器等方式，从云—边—端一体化协同角度整合设备信息和传感器实时监测数据，从而实现设备状态监测、故障诊断和剩余寿命预测，并给出了维护策略，其系统层级示意图如图 7-36 所示，覆盖了第 0~3 四个层级。

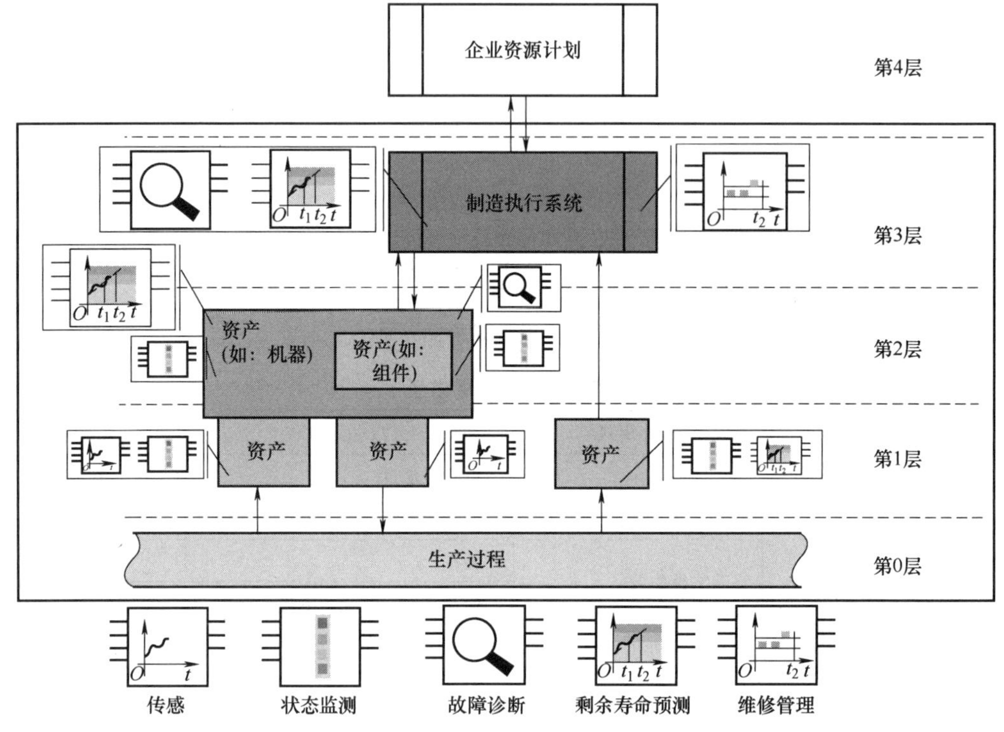

图 7-36　系统层级示意图

数字化生产线预测性维护系统记录了设备全生命周期运行产生的数据，在边缘端进行数据存储、计算与分析，在云端进行数据处理，通过状态感知、实时分析、智能决策，从领域驱动及数据驱动角度建立状态预测，从而实现设备状态监测、故障诊断和剩余寿命预测，并给出维护策略，如图 7-37 所示，根据预测结果启动不同的响应机制，避免停机损失，节约成本。

2. 角色

在本预测性维护系统的搭建中，台达智能科技角色为服务供应商和系统集成工程师，主要提供预测性维护技术、平台建设方案和数据/模型支持。图 7-38 所示为实施角色示意图。

3. 系统架构

数字化生产线的预测性维护系统架构示意图如图 7-39 所示。其中，硬件部分主要包括分板机、数控机床和水平机器人、传感器、数据整合采集系统等；软硬集成部分为边缘计算管理装置；软件部分主要包括预测性维护系统、数据管理平台、数据分析平台和中央应用系统（如 MES、AI 系统等）。设备信息通过数据采集整合系统进行数据预处理，然后传输到边缘计算管理装置进行数据存储、处理，并将处理后的数据传输到预测性维护系统中，最后将诊断结果传送到数据管理平台、数据分析平台及中央应用系统进行设备维修保养排程与制造排程规划。

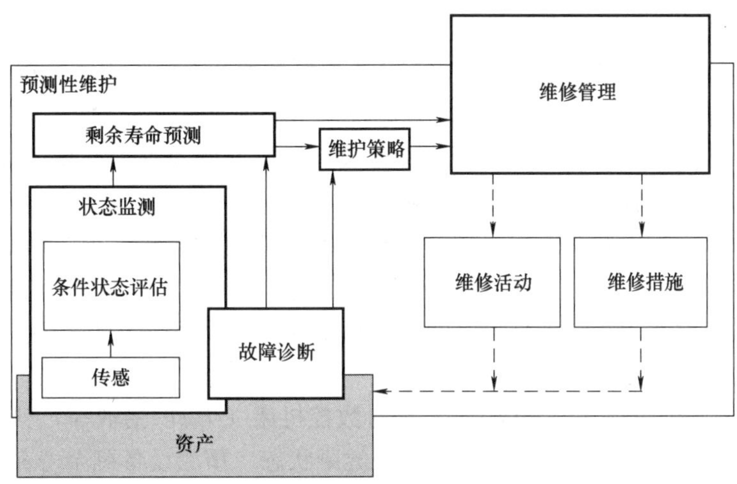

图 7-37　系统功能示意图

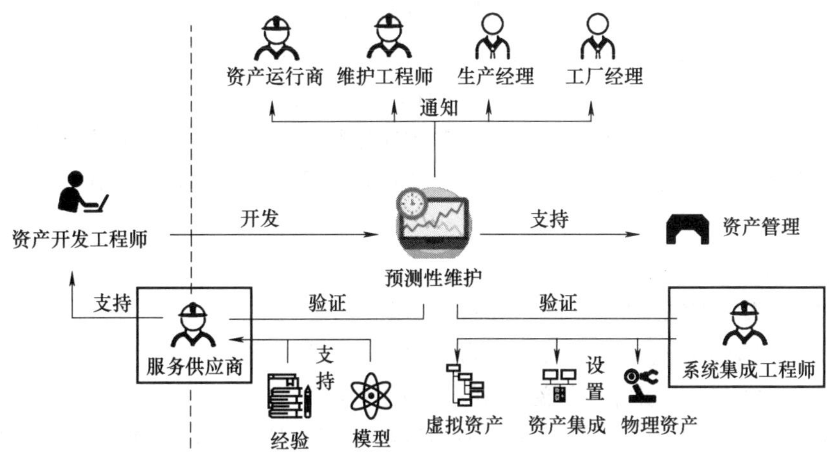

图 7-38　实施角色示意图

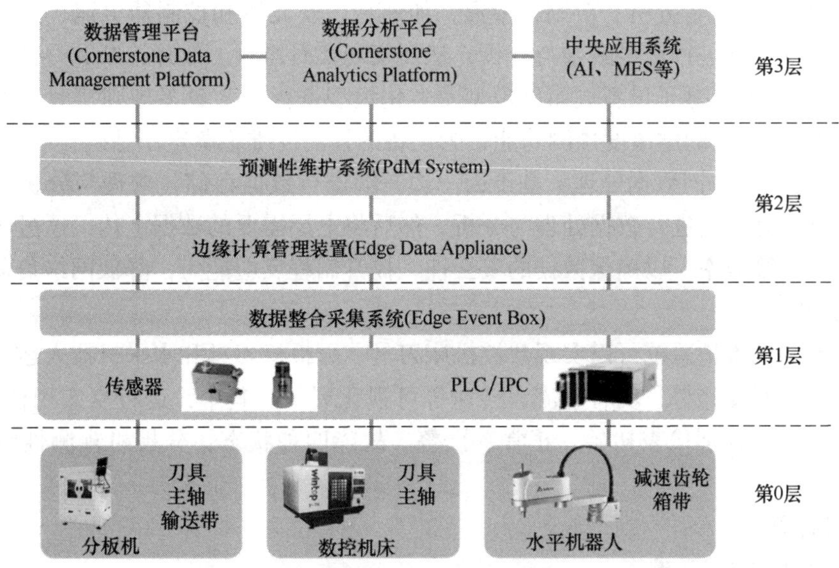

图 7-39　系统架构示意图

4. 功能和方法

本案例中的预测性维护系统主要实现了分板机微铣刀、数控机床刀具和水平机器人的状态评估、故障诊断、寿命预测功能及维护策略提供，主要功能如下。

1）数据整合采集系统（EEB）：采集设备数据并对原始数据预处理，将有价值的数据传送到边缘计算管理装置进行诊断、分析和预测。

2）边缘计算管理装置（EDA）：实现边缘端数据采集与分析及保障数据安全，用于数据治理和 AI 程序部署，快速与各应用系统适配，简化"数据到价值"的流程，将后台的应用布置在边缘端，并在边缘端进行数据处理，然后将处理后云端/中央应用需要的数据上传到云端，并采用安全通道保护数据安全。

3）状态监控与健康评估（PdM）：实现对数控机床（刀具/主轴等）、机器人和分板机数据采集、状态监测，通过训练模型评估设备健康状态，预测设备剩余寿命并可视化展示，包括实时数据显示、特征分析、重要历史信息显示、健康度显示、转速特征分析、电流趋势分析、振动趋势分析、振动频谱分析、剩余使用寿命等。

4）数据分析平台（CAP）：实现预测性维护模型的开发、迭代优化和模型验证，建立算法全生命周期管理模型库，提高模型的精确度和泛化能力。

5）数据管理平台（CDMP）：在云端搭建预测性维护系统，包括数据储存、分析管理、模型训练迭代、整线整厂设备管理、维修管理系统等功能，并在中央进行集中式管理。

5. 技术亮点

数字化生产线预测性维护系统的突出特点如下。

1）数字化知识库：通过数据分析平台对设备建立数学模型，迭代优化，管理与积累同类型设备解决方案，并提供客户订阅与更新模型服务。

2）控制器与传感器融合采集：通过采集设备控制器信号及传感器信号，同步记录来自数控机床、机器人及分板机内外部不同来源的信号，全方面诊断设备的健康状态。

3）多监测手段融合分析：对制程参数，加速规，麦克风和控制器电流、速度、温度等多种不同来源的数据进行信号融合与分析，从而实现实时监测、故障诊断和寿命预测功能。

4）健康度预测：基于设备健康度模型及劣化模型进行多变量多规则实时动态分析，实现了数控机床/机器人的健康度预测功能，为设备的预测性维施奠定了基础。

5）云—边—端协同数据处理：基于云—边—端进行数据存储、处理与分析，在边缘端快速采集数据，并对其进行数据处理与分析，然后将上层需要的数据上传，通过分流运算提升数据采集与决策效率，以确保数据的安全性，提升制程反应能力，降低网络负荷。

6. 可视化

本案例预测性维护系统可以实现数控机床刀具、分板机刀具和水平机器人运行状态、运行历史状况、健康度趋势、实时电流、转速等可视化展示。其中，运行状态用蓝色、绿色、黄色和红色表示，分别代表初始、正常、预警、故障四种状态，分板机预测性维护界面如图 7-40 所示。

7. 数据需求

表 7-4 所示为数据需求表。

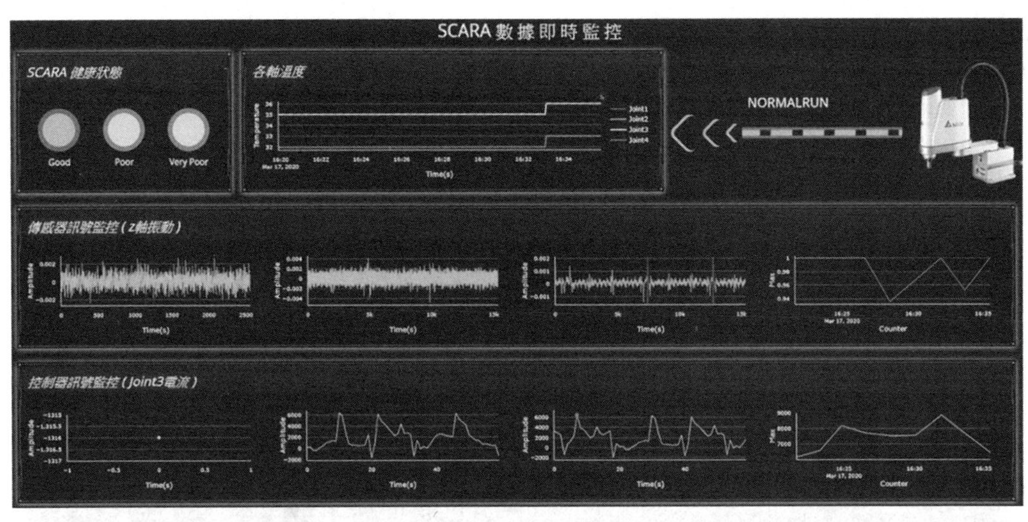

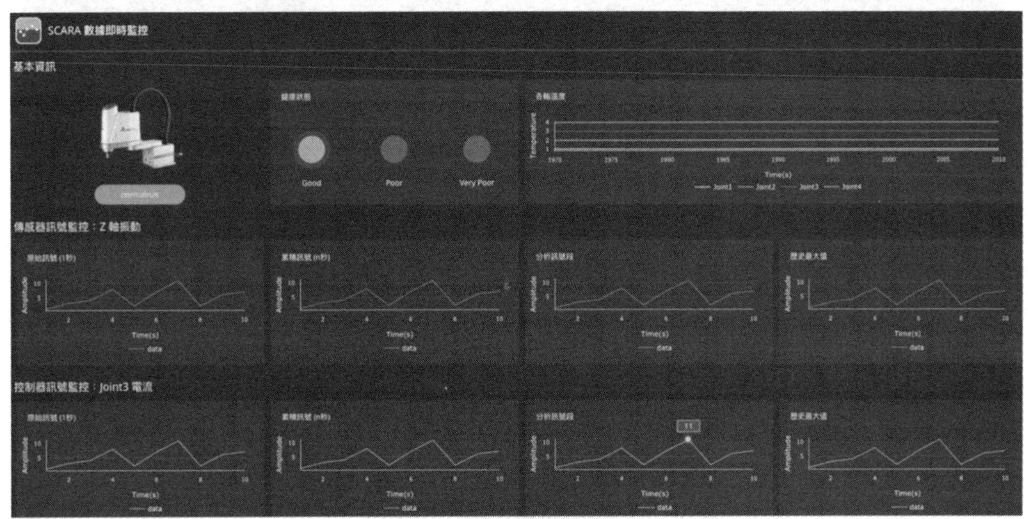

图 7-40　分板机预测性维护界面

表 7-4　数据需求表

设备	部件	故障模式	数据需求	监测手段
分板机/数控机床	刀具	刀具磨损/断裂	振动	传感器
			转速、电流、电压	PLC
			累积加工距离	PLC
			累积加工数量	PLC
智能机器人	RV 减速器	磨耗	振动	传感器
			角度、电流、温度	PLC

7.3.7　场景 7：船舶起重运输车间的运维服务

1. 概述

起重运输设备作为船舶行业广泛应用的关键高端装备，停机代价高、事故损失巨大、需要持续的保障人员和备件。本案例以船舶业起重运输设备为对象，系统性提升设备的效率、安全及维保等能力，搭建行业级数字化运维服务平台，探索智能服务新模式，促进产业的健康发展。图 7-41 所示为船舶业起重运输设备数字化运维服务平台。

图 7-41　船舶业起重运输设备数字化运维服务平台

开发的预测性维护平台在系统层级中的位置如图 7-42 所示，覆盖了第 0~3 层级。

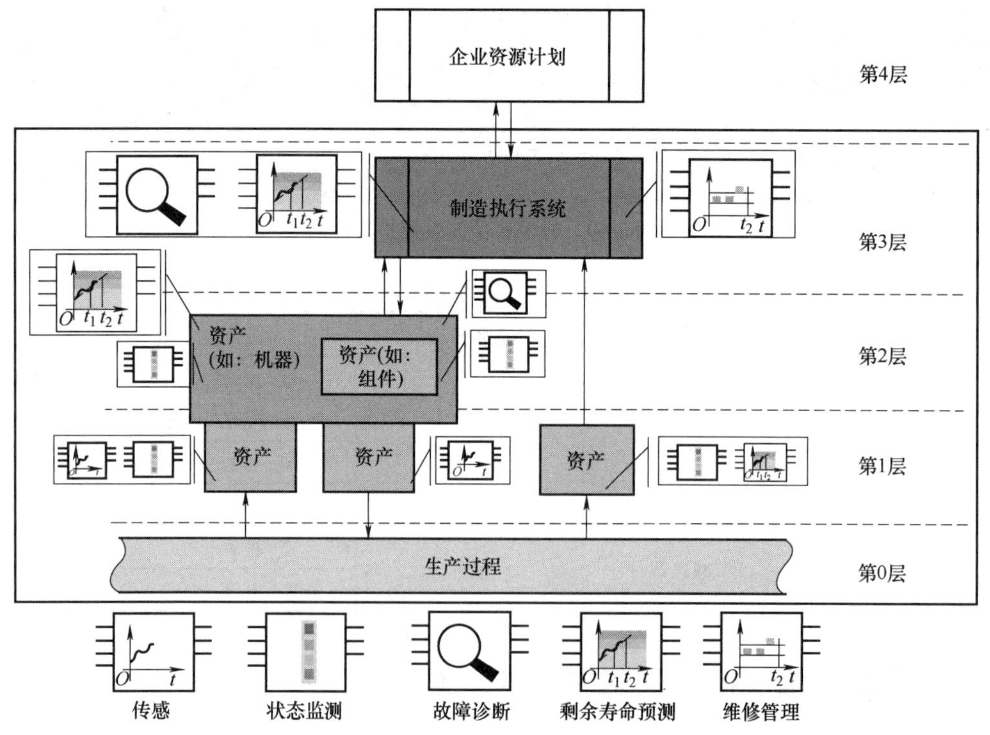

图 7-42　系统层级示意图

船舶业起重运输设备预测性维护平台可以实现船舶业起重机运输设备的传感、状态监测、故障诊断、剩余寿命预测和维修管理等功能，如图 7-43 所示。

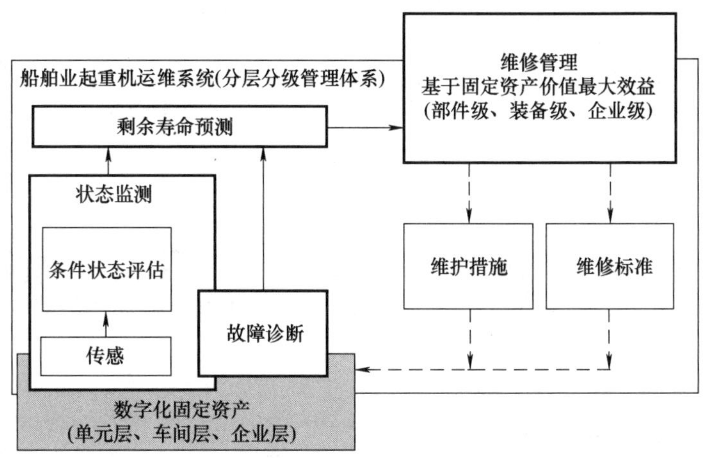

图 7-43　系统功能示意图

2. 角色

预测性维护技术的实施模式多样，本案例的实施模式为系统集成工程师开发预测性维护平台。在预测性维护平台建设中，中船第九设计研究院工程有限公司的角色为系统集成工程师，主要提供预测性维护技术、平台建设方案、数据/模型支持和项目实施以实现系统集成。图 7-44 所示为实施角色示意图。

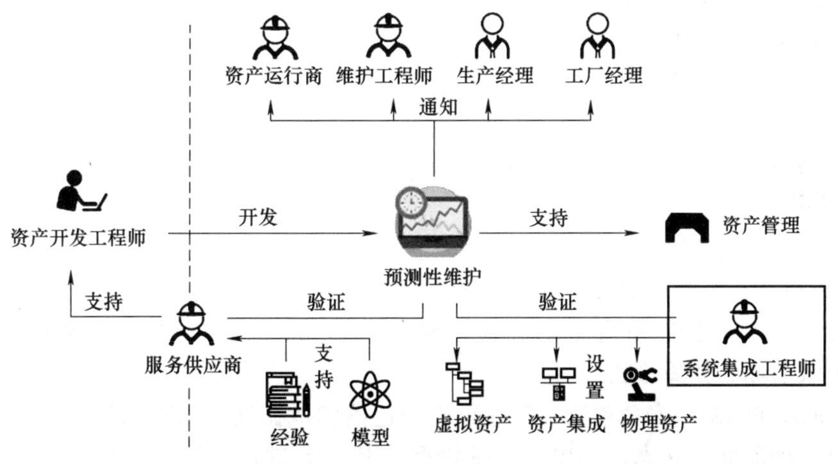

图 7-44　实施角色示意图

3. 系统架构

预测性维护平台的系统架构示意图如图 7-45 所示。硬件主要包括 PLC/控制单元和嵌入式芯片等。软件主要包括边缘计算管理系统、状态监测与健康管理系统、智能建模与模型验证系统。

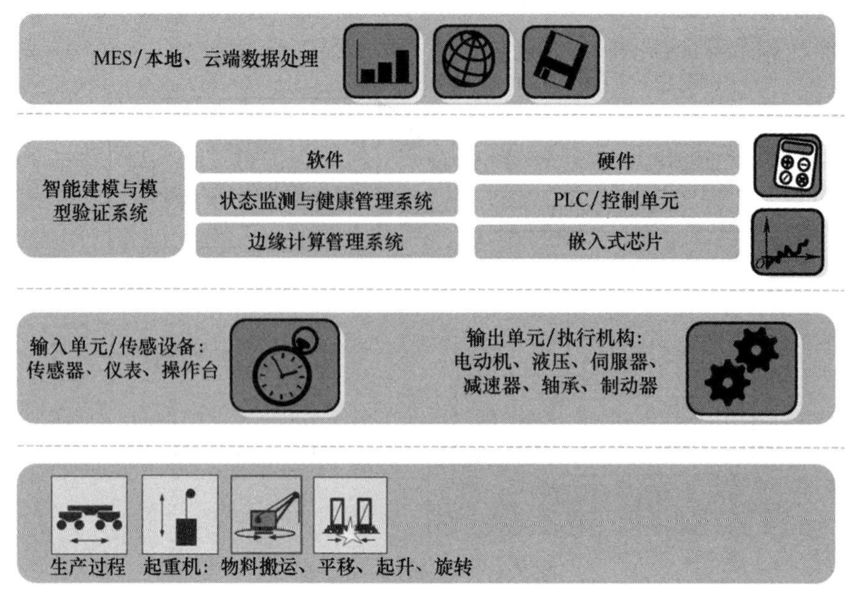

图 7-45　系统架构示意图

4. 功能和方法

预测性维护平台可实现边缘层—单元层的工况实时感知及工业 PaaS 层—车间层的预测性维护，包括：

1）起重机状态监测和故障诊断。

2）关键部件的寿命预测。

3）设备利用率管理。

4）知识管理的产品设计反馈。

5）备件管理的决策运营。

5. 技术亮点

预测性维护平台的突出特点如下。

1）起重机状态监测和故障诊断：多源数据采集［光电编码器/磁感应/RFID/条码，全球定位系统（GPS）/北斗/室内 WiFi 定位，激光/微波/超声波雷达］实现起重机部件级、装备级、企业级监测和故障诊断。

2）关键部件的剩余寿命预测：对起重机减速器轴承振动、大车啃轨状态、卷筒轴疲劳状态、起升制动器磨损状态、供电坦克拖链受力状态等进行监控，通过数据分析进行寿命预测。

3）设备利用率管理：通过企业级数据采集，设备生产负荷率、能耗状况等海量数据可通过数据分析、挖掘技术等实现产能监控。

4）知识管理的产品设计反馈：基于故障诊断数据，按照图谱进行知识管理，并输入产品设计数据库，提升设计质量。

5）备件管理的决策运营：基于预测数据的供应链管理，对备件采购库存进行辅助决策。

6. 可视化

预测性维护平台可以实现起重机部件级、装备级、企业级的分级可视化显示和预警。可视化界面如图 7-46~图 7-49 所示。

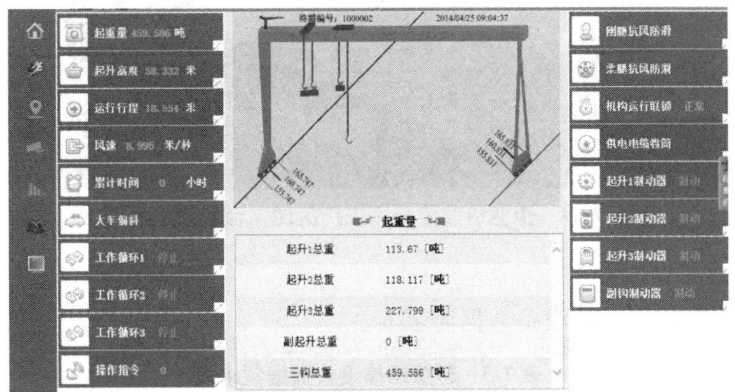

图 7-46　部件级监控界面

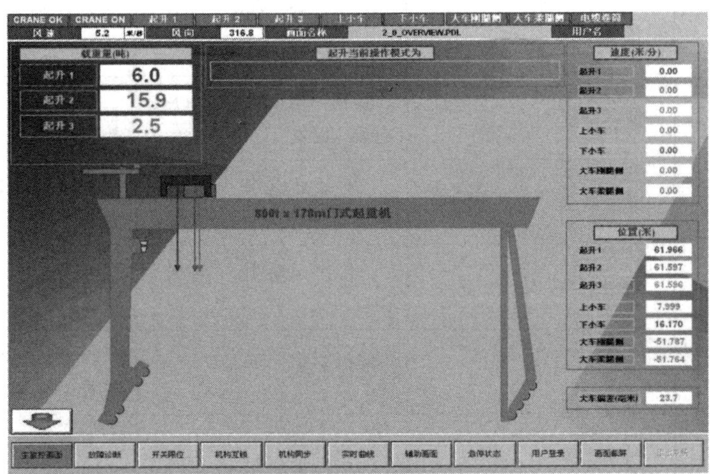

图 7-47　装备级监控界面

图 7-48　单机作业数字孪生模型界面

图 7-49　企业级监控——工厂区域多台起重机界面

7. 数据需求

表 7-5 所示列为起重运输设备数据需求表。

表 7-5　起重运输设备数据需求表

机构	部件	故障模式	数据需求	监测手段
起升	电动机	断轴	振动频率、转速、电压、电流、温度	多源传感器、控制系统合成数据
		轴承磨损	振动频率、转速、电压、电流、温度	多源传感器、控制系统合成数据
		绕组断路	转速、电压、电流、温度	多源传感器、控制系统合成数据
		绕组绝缘失效，短路	转速、电压、电流、温度	多源传感器、控制系统合成数据
	减速器	断轴	振动频率、转速、温度	多源传感器、控制系统合成数据
		轴承磨损	振动频率、转速、温度	多源传感器、控制系统合成数据
		齿轮磨损	振动频率、转速、温度	多源传感器、控制系统合成数据
		润滑失效	振动频率、转速、温度	多源传感器、控制系统合成数据
	卷筒轴	断轴	振动频率、转速	多源传感器、控制系统合成数据
		变形	振动频率、转速、应力	多源传感器、控制系统合成数据
	制动器	磨损	位置、电压、电流、温度	多源传感器、控制系统合成数据
		过热	位置、电压、电流、温度	多源传感器、控制系统合成数据
	钢丝绳	磨损	应力、温度	多源传感器、控制系统合成数据
		断裂	应力、温度	多源传感器、控制系统合成数据

（续）

机构	部件	故障模式	数据需求	监测手段
行走	车轮	磨损	振动频率、转速、应力	多源传感器、控制系统合成数据
		振动	振动频率、转速、应力	多源传感器、控制系统合成数据
辅助	电缆卷筒	磨损	转速、应力	多源传感器、控制系统合成数据
	电缆拖链	失效、磨损、断裂	应力	多源传感器、控制系统合成数据
	液压系统	失效、过热、压力故障	压力、电压、电流、温度	多源传感器、控制系统合成数据
电气	高压柜	过热、短路、断路	电压、电流、温度	多源传感器、控制系统合成数据
	变压器	过热、短路、断路	电压、电流、温度	多源传感器、控制系统合成数据
	变频器	功率半导体短路	电压、电流、温度	多源传感器、控制系统合成数据
		控制单元故障	电压、电流、温度	多源传感器、控制系统合成数据
		辅助冷却系统故障	电压、电流、温度、转速	多源传感器、控制系统合成数据
	控制及网络	电源故障	电压、电流、温度	多源传感器、控制系统合成数据
		中央处理器（CPU）故障	电压、电流、温度	多源传感器、控制系统合成数据
		通信网络故障	电压、电流、温度	多源传感器、控制系统合成数据
	风机空调	失效	电压、电流、温度、转速	多源传感器、控制系统合成数据
	照明	失效	电压、电流、温度、光感	多源传感器、控制系统合成数据

7.3.8　场景 8：海洋石油平台状态监测与远程诊断系统

1. 概述

中海油田服务股份有限公司与中国石油大学（北京）合作，通过分析深水半潜式钻井平台关键设备的结构特点和故障模式，制定了合理的平台监测方案，开发形成海洋石油平台状态监测与远程诊断系统，对关键设备运行状态进行在线监测和远程诊断，自动发现故障征兆并进行早期预警，为及时进行设备维修提供了参考，对提升平台设备智能维护管理水平、保障关键设备安全长周期运行具有重要意义。图 7-50 所示为海洋石油平台。

图 7-50　海洋石油平台

中国石油大学（北京）主要负责海洋石油平台状态监测与远程诊断系统的研发和技术实现，可实现对海洋石油平台中顶驱、主发电机组、推进器等关键设备的预测性维护。开发的预测性维护平台在系统层级中的位置如图 7-51 所示，覆盖了第 0~3 层级。

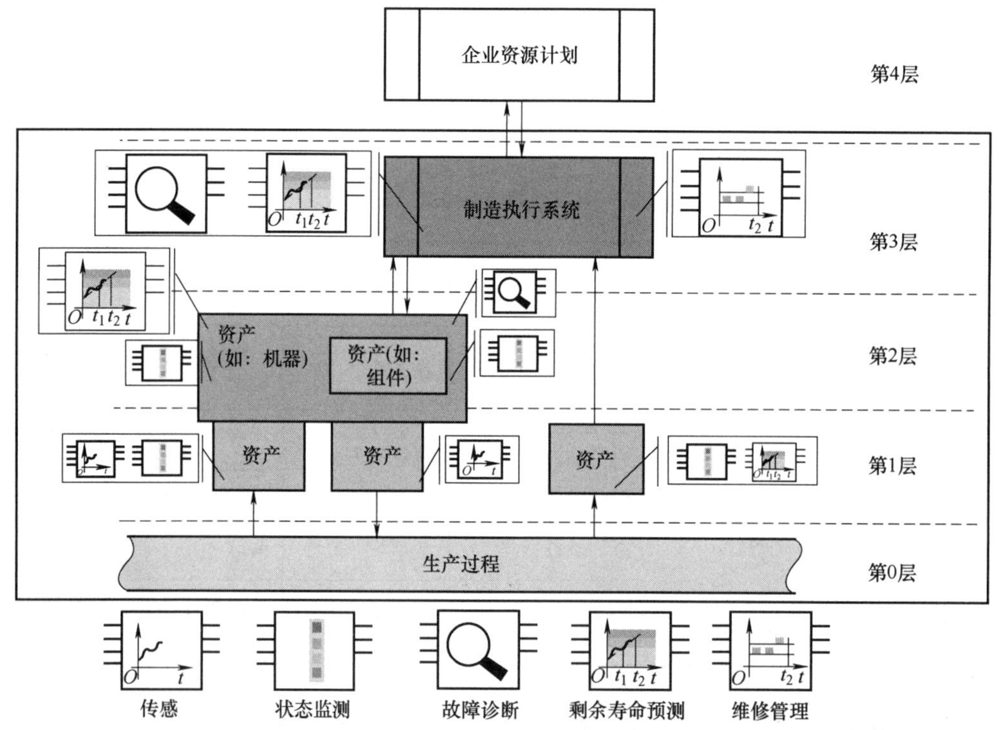

图 7-51　系统层级示意图

海洋石油平台状态监测与远程诊断系统可以实现海洋石油平台顶驱、主发电机组、推进器等关键装备的传感、状态监测、故障诊断、剩余寿命预测和维修管理等功能，如图 7-52 所示。

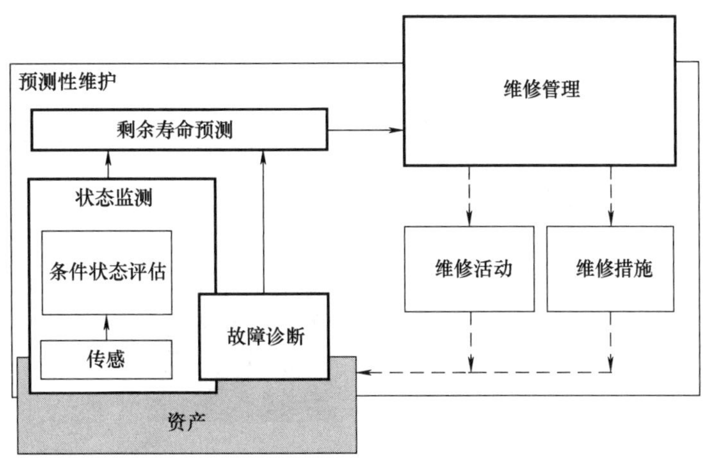

图 7-52　系统功能示意图

2. 角色

本案例的实施模式为服务供应商与系统集成工程师合作开发预测性维护平台。中国石油大学（北京）的角色为服务供应商和系统集成工程师，主要提供预测性维护技术、平台建设方案和数据/模型支持。图 7-53 所示为实施角色示意图。

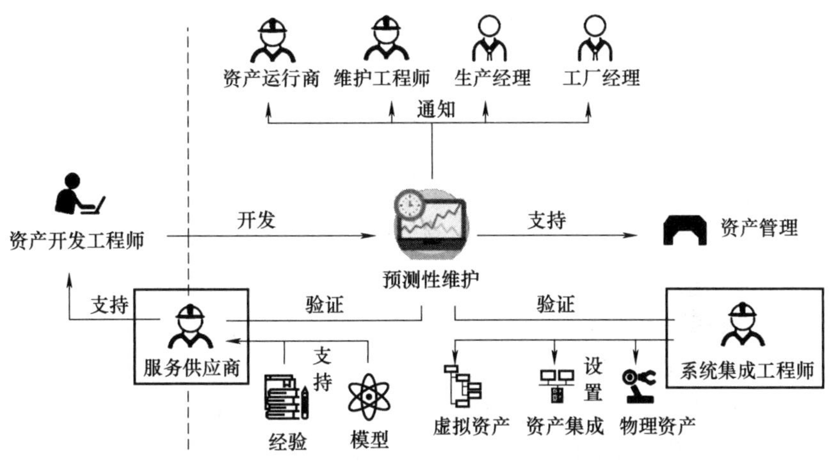

图 7-53　实施角色示意图

3. 系统架构

海洋石油平台状态监测与远程诊断系统架构示意图如图 7-54 所示。其中关键设备主要包括顶驱、主机和推进器，硬件包括数据采集装置、边缘计算装置和监测终端等，软件主要包括海洋石油平台状态监测与远程诊断系统。

4. 功能和方法

海洋石油平台状态监测与远程诊断系统可实现顶驱、主机和推进器的状态监测、故障诊断和剩余寿命预测，主要功能如下。

1）多源监测参数采集：包括加速度振动、冲击脉冲、在线油液分析、温度、转矩、转

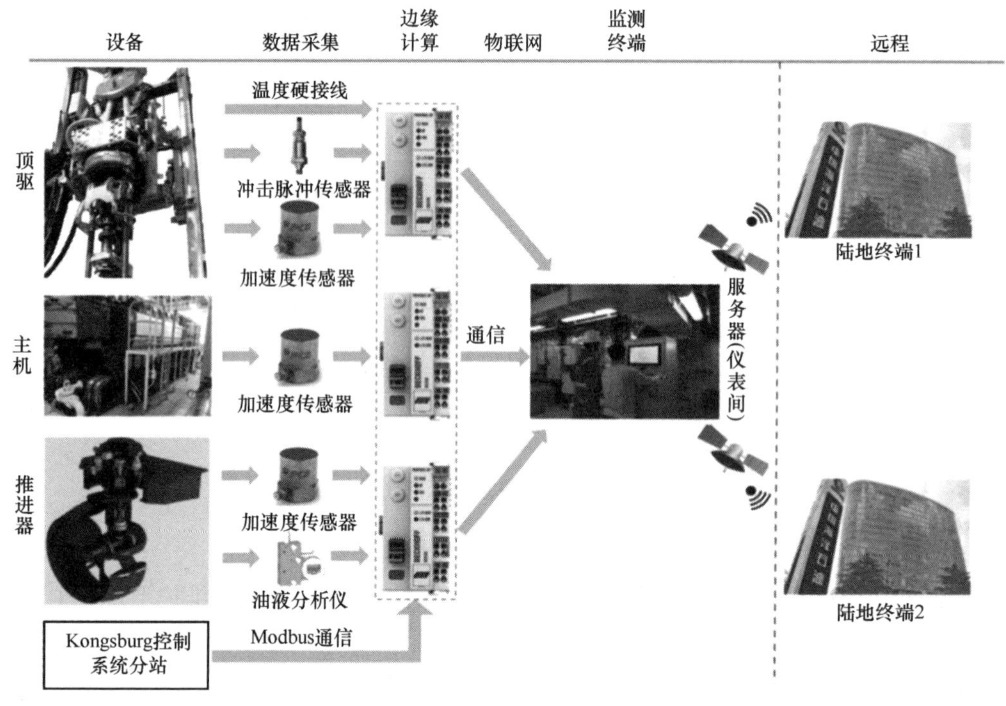

图 7-54　系统架构示意图

速等多维度参数，是目前国际上监测设备种类最多、监测参数最全的浮式平台状态监测与远程诊断系统。

2）边缘计算管理：实时分析设备监测数据与故障征兆表征，具有回路自检和灵敏监测等功能；分析数据通过光纤通信实时传输汇总至平台服务器。

3）系统有多方面优势：采用分布式数据采集方案，具有模块化、可扩展、网络化、易升级、数据透明、兼容性等优势。

4）良好的人机交互性：系统还设置了丰富的人机交互窗口，包括报警记录模块和留言记录模块，其中报警记录模块显示了一定时间范围内系统的报警信息，这对及时发现设备的异常状态及后期维修保养具有关键性指导作用；留言记录模块主要是平台管理人员消息交流的窗口，有助于实现平台关键设备的协同管理。

5. 技术亮点

海洋石油平台状态监测与远程诊断系统的突出特点如下。

1）监测参数全面多样：可采集加速度振动、冲击脉冲、在线油液分析、温度、转矩、转速等多维度参数，可有效支撑预测性维护技术实施。

2）开放的数据接口：系统除通过加装振动、冲击脉冲、在线油液分析等传感器采集设备状态数据外，还通过第三方设备开放接口获取转速、温度、压力、转矩等设备运行工况的关键参数，从而实现设备运行状态全方位感知。

3）数据传输形式先进：分析数据通过光纤通信实时传输汇总至平台服务器。同时，所有数据将通过卫星同步至陆地终端，支持陆地端对平台的远程管理和专家支持。

6. 可视化

海洋石油平台状态监测与远程诊断系统可实现以图形化形象描述平台关键设备的运行状态，加强了系统的可视化程度，提高软件的用户友好度以及可操作性。系统设计了历史趋势分析模块，通过对任意设备、任意测点、任意时间段的数据查询，形成趋势图表，随时获得设备生命周期中的异常数据，并依据这些历史监测数据，采用机器学习等智能算法，建立平台关键设备的寿命预测模型，实现了平台关键设备状态的智能预测与预警。界面如图 7-55 所示。

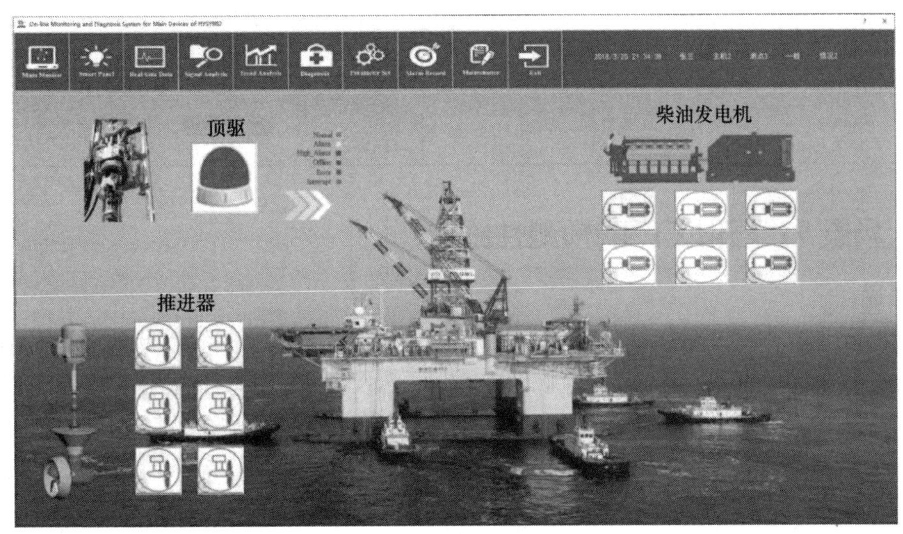

图 7-55　海洋石油平台预测性维护界面

7. 数据需求

表 7-6 所列为数据需求表。

表 7-6　数据需求表

设备名称	部件	故障模式	数据需求	监测手段
顶驱	电动机	电动机过热	温度	数据读取
		电动机运行异常	振动、冲击脉冲	传感器
			电流、电压	数据读取
		齿轮失效	振动、冲击脉冲	传感器
		轴承失效	振动、冲击脉冲	传感器
	齿轮箱	齿轮失效	振动、冲击脉冲	传感器
		轴承失效	振动、冲击脉冲	传感器
主机	气缸活塞组件	气缸异常故障	热力学数据	数据读取
		气缸高温变形	热力学数据	数据读取
	发电机部分	发电机故障	电流、电压、温度、负载	数据读取
			振动	传感器
	轴承主轴	轴承失效	振动	传感器

（续）

设备名称	部件	故障模式	数据需求	监测手段
推进器	电动机	电动机过热	温度	数据读取
		电动机运行异常	振动	传感器
			温度	数据读取
	齿轮箱	润滑失效	润滑油温度、压力	数据读取
		齿轮失效	振动	传感器
		轴承碎裂	润滑油温度、压力	数据读取
			振动	传感器
		轴承磨损、疲劳	润滑油温度、压力	数据读取
			振动	传感器

7.3.9　场景9：石化工厂的预测性维护

1. 概述

在石化行业中，生产效能的保证与厂区内的安全是至关重要的。因此需要通过对石化厂内大型设备的振动数据进行采集与监测，以实现厂内设备状态透明化和预测性维护。

诺佤（上海）检测仪器有限公司（以下简称诺佤）的预测性维护系统主要针对位于厂区内的四座反应炉，在反应炉的三个轴承处安装传感器，通过数据采集模块收集的数据，并上传至监测系统从而完成智能数据筛选及分析。图7-56所示为监测位置示意图。

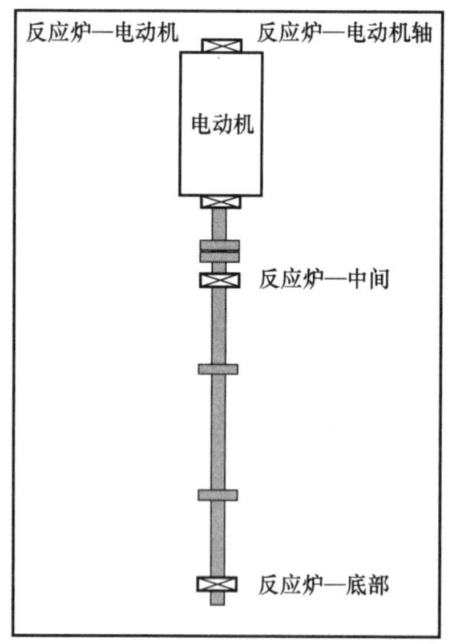

图 7-56　监测位置

诺佤负责石化厂预测性维护平台的研发与建设，实现厂房内关键装备的预测性维护。预测性维护平台在工厂生产系统架构中的位置如图7-57所示，覆盖了第0~3层级。

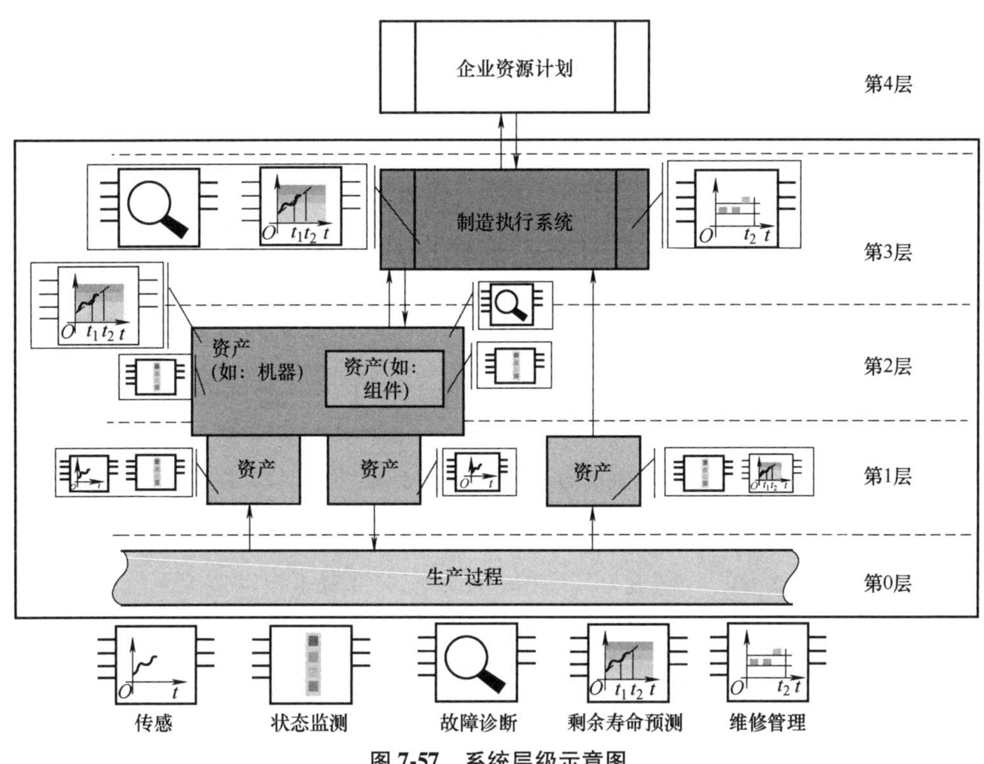

图 7-57　系统层级示意图

EVA 石化厂预测性维护平台可以实现生产线关键设备的传感、状态监测、故障诊断、剩余寿命预测和维修管理等功能，如图 7-58 所示。

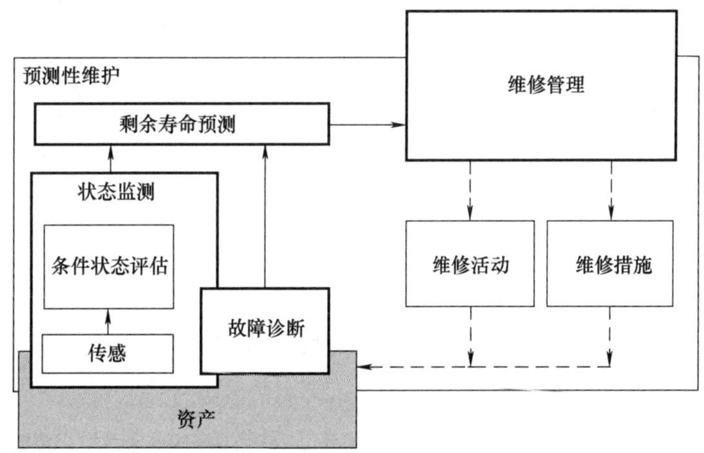

图 7-58　系统功能示意图

2. 角色

诺佤的预测性维护技术的实施模式为服务供应商与系统集成工程师合作开发的预测性维护平台。本案例中诺佤的角色为服务供应商，主要提供预测性维护技术、平台建设方案和数据/模型支持；同时也为系统集成工程师，负责将预测性维护功能与制造商的硬件和软件进行连接，以实现系统集成。图 7-59 所示为实施角色示意图。

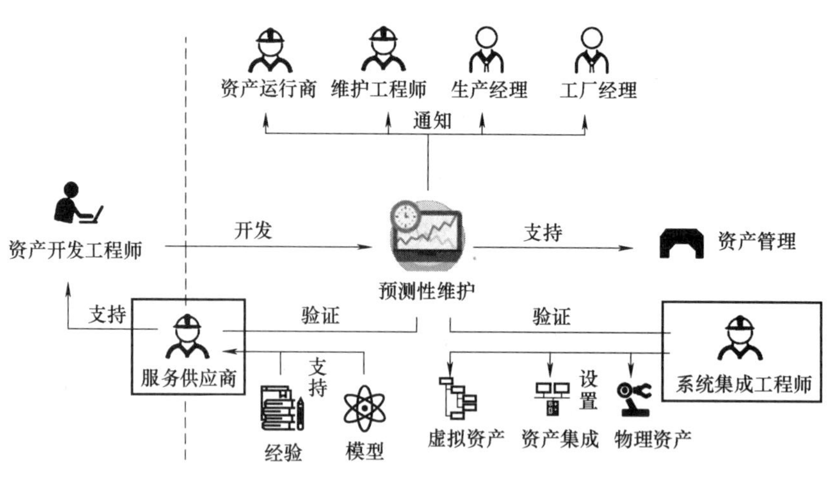

图 7-59　实施角色示意图

3. 系统架构

本案例为某 EVA 石化厂，诺佤为其厂内四座反应炉部署了振动监控系统，以保证厂区内的生产效能与厂区内的安全，如图 7-60 所示。为石化工厂提供了一套包括数据采集、传感器、振动监控软件（Phoenix GM）和数据分析在内的设备振动状态监控方案。

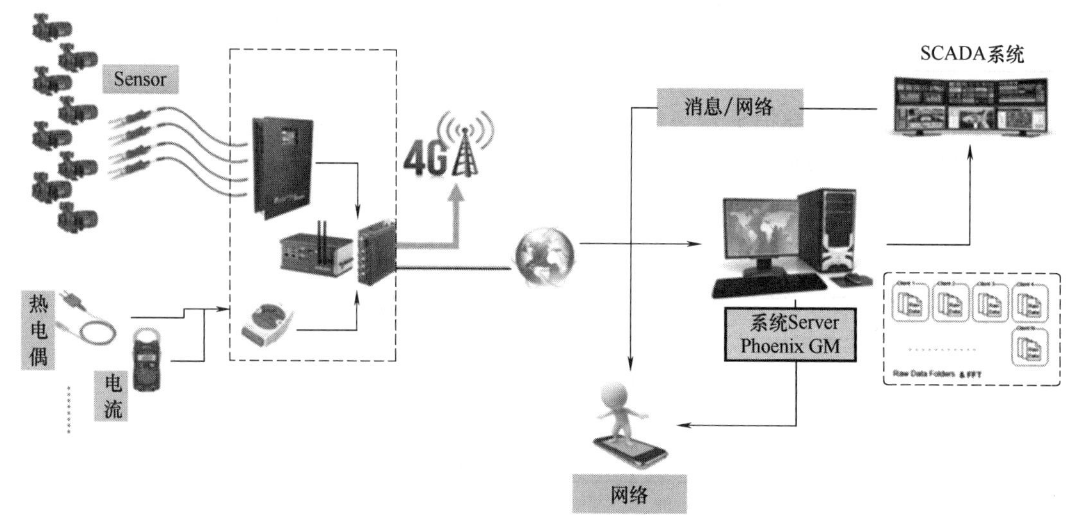

图 7-60　系统架构示意图

4. 功能和方法

本案例中的预测性维护系统主要实现了石化厂反应炉的状态评估、故障诊断和剩余寿命预测功能，在反应炉的底座轴承，中间轴承及电动机轴承处安装传感器，通过数据采集模块收集数据，并上传至监测系统从而完成智能数据筛选及分析。

1）振动数据采集：可采集轴承振动数据，并对原始数据预处理。

2）状态监测与故障诊断：可基于频谱图分析轴承内圈、外圈、滚动体、保持架内圈、保持架外圈的故障特征，横向和纵向对比分析进行故障诊断。

3）基于专家经验的预测性维护：依据行业专家经验，基于状态数据频谱分析等手段进行诊断分析，以保障诊断结果的准确性。

5. 技术亮点

诺伍预测性维护系统可实现反应炉的状态监测、故障诊断和剩余寿命预测，主要功能如下。

1）完整的解决方案：针对客户的不同需求、限制及预算，提供从最基础至最全面预知保养系统选择。

2）传输方式：针对现场不同环境的限制，可提供有限、无线、半无线等解决方案。

3）边缘计算管理：实现边缘端数据采集与分析功能，包括设备状态、趋势分析、硬件管理、报警管理、系统管理等模块。

4）预测性维护云平台：主要实现预测性维护算法模型运行环境搭建、数据中心数据的分析和处理，包括接入服务、数据服务和系统管理等模块。

5）状态监控与健康评估：主要实现装备状态及预测结果的可视化分析，包括温度趋势分析、电流趋势分析、振动 RMS 值趋势分析、振动频谱分析和 RUL 值显示等模块。

6. 可视化

诺伍预测性维护软件可以实现包括温度、电流、转速等参数及振动加速度、有效值等状态参数的可视化展示。绿色、黄色、红色分别表示设备正常、设备异常、设备故障三种状态，实现可视化显示和预警。预测性维护系统可视化界面如图 7-61 所示。

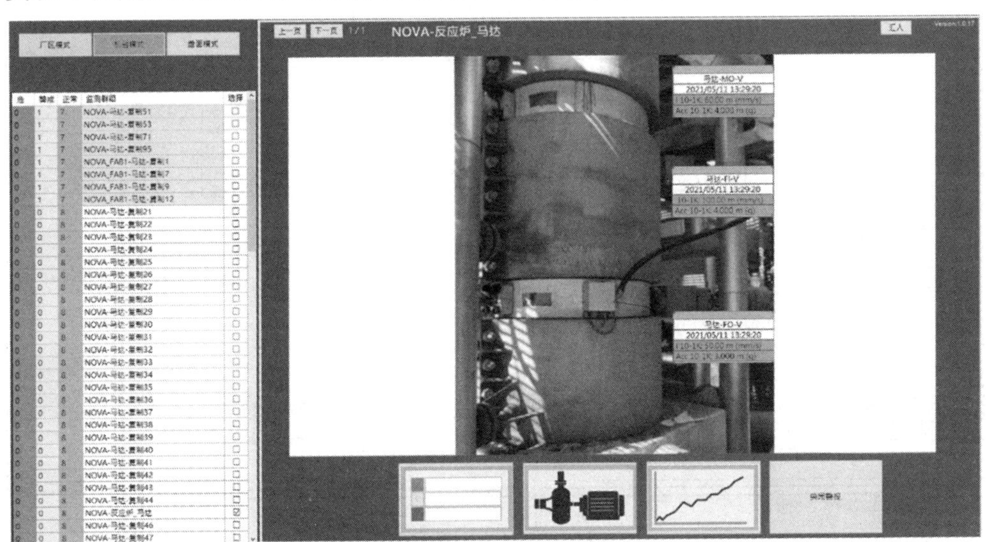

图 7-61　预测性维护系统可视化界面

7. 数据需求

表 7-7 所示为数据需求表。

表 7-7　数据需求表

设备	部件	故障模式	数据需求	监测手段
反应炉	轴承	轴承弯曲、磨损	振动	传感器
		滚珠磨损	振动	传感器
		保持架偏离	振动	传感器
		内环/外环损坏	振动	传感器
	电动机	转子偏心	振动	传感器
		电熔异响	振动	传感器
		基座不稳	振动	传感器

7.4 设备的预测性维护场景

7.4.1 场景1：打印系统的预测性维护是数据驱动服务工程的基础

1. 概述

某印刷机器制造商长期为客户提供远程运维服务。该公司将振动分析和电流监测传感器集成在印刷机中，通过传感器采集大量的状态数据和运行数据，并且基于客户信任，能够通过数据传输获得监测数据。

通过对印刷机的状态监测，该公司已经实现了在早期阶段检测到机器的磨损和损坏，从而显著提高了打印系统的可用性。同时，基于对状态数据的深入分析，制造商也判断得出，多数磨损的产生是由于印刷机的不正确或次优操作而造成的。

针对印刷系统的预测性维护系统在系统架构中应覆盖第1~4层级，如图7-62所示。

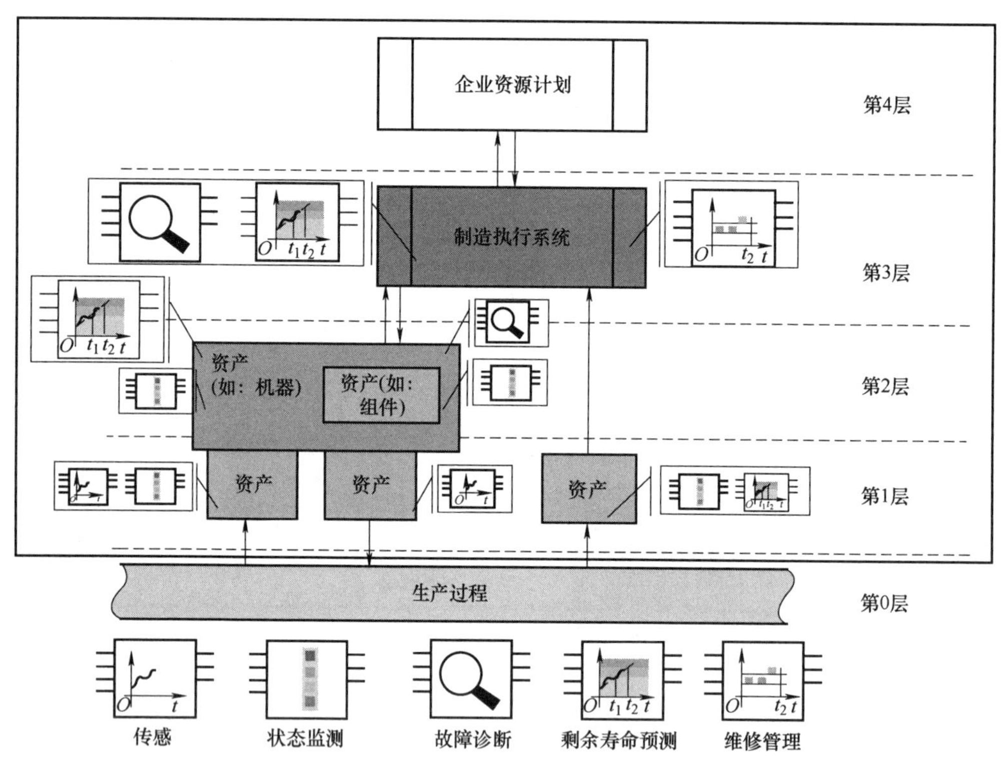

图7-62 系统层级示意图

该预测性维护系统具备传感、状态监测、故障诊断和维修管理等功能，如图7-63所示。

2. 角色

本案例的实施由制造商负责，用户基于对制造商的信任，开放了运行条件等数据。图7-64所示为实施角色示意图。

3. 功能和方法

通过对运行状态数据的深入分析，制造商能够非常精确地确定哪种操作模式会加重磨损

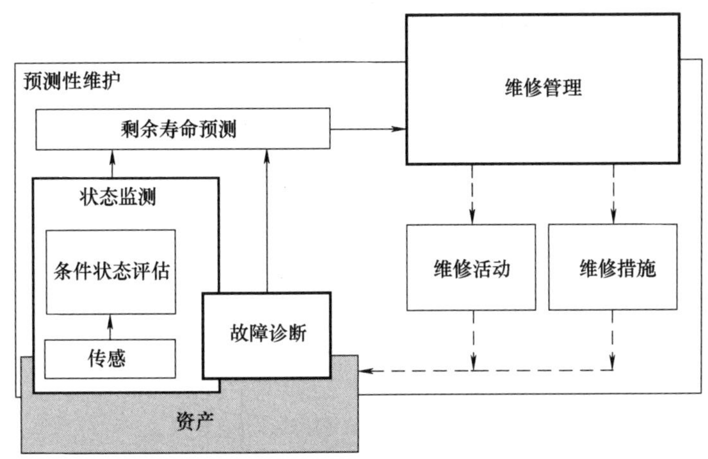

图 7-63　系统功能示意图

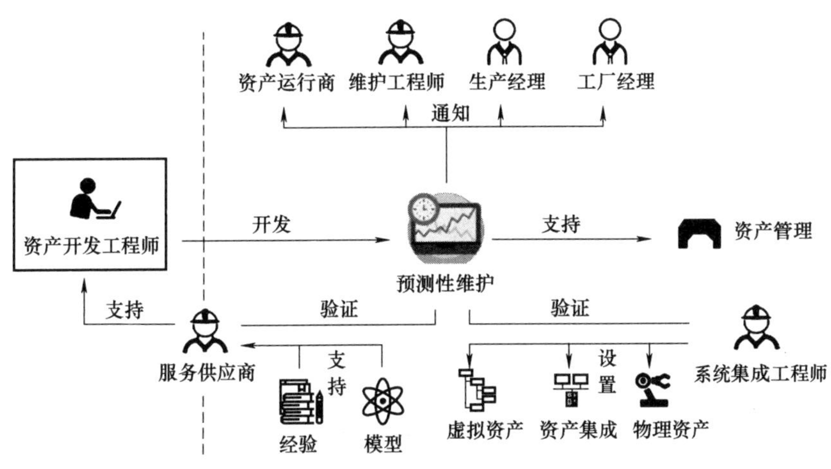

图 7-64　实施角色示意图

进而增加印刷机操作员的维护工作。分析的目的不仅是确定可预测的维修活动，同时也可通过减少印刷机的磨损和改进操作模式来防止维修，从而减少整体维修工作。因此，操作员可以详细地描述，哪些故障措施是在印刷机起动时采取的，这些错误的措施在什么时候导致了磨损增加。根据这些信息，作业人员能够更好地培训工厂操作人员，使其学会如何最佳地起动和关闭印刷系统。

4. 可视化

印刷机制造商已经能够通过组合和分析运行状态数据为客户开发新的服务，运行状态数据最初仅收集用于预测性维护。而正是这些新服务，使印刷机器制造商成功地从其他竞争对手的产品中脱颖而出，同时也加强了客户的信任度。

状态监测一方面可以促进制造商的服务水平，另一方面，可以使机器操作员利用信息优化印刷生产过程。据统计，通过状态监测可使印刷性能至少提升 15%。状态监测是在工业 4.0 基础上开展数字化服务的重要数据基础，但也是数字化转型的第一步。

7.4.2 场景 2：RV 减速器的状态监测与寿命预测

1. 概述

RV 减速器是智能机器人核心组件之一，其运行的性能是决定智能机器人能否正常执行并正确实现加工动作的关键。RV 减速器结构精密、尺寸精细，但变载变速等恶劣运行工况对其的可靠性带来了极大挑战，需开展 RV 减速器的状态监测与寿命预测，建立 RV 减速器预测性维护系统。

仪综所联合北京天泽智云科技有限公司共同建设了 RV 减速器预测性维护系统，实现了状态监测、故障诊断和剩余寿命预测等功能，系统层级如图 7-65 所示，覆盖了第 0~2 层级。

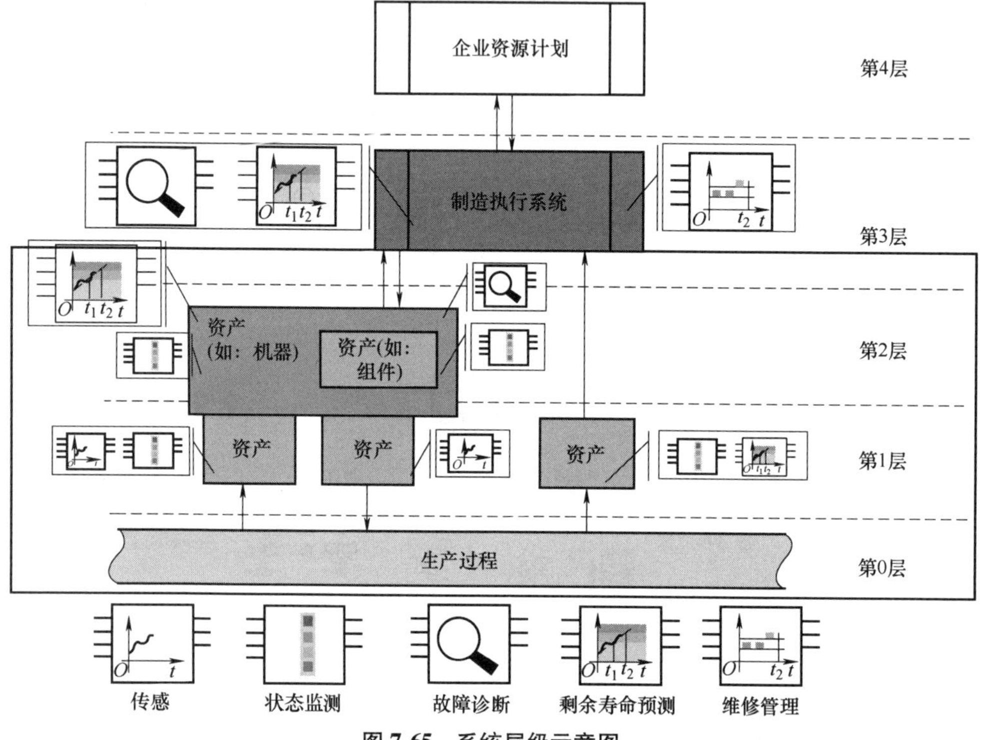

图 7-65 系统层级示意图

RV 减速器预测性维护系统部署了振动、编码器、温度、压力、转速等传感器，实现了针对 RV 减速器的传感、状态监测、故障诊断和剩余寿命预测功能，具体如图 7-66 所示。

2. 角色

在 RV 减速器预测性维护系统建设中，仪综所的角色为资产运行商，北京天泽智云科技有限公司的角色为服务供应商，主要负责提供预测性维护软硬件设备、建设方案、数据/模型。在紧急情况下，预测性维护系统可及时将设备状态及预警信息通知给仪综所（资产运行商）。图 7-67 所示为实施角色示意图。

3. 系统架构

RV 减速器预测性维护系统架构示意图如图 7-68 所示。针对 RV 减速器，系统了部署振动、编码器等传感器，同步采集传感器信号和 PLC 信号，实现了边缘计算管理、状态监测与健康管理等功能。

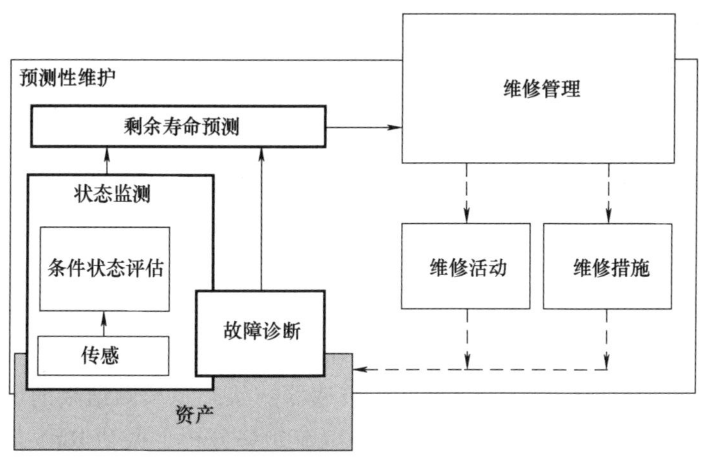

图 7-66　系统功能示意图

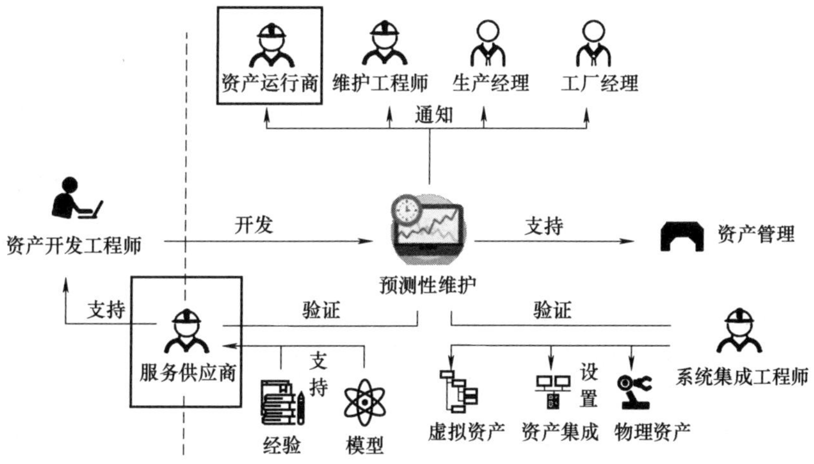

图 7-67　实施角色示意图

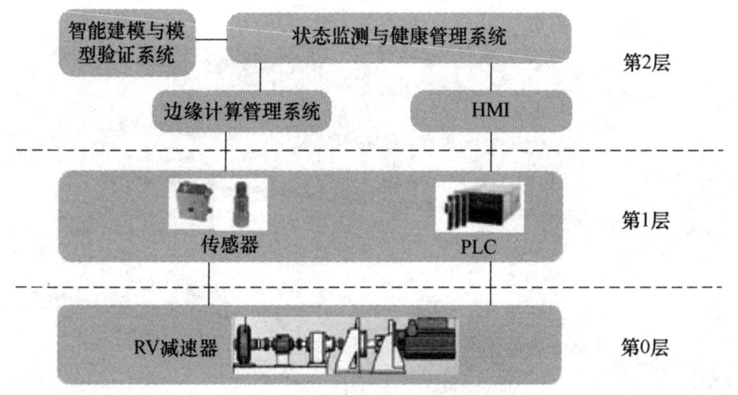

图 7-68　系统架构示意图

4. 功能和方法

RV 减速器预测性维护系统实现的功能如下。

1）物联与边缘计算管理：实现边缘端数据采集与分析功能，包括设备状态、趋势分析、硬件管理、报警管理和系统管理等。

2）大数据服务与云平台管理：主要实现预测性维护算法模型运行环境搭建、数据中心数据的分析和处理，包括流程管理、模型管理、设备管理、接入服务、数据服务和系统管理等模块。

3）智能建模与模型验证：主要实现预测性维护模型的开发、迭代优化和模型验证，建立算法全生命周期管理模型库，提高模型的精确度和泛化能力。

4）状态监控与健康评估：主要实现 RV 减速器的状态及预测结果的可视化分析和集群管理功能，包括健康度显示、温度趋势分析、电流趋势分析、振动 RMS 值趋势分析、振动频谱分析、RUL 值显示等模块。

5. 技术亮点

RV 减速器预测性维护系统的突出特点如下。

1）多监测手段融合分析：通过采集 RV 减速器的编码器信号与振动、温度、电流、电压、转速、负载等传感器信号融合分析，从而实现位置精度误差分析、故障诊断和寿命预测功能。

2）机器学习算法的应用：应用全局平均池化—卷积神经网络（GAP-CNN）、随机森林、变分模态分解（VMD）、TrAdaBoost、自组织映射（SOM）等前沿的机器学习算法，优化了预测精度和模型的普适性。

3）健康度预测：基于设备健康度模型及劣化模型进行多变量多规则的实时动态分析，实现了 RV 减速器的健康度预测功能，为智能机器人整机的预测性维护实施奠定了基础。

6. 可视化

RV 减速器预测性维护系统可以实现 RV 减速器的设备信息、运行历史状况、当前状态、采集参数、健康度趋势的实时可视化展示。绿色、黄色、红色分别表示设备正常、设备异常、设备故障三种状态，预测性维护系统界面如图 7-69 所示。

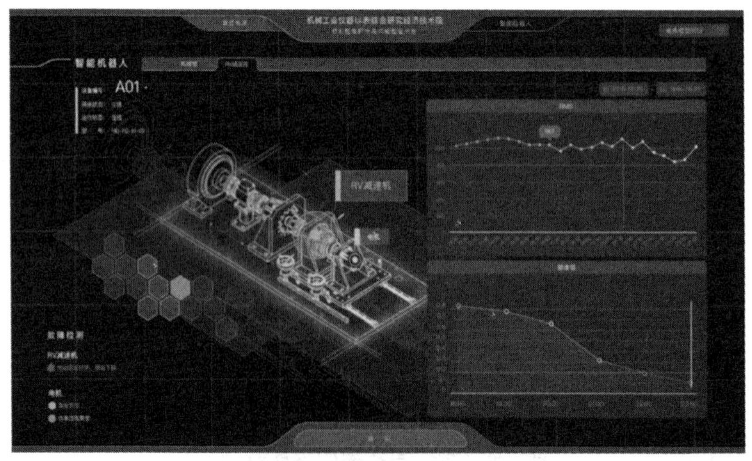

图 7-69 预测性维护系统界面

7. 数据需求

表 7-8 所示为数据需求表。

表 7-8　数据需求表

设备	部件	故障模式	数据需求	监测手段
RV 减速器	减速器	位置误差	编码器、振动	传感器
	轴承	轴承故障	振动	传感器
	驱动电动机	轴承故障	振动	传感器
			转速、电压、电流	PLC
		电动机故障	电压、电流	PLC

7.4.3　场景 3：运动控制系统的预测性维护和寿命预测

1. 概述

动力传动系统（传动链）是智能制造装备的核心机构。如果传动链的关键设备突发故障，会导致停产、生产损失甚至带来人员伤亡。因此有必要开发传动链的预测性维护技术，部署预测性维护和寿命预测系统，以提高传动链的可靠性，保证生产高效、稳定运行。

传动链中常见的机械部件包括驱动、电动机、联轴器、滚珠丝杠、带、齿轮等。在西门子先进的自动化和运动控制设备上，开发了一个预测性维护平台，如图 7-70 所示，预测性维护和寿命预测系统运行在工业边缘（Industrial Edge）设备上。

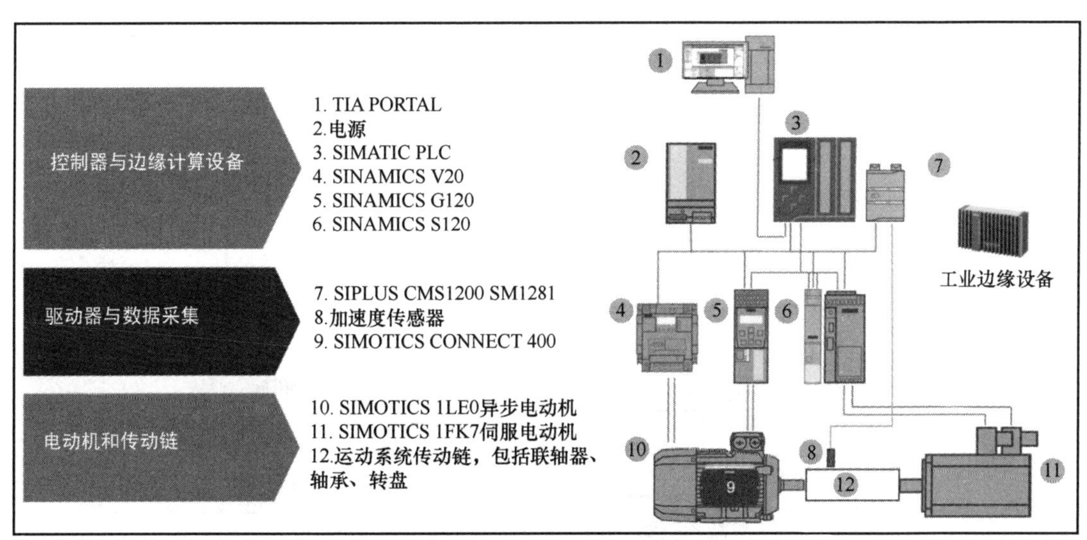

图 7-70　动力传动系统

本系统专门用于运动控制中传动链系统的预测性维护和寿命预测，依托于 Industrial Edge 和 Mendix 开发，可以实现电动机轴承安装不对中、不平衡、松动、轴弯曲、谐振等故障诊断，对滚珠丝杠、带、齿轮的状态进行监测和预警。该平台在生产系统架构中的位置如图 7-71 所示，覆盖了第 0~2 层级。

预测性维护和寿命预测系统在连接层采用 S7 协议，在应用层采用了预测性维护算法库

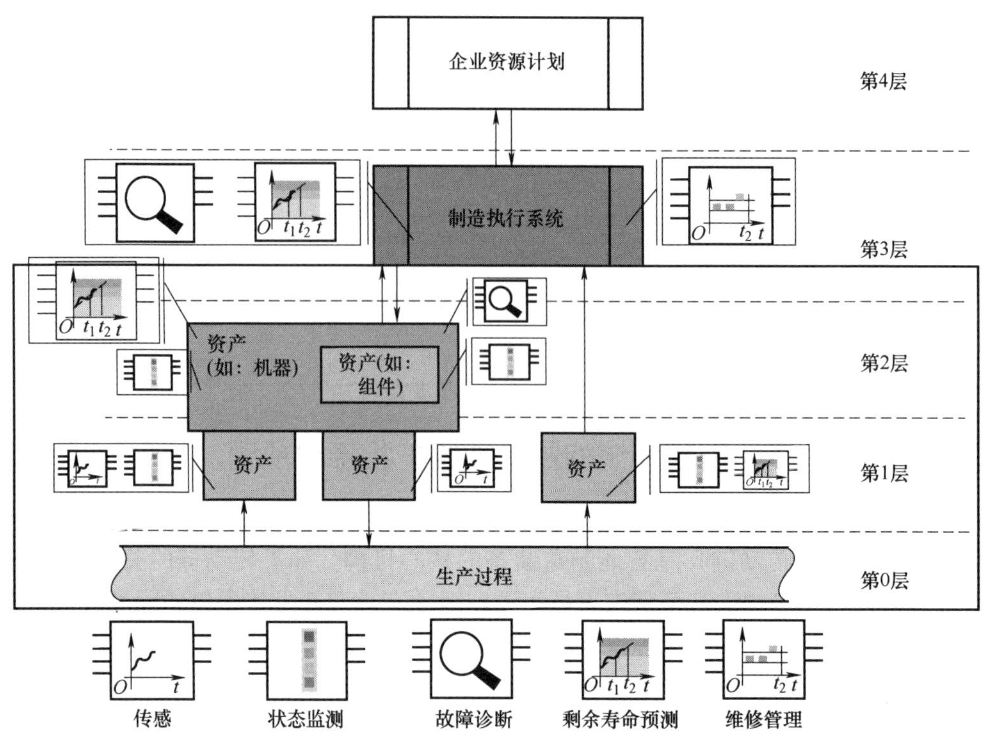

图 7-71 系统层级示意图

和 Mendix App，如图 7-72 所示。随着开发的不断完善，预测性维护算法库将支持建模、诊断、维护和优化等功能。

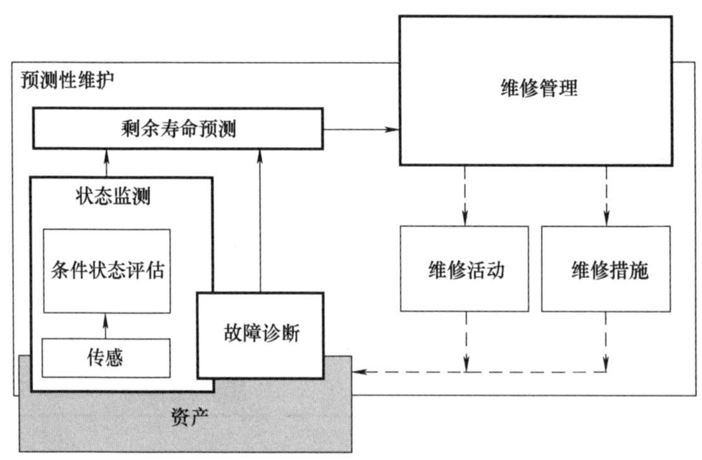

图 7-72 系统功能示意图

2. 角色

预测性维护技术的实施模式多样，本案例的实施模式为服务供应商与系统集成工程师合作开发预测性维护平台。在预测性维护系统平台建设中，西门子（中国）有限公司数字化工业集团为服务供应商，主要提供预测性维护技术、平台建设方案、算法/模型支持及首次软件部署；西门子工厂自动化工程有限公司为系统集成工程师，负责将预测性维护功能与制造商的硬件和软件进行连接，以实现系统集成。图 7-73 所示为实施角色示意图。

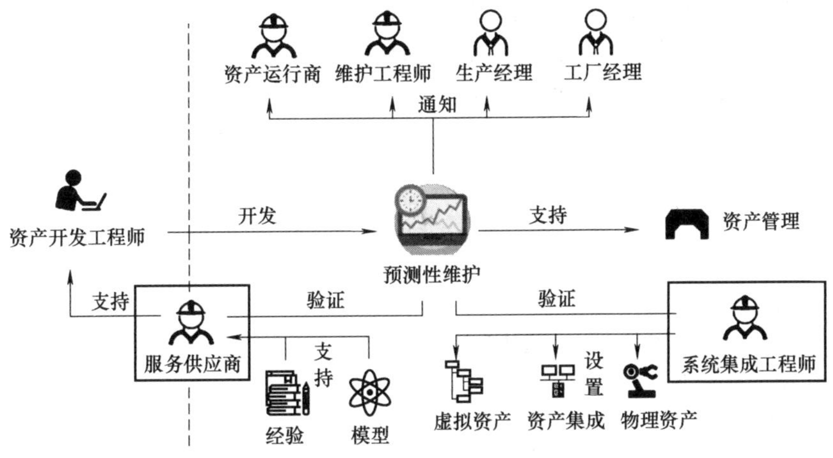

图 7-73　实施角色示意图

3. 系统架构

本系统硬件主要包括传动链试验台（机械、电控设备）和 Industrial Edge。软件主要包括 Industrial Edge 和伺服驱动器的通信数采模块、预测性维护模块和 Mendix App。另外，异步电动机上还可以安装智能无线振动传感器 SIMOTICS CONNECT 400，用来测量和分析电动机振动、温度等数据，并将数据传到 MindSphere SIDRIVE IQ Fleet 中进行进一步分析，如图 7-74 所示。

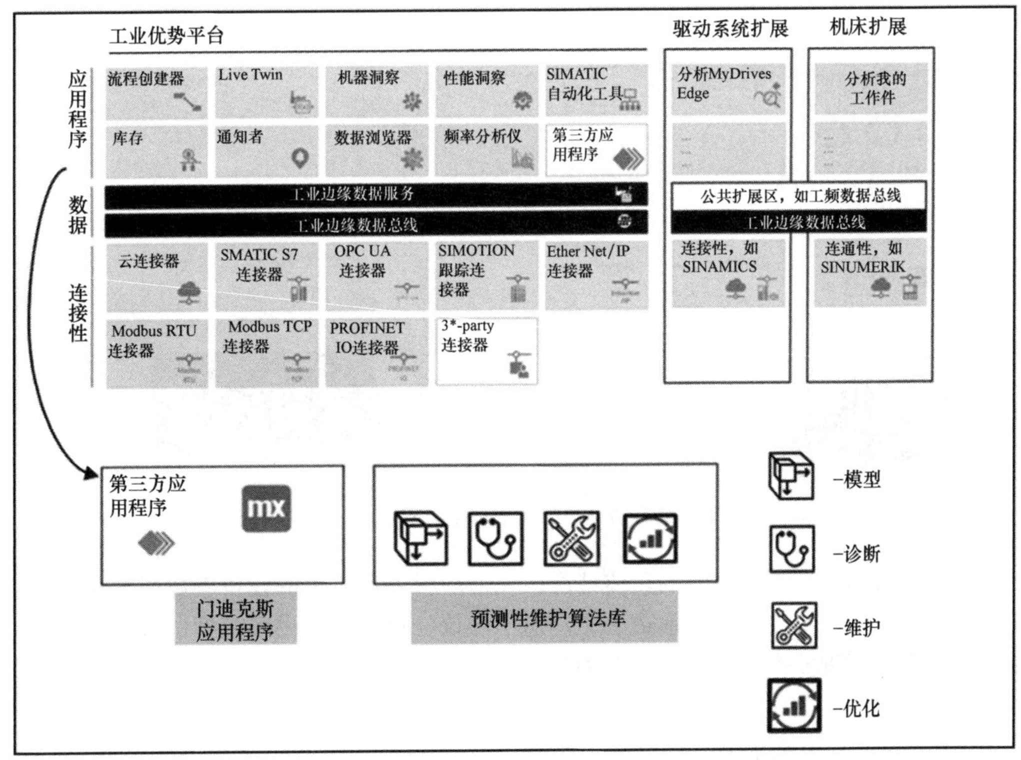

图 7-74　系统架构示意图

4. 功能和方法

本系统的主要功能如下。

1）实现轴承安装不对中、不平衡、松动、轴弯曲、谐振等故障的诊断。

2）滚珠丝杠、带、齿轮齿隙的状态监测和预警等功能。

3）通过在线辨识滚珠丝杠动摩擦和带静摩擦，对滚珠丝杠和带的工作状态进行检测和预警。

4）通过离线辨识齿轮齿隙，在齿轮需要更换时提供预警。

5）SIMOTICS CONNECT 400 振动监测，提供电动机的维护优化建议。

5. 技术亮点

本系统的突出特点如下。

1）支持无振动传感器算法：预测性维护软件算法可仅基于驱动内部电流、转速等数据，无须加装振动传感器。

2）西门子 Industrial Edge 具有开放性和可扩展，便于用户二次开发。

3）低代码平台 Mendix 支持用户快速开发定制化的 App 及界面。

4）用户的运维工程师可以通过 Mendix 的低代码编程工具，自行扩展功能并方便地定制新的人机界面 App。

6. 可视化

预测性维护 App 可以实时显示传动链上电动机电流、转速、温度、振动等参数，控制辨识算法的开始、停止，显示关键参数的辨识结果，以及电动机、滚珠丝杠、带、齿轮等的工作状态和寿命预测。图 7-75 所示为预测性维护系统界面。

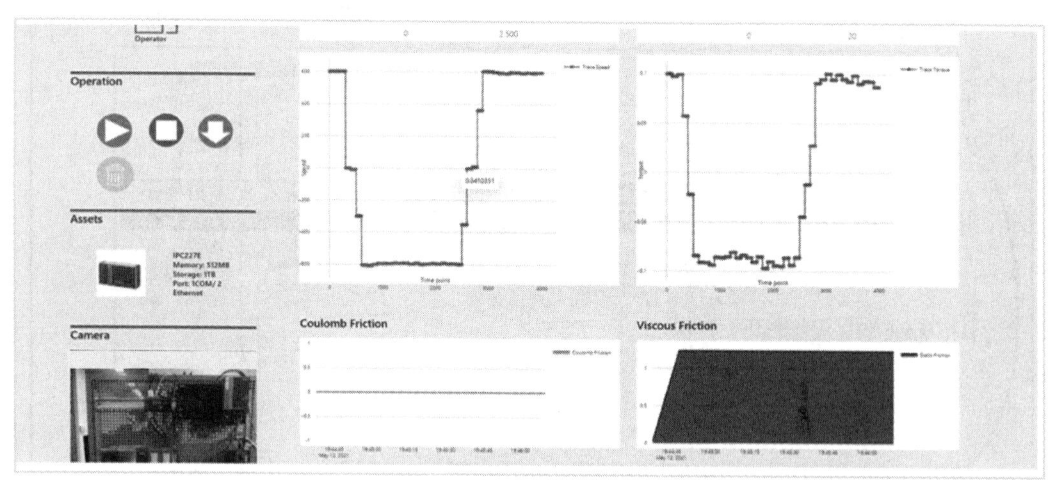

图 7-75　预测性维护系统界面 1

用户可以根据智能制造设备的具体情况，灵活配置传动链上的设备参数和算法参数。例如驱动型号、电动机参数、轴承参数、驱动通信协议、负载侧的设备类型、摩擦力模型，以及摩擦力、齿隙等重要参数的报警上下限等，如图 7-76 所示。

7. 数据需求

表 7-9 所示为数据需求表。

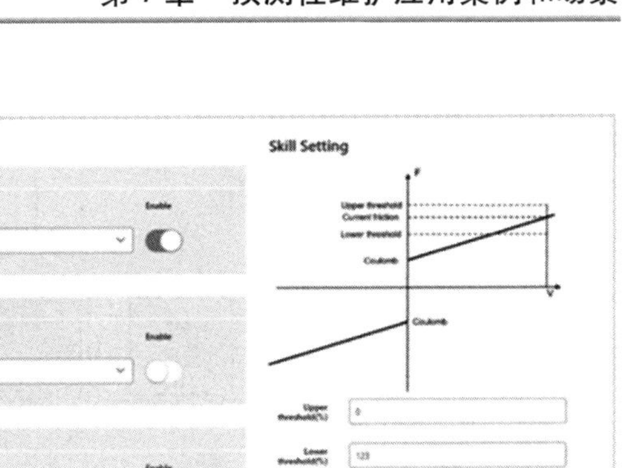

图 7-76　预测性维护系统界面 2

表 7-9　数据需求表

设备	部件	故障模式	数据需求	监测手段
运动控制系统	主轴	弯曲	振动	CMS1200、SC400
	轴承	轴承故障	转速	传感器（驱动内置）
		安装不对中	转速	传感器（驱动内置）
		不平衡	转速	传感器（驱动内置）
		松动	振动	CMS1200、SC400
	电动机	安装不对中	转速	传感器（驱动内置）
		谐振	电流	传感器（驱动内置）
	滚珠丝杠	磨损和侵蚀	电流、转速	传感器（驱动内置）
	带	松动和老化	电流、转速	传感器（驱动内置）
	齿轮	齿隙过大	转速、位置	传感器（驱动内置）

7.4.4　场景 4：机械设备的预测性维护

1. 概述

设备智能诊断与健康管理是用于设备机械故障早期识别的一种数字化预测性维护服务。通过对设备的转速、振动和温度等状态数据的监视与分析，利用人工智能模型建立设备预测性维护模型，实现对目标设备的异常检测和基本故障诊断，分析未来长、中、短周期的设备状况等。进而可以提前数月对将要出现的故障进行识别，从而可以开展有计划的停机检查，提高维护效率，延长设备寿命，降低严重故障发生的风险。

本系统为西门子数字设备公司（DEC）苏州的带驱动电动机和 DEC 成都的带驱动电动机及反应釜电动机提供状态监视与故障诊断服务，采集电动机的振动状态数据，共计 6 个振动采集点，2 台状态数据采集箱。

该系统在生产系统架构中的位置如下，覆盖了第 0~2 层级，如图 7-77 所示。

可以实现数据采集、状态监测、故障诊断和自动报警等功能，如图 7-78 所示。

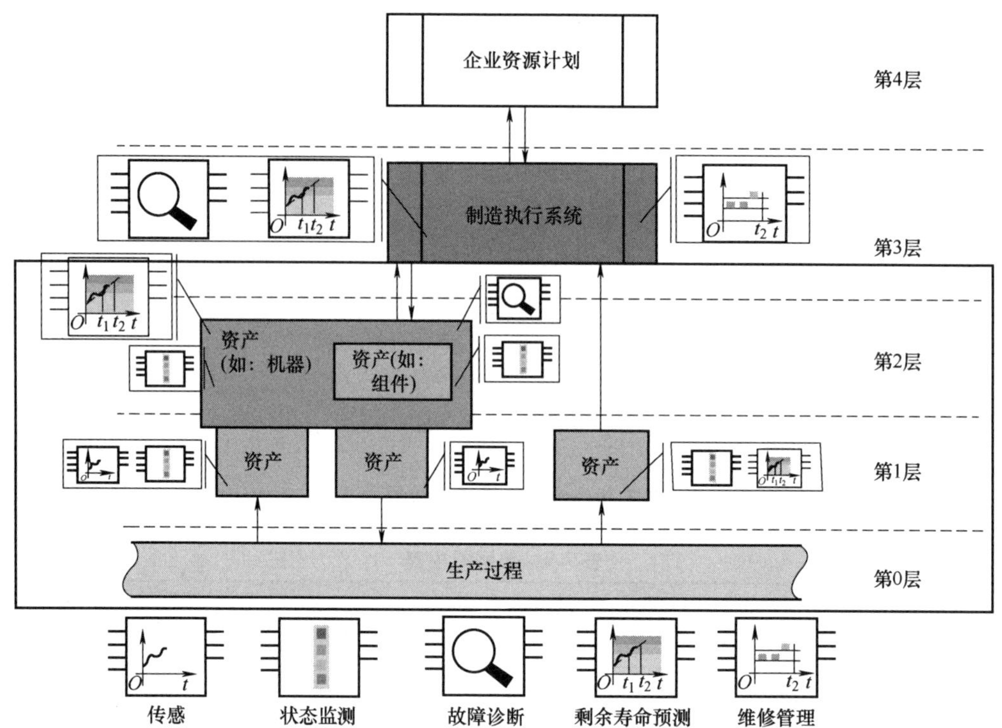

图 7-77　系统层级示意图

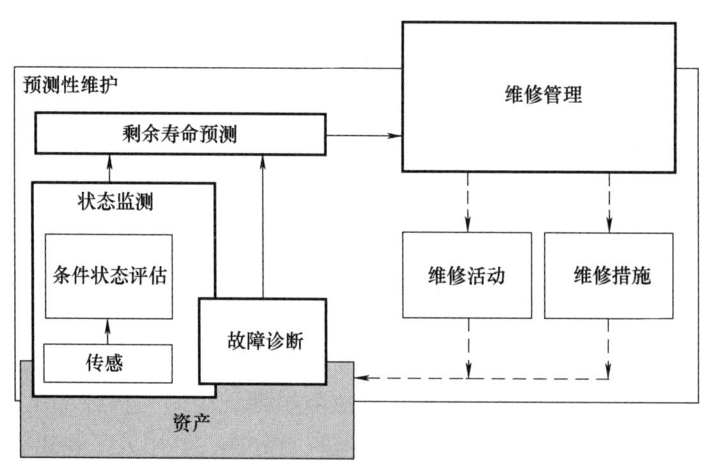

图 7-78　系统功能示意图

2. 角色

本案例的实施模式为用户、系统集成工程师和服务供应商合作开发设备状态监视与故障诊断系统，其中用户为西门子 DEC，系统集成工程师和服务供应商为西门子工厂自动化工程有限公司。西门子工厂自动化工程有限公司对 DEC 生产线的输送线电动机，搭建了数据采集和分析平台，提供了数据分析服务、预测性维护技术。图 7-79 所示为实施角色示意图。

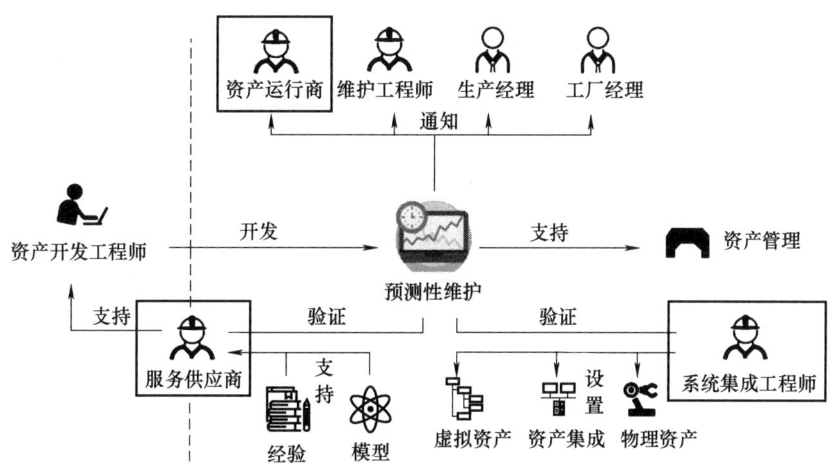

图 7-79　实施角色示意图

3. 系统架构

系统的硬件设计包括数据采集方案设计和数据分析硬件架构设计，具体可分为传感器选型、传感器安装方案、数据传输方案、数据存储方案、数据分析架构等。

DEC 苏州设备智能诊断与健康管理系统架构示意图如图 7-80 所示。

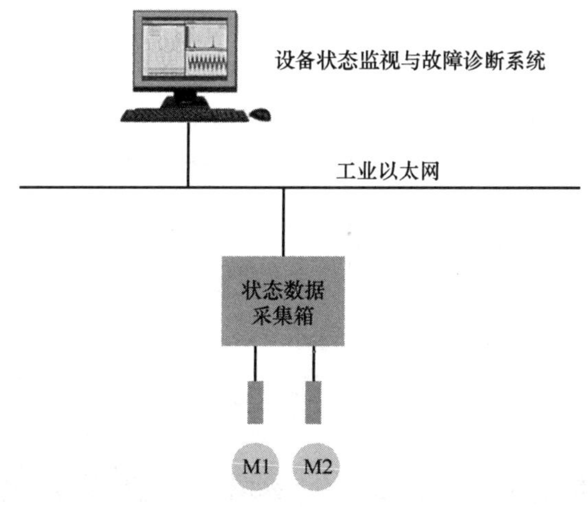

图 7-80　系统架构示意图 1

DEC 成都设备智能诊断与健康管理系统架构示意图如图 7-81 所示。

通过现场机旁安装的状态数据采集箱，可以对电动机的振动状态进行高频采样和本地处理，处理过的振动信号可以通过工业以太网传送给故障诊断系统进行故障诊断，并在设备智能诊断与健康管理系统进行显示。

通过本设备智能诊断与健康管理系统，现场维护人员可以获得以下信息。

1）设备当前工作状态数据及振动频谱。

2）备当前工作的健康状态及异常提醒。

3）设备状态数据的历史趋势。

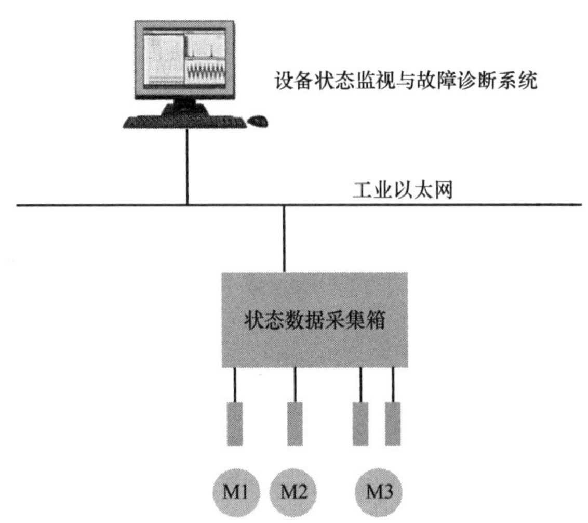

图 7-81　系统架构示意图 2

4）本系统中软硬件包含以下部分：状态数据采集箱和振动传感器。

5）设备状态监测与故障诊断系统。

4. 功能和方法

现场状态数据采集箱采集到的数据可以进入故障诊断系统进行故障诊断，也可以在设备智能诊断与健康管理系统中查看状态，可以进行设备振动状态监测，查看当前设备的工作状态。

通过如图 7-82 所示的故障诊断系统，利用统计分析、信号分析等先进的数据分析技术诊断设备故障，基于人工智能算法、结合机理知识和专家经验预测设备寿命周期。系统能够检测、分析、识别和自动诊断设备故障。故障类型包括：转子质量不平衡、偏心、轴弯曲、不对中、共振、轴承损坏（区分内环、外环、滚子、保持架）等故障。

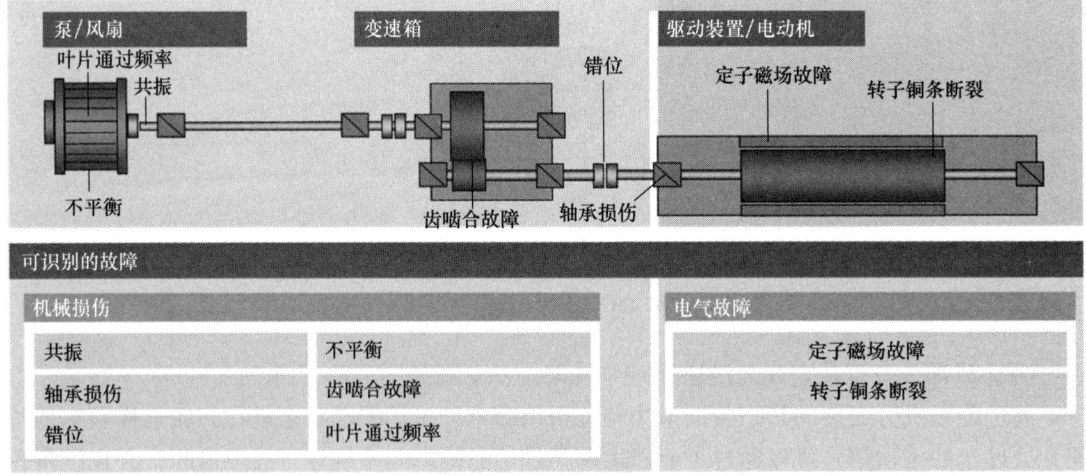

图 7-82　故障诊断系统

基于设备智能诊断与健康管理系统，可以把 CMS1200 采集到的振动状态进行监视，并能在设备智能诊断与健康管理系统上查看所有设备的振动状态，包括：

1）实时状态值，比如振动速度、振动加速度等。

2）振动特征值，比如电流均方根值（Arms）、电压均方根值（Vrms）、特征值（DKW）等。

3）信号趋势图。

4）设备状态诊断。

5）事件日志。

5. 技术亮点

本系统的突出特点如下。

1）状态数据采集箱：对电动机的振动状态进行高频采样、预处理等。

2）状态监测：对设备提取振动特征值和趋势图，实时监测设备健康状态及异常提醒。

3）设备健康管理与故障诊断。

6. 可视化

对电动机的运行状态、振动加速度、健康度等参数的可视化展示和预警，预测性维护系统界面如图 7-83 所示。

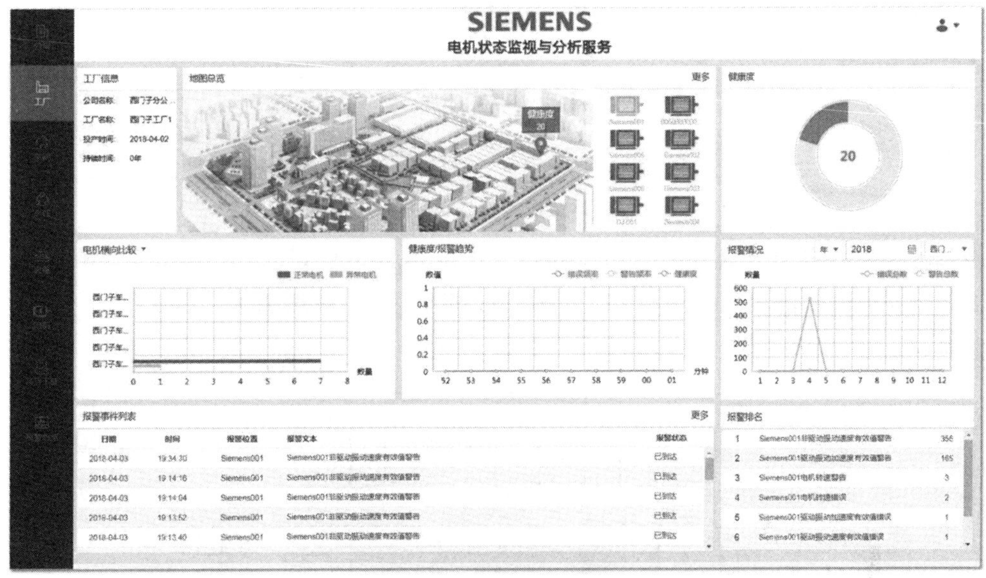

图 7-83　预测性维护系统界面

7. 数据需求

表 7-10 所示为数据需求表。

表 7-10　数据需求表

设备	部件	故障模式	数据需求	监测手段
电动机	机械损伤	不平衡、偏心	振动	传感器
		共振	振动	传感器
		不对中、错位	振动	传感器
		轴承损伤	振动	传感器
	电气故障	定子磁场故障	振动、转速、电流、电压	传感器、PLC
		转子铜条断裂故障	振动、转速、电流、电压	传感器、PLC

7.4.5　场景 5：大规模工业机器人的预测性维护

1. 概述

工业机器人是汽车自动化生产线上广泛应用的基础性工业设备，北京奔驰汽车有限公司

（以下简称北京奔驰）全厂各车间使用了超过 3500 台工业机器人，遍布所有工艺车间。作为自动化生产线的核心装备，工业机器人的正常运行对保障生产线运行稳定性至关重要。随着生产线自动化水平及生产压力不断提高，基于紧急性维修、修正性维修及预防性维修的传统维修体系体现出以下几个方面的不足：维护成本持续升高、维护效率较低、停机风险增大及设备资产信息难以管理。因此对大规模工业机器人展开预测性维护是十分必要的，部署工业机器人预测性维护平台可以提高机器人智能装备的可靠性和经济性，提高生产线运行稳定性，图 7-84 所示为工业机器人预测性维护平台。

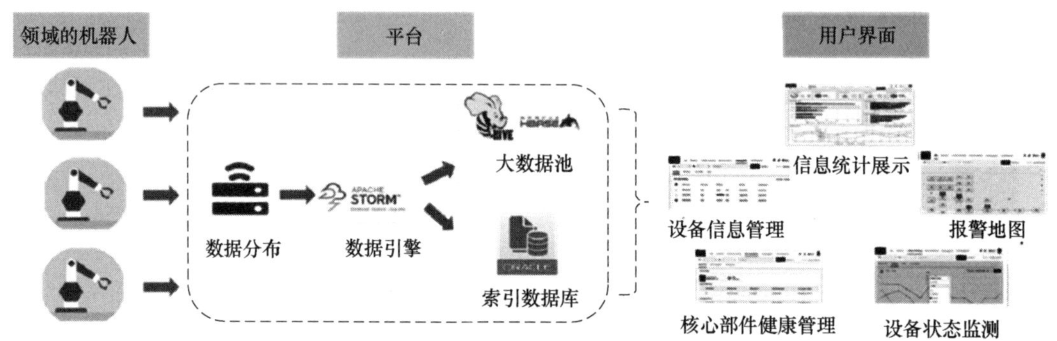

图 7-84　工业机器人预测性维护平台

北京奔驰工业机器人预测性维护平台基于戴姆勒生产服务总线（MSB）系统，通过对机器人实时数据的抓取、存储、分析，实现信息统计展示、报警地图、设备状态监测、核心部件健康管理及设备信息管理等功能，位置如图 7-85 所示，覆盖了第 0~2 层级。

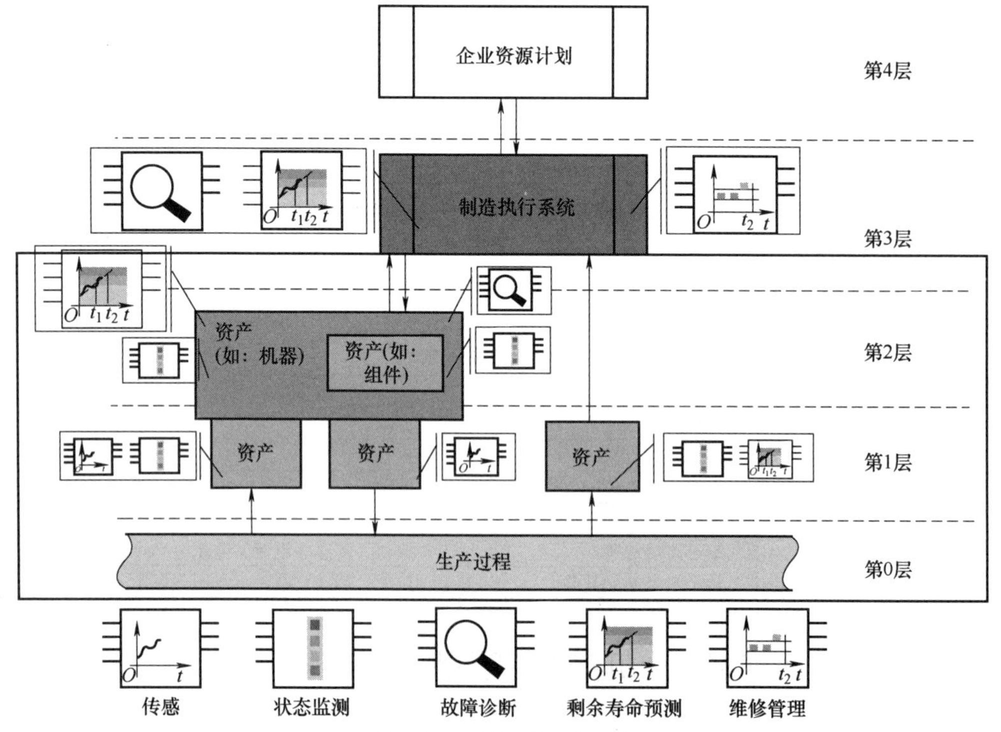

图 7-85　系统层级示意图

工业机器人预测性维护平台上部署了振动、编码器、温度、压力、转速等传感器，实现了机器人的传感、状态监测、故障诊断和剩余寿命预测功能，具体如图 7-86 所示。

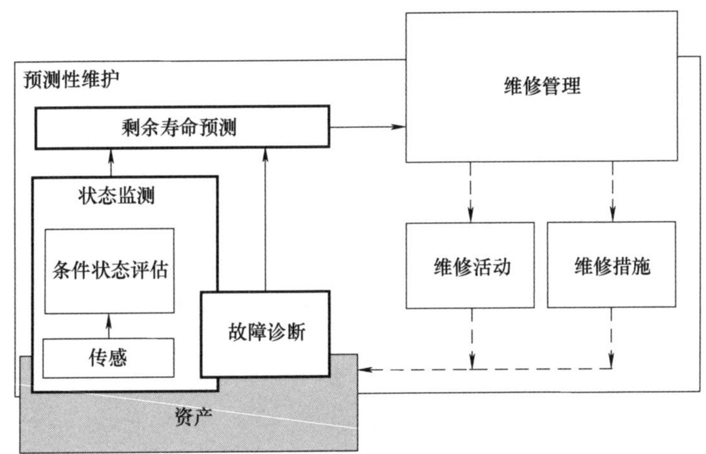

图 7-86　系统功能示意图

2. 角色

在本案例中，北京奔驰技术维护部的角色为系统设计、数据及技术提供方，负责平台架构方案制定、功能设计、提供状态监控及预测性模型技术及代码、现场设备 IoT 功能部署、设备数据接入；IT 咨询商的角色为系统集成工程师，负责后端数据平台搭建及前端页面设计。图 7-87 所示为实施角色示意图。

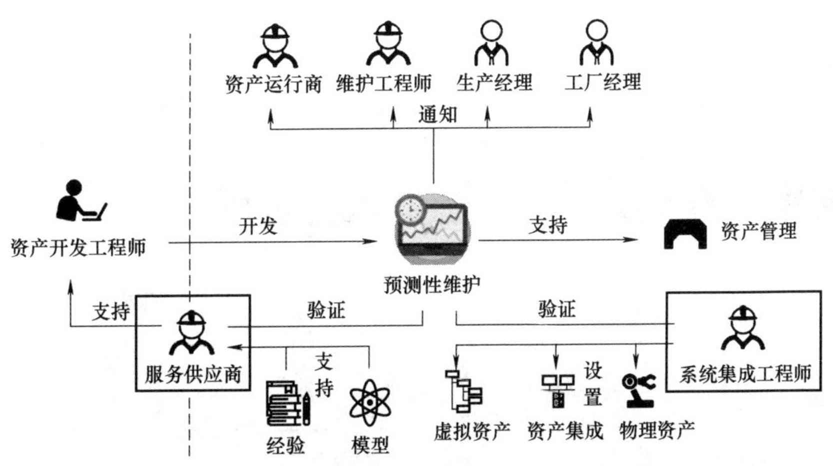

图 7-87　实施角色示意图

3. 系统架构

北京奔驰机器人预测性维护平台的架构主要包括现场工业机器人、数据提取、数据聚合、大数据存储平台、二级索引数据库、数据处理服务器、前端页面等部分。

4. 功能和方法

工业机器人预测性维护平台可实现机器人信息统计展示、实时状态监测、核心部件健康管理和设备信息管理等，主要功能有如下。

1）设备信息统计及展示：通过对现场工业机器人状态及报警信息的实时收集、汇总、统计，实现设备信息的可视化展示、趋势分析。报警信息还可以在车间地图中实时显示，方便现场设备维护人员及时、准确定位问题。

2）设备状态监测：实现现场机器人核心数据，如电动机温度、电动机转矩、CPU 载荷等数据的实时展示、历史趋势分析。支持极限值设定、基于卡尔曼滤波器模型的趋势预警监控值设定，并具有自动报警功能。

3）核心部件的健康管理：实现对于核心部件，如齿轮箱油品的健康管理，通过建立基于机器学习的齿轮箱油品质量预测模型和机器人运行数据实时评估油品质量。

4）设备信息管理：实现设备型号、程序及其他重要信息的实时收集、展示，并对设备备件、维护历史记录进行信息整合。

5. 技术亮点

工业机器人预测性维护平台的突出特点如下。

1）边缘端智能化数据主动上传：现场工业机器人通过消息队列测遥传输（MQTT）协议主动上传实时数据，定制数据内容、触发条件，具有高速度、大容量的数据传输和处理能力。

2）分布式大数据存储平台：采用基于 Hadoop 的分布式大数据平台，可以高效、稳定地处理和存储海量数据。

3）大数据及机器学习：利用大数据和机器学习技术降低润滑油的使用成本。

4）定制化状态监控：支持对机器人核心数据的阈值及基于卡尔曼滤波器的趋势监控设置，并由平台主动触发报警。

6. 可视化

北京奔驰工业机器人预测性维护平台可以将机器人报警信息通过车间地图的形式可视化展示，方便现场人员及时定位问题。机器人预测性维护平台报警地图界面如图 7-88 所示。

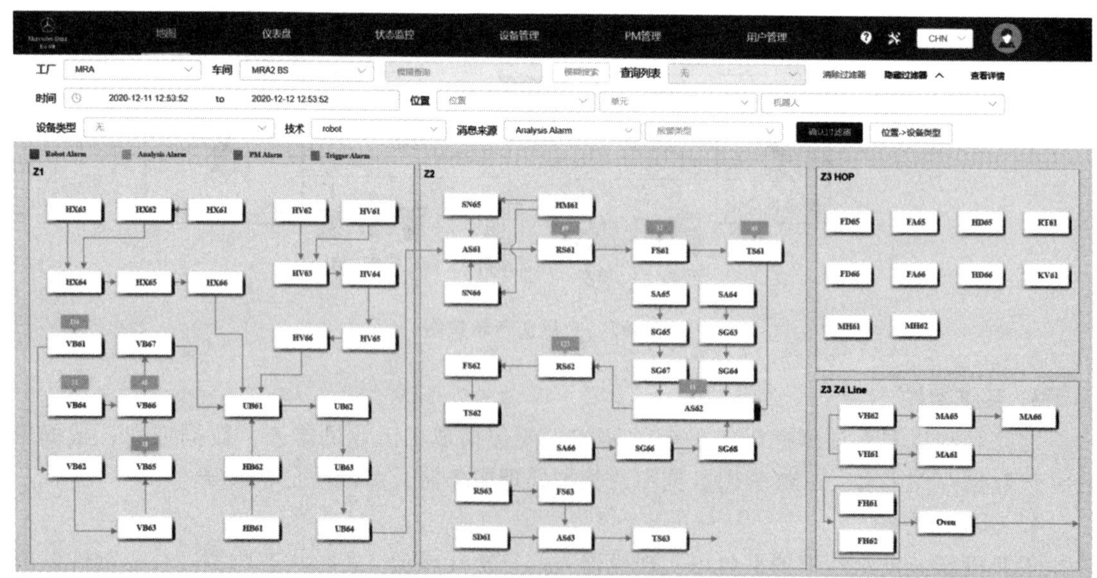

图 7-88 机器人预测性维护平台报警地图界面

北京奔驰工业机器人预测性维护平台可以将机器人当前状态、程序等信息整合展现，并与备件、维护记录等信息关联。机器人预测性维护平台设备管理界面如图 7-89 所示。

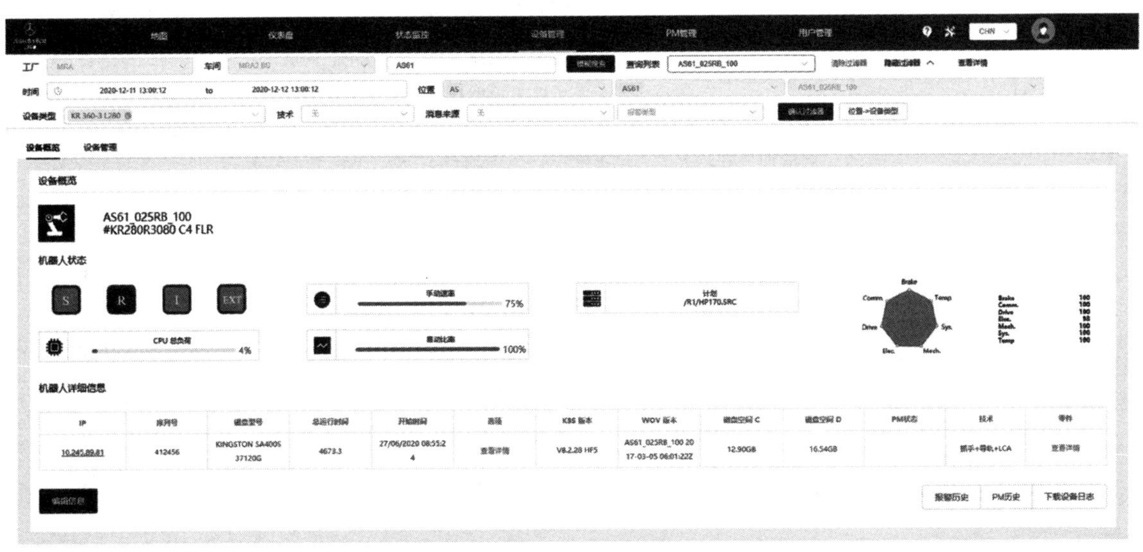

图 7-89　机器人预测性维护平台设备管理界面

工业机器人预测性维护平台通过建立基于机器学习的齿轮箱油品质量预测模型和机器人运行数据实时评估油品质量，并以不同颜色标注油的品质量状态。绿色代表质量良好，黄色代表接近阈值，红色代表需要更换。机器人预测性维护平台齿轮箱润滑油质量界面如图 7-90 所示。

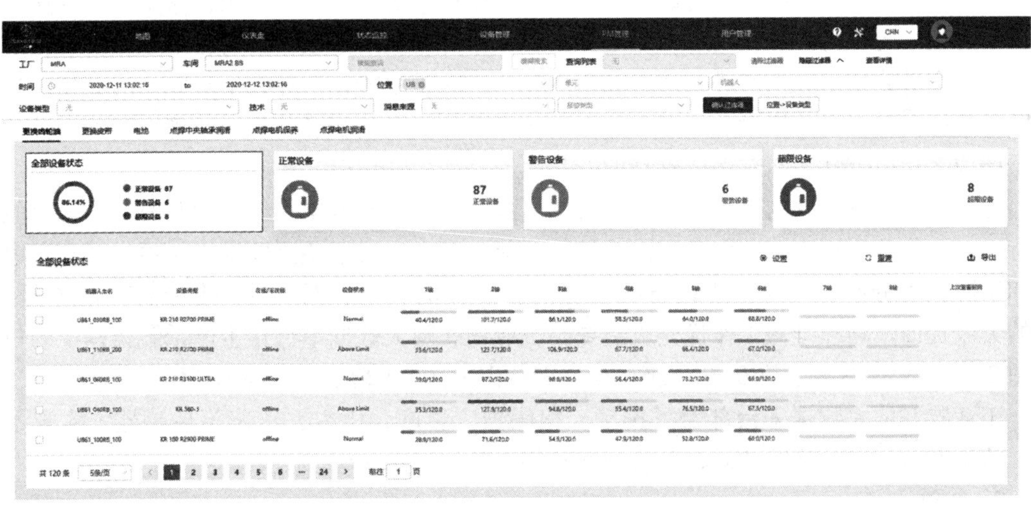

图 7-90　机器人预测性维护平台齿轮箱润滑油质量界面

7. 数据需求

表 7-11 所示为数据需求表。

表 7-11　数据需求表

设备	部件	故障模式	数据需求	监测手段
工业机器人	减速器	传动齿轮磨损	转速、电流、位置、转矩、温度	内置传感器
			机器人程序轨迹	机器人程序
		传动轴断裂	转速、电流、位置、转矩、温度	内置传感器
			机器人程序轨迹	机器人程序
		润滑油失效	转矩、电流、温度	内置传感器
			机器人运行时间	系统计时器
	伺服电动机	转子失磁/绕组故障	转速、电流、位置、转矩、温度	内置传感器
			机器人程序轨迹	机器人程序
		抱闸失效	转速、电流、位置、转矩、温度	内置传感器
			机器人程序轨迹	机器人程序
		轴承故障	转速、电流、位置、转矩、温度	内置传感器
			机器人程序轨迹	机器人程序
	关节、连接杆	磨损、断裂	转速、电流、位置、转矩、温度	内置传感器
			机器人程序轨迹	机器人程序
	电池	电池失效	电池电压	内置传感器
	控制系统	电气元件故障	系统诊断信息	系统信息

7.4.6　场景 6：点焊设备的预测性维护

1. 概述

点焊焊接设备作为汽车制造最常用的车身连接技术之一，广泛应用在汽车制造企业。点焊设备的正常运行对保障产线运行稳定性、保证车身产品质量至关重要。单台点焊设备发生故障可能会导致整条线生产停滞，影响生产任务，同时故障也会导致生产成本的提高，从而降低生产率。对点焊焊接设备开展预测性维护可以显著提高智能装备的经济性和可靠性，以及生产线运行稳定性，同时保证卓越的产品品质。

北京奔驰工业物联网大数据平台已实现点焊设备的实时数据采集、状态监控、项目验收支持、工艺优化、资产管理和预测性维护等功能。其中，对于预测性维护，通过结合专家经验和实时数据分析，实现点焊设备各主要部件（如电动机、汇流排、电极杆、修磨器等）等的失效提前预判和维修工作优先级指导。工业物联网大数据平台在生产系统架构中的位置如图 7-91 所示，覆盖了第 0~3 层级，生产架构图如图 7-92 所示。

工业物联网大数据平台部署了振动、编码器、温度、压力、转速等传感器，实现了传感、状态监测、故障诊断和剩余寿命预测功能，具体如图 7-93 所示。

2. 角色

本案例的实施模式以技术维护为中心，从而完善推广数据应用。IT 工程师维护平台稳定运行控制用户权限；技术维护工程师开发数据通信程序、保证设备连接率、开发数据展板、提供培训、建立预测模型、制定数据接入和使用规则；现场维护人员，根据展板或者模型信息，开展现场维护动作，闭环验证模型效果；质量、工艺、生产人员，根

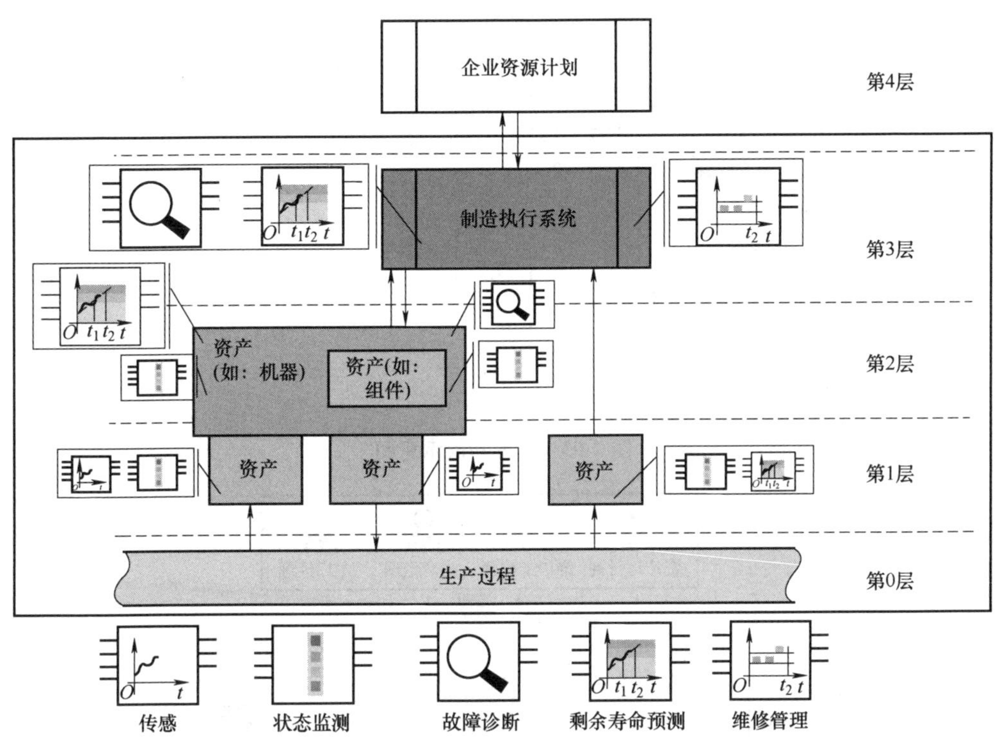

图 7-91　系统层级示意图

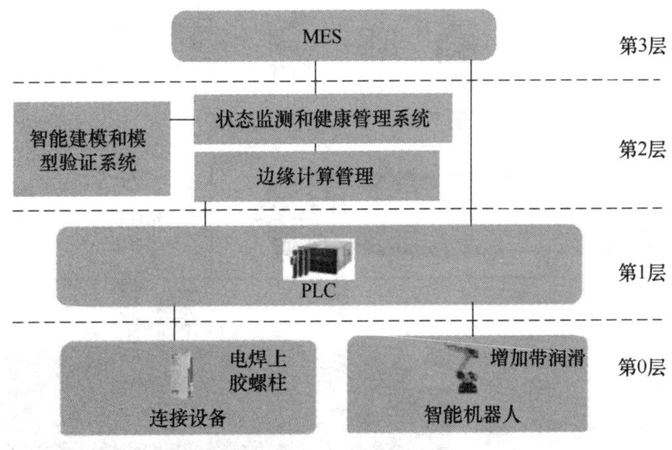

图 7-92　生产架构图

据定制规则及接受的培训，开发相关应用看板，以驱动更高的数据价值。图 7-94 为实施角色示意图。

3. 系统架构

点焊设备预测性维护平台架构示意图如图 7-95 所示。其中硬件主要包括现场设备（机器人、焊接设备、PLC 等）、大数据中心服务器等。软件主要包括 NodeRed 数据转送、ES 数据库、Kibana&Tableau 前端数据展示等。

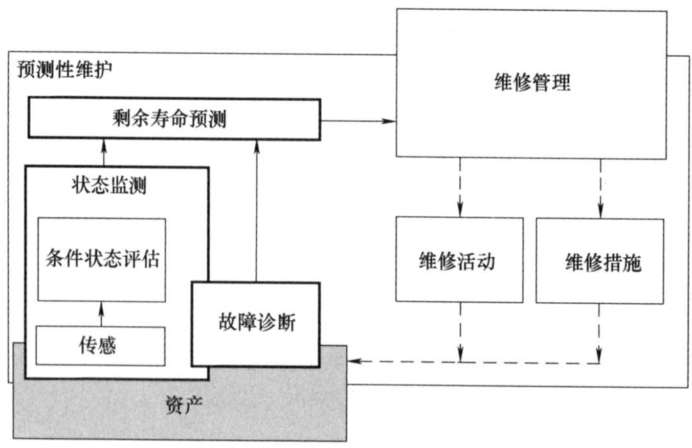

图 7-93　系统功能示意图

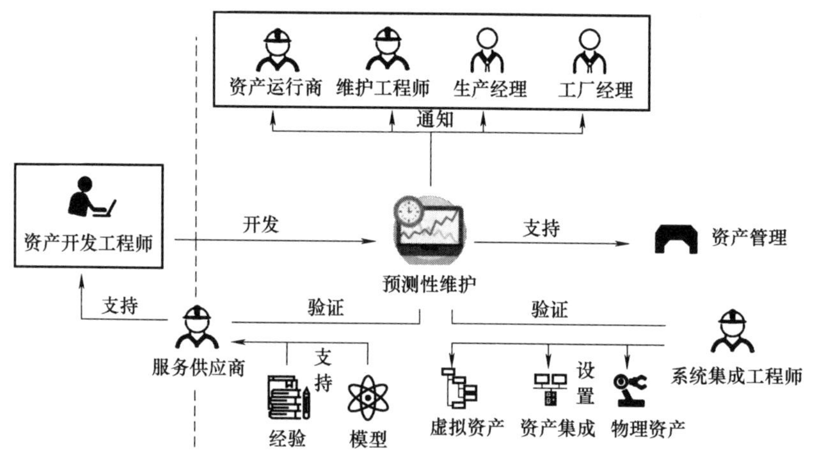

图 7-94　实施角色示意图

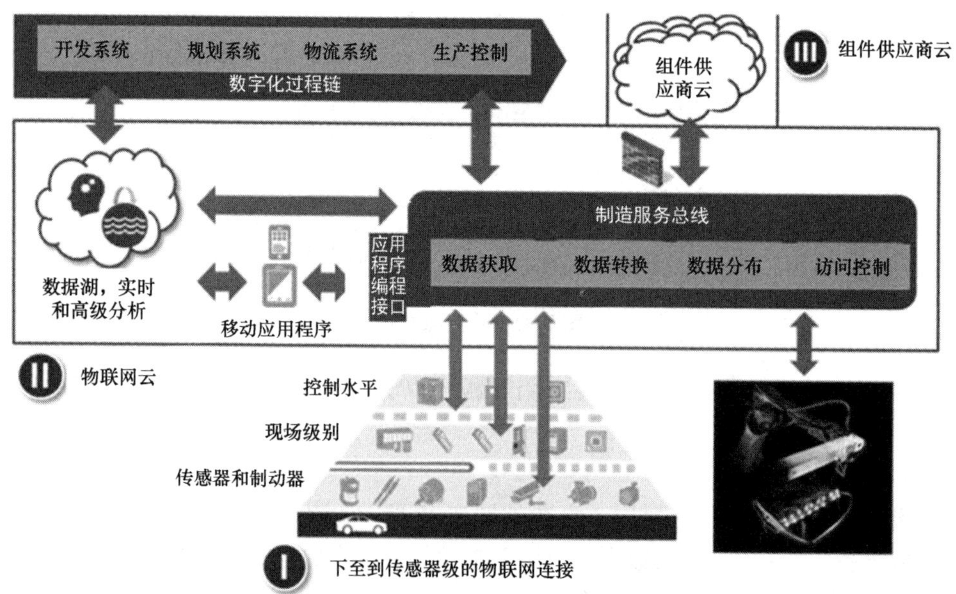

图 7-95　点焊设备预测性维护平台架构示意图

4. 功能和方法

点焊预测性维护平台将设备专家经验与设备设备实时日志数据相结合，以已有设备失效分析模型的输出作为基础，对设备日志进行分类模型分析，从而对点焊设备的各主要部件，包括焊枪电动机、汇流排、电极杆、修磨器、电压反馈线、焊控柜电池等进行预测，并给出维修优先级指导，其主要功能如下。

1）设备工作循环次数监控。

2）点焊电动机深度保养预警。

3）点焊汇流排损坏预测。

4）点焊电极杆磨损预测。

5）修磨器刀片及转速传感器故障诊断。

6）焊控柜电池电量预测。

7）焊控柜随机存取存储器（RAM）异常预测。

5. 技术亮点

点焊预测性维护平台的突出特点如下。

1）将基于失效模式和影响分析（FMEA）的设备分析失效模型（设备专家经验）与实时大数据分析相结合。

2）数据采集完整性和稳定性：高速度、大容量的数据传输和处理能力，高精度、低延时的控制性能，可扩展、易维护的使用特性，保证设备数据完整稳定采集。

3）灵活性和易扩展性：基于 NodeRed，用户可以个性化定义传输数据的类型、信息结构，实现信息融合，提高数据效率和应用的灵活性。

4）预测性维护工作优先级指导：通过排序给出工作优先级指导。

5）创建了预测模型验证方法和验证流程，并对每个条目进行准确性验证和优化。

6）创建了评价指标体系进行评价（优化中）。

7）开放性：平台开放，用户可快速上手进行自定义功能看板开发。

8）工作闭环：预测结果进入 easyiPro 形成工单，触发现场工作，并通过对 easyiPro 中的实际工作反馈数据进行分析，优化原模型，形成闭环。

6. 可视化

点焊预测性维护界面如图 7-96 所示，简洁清晰。上方的筛选和趋势区，可筛选车间和区域，查看整体趋势。功能区每个视图对应一个点焊设备部件的预测性维护，视图标题即为该部件的维修工序内容、标准工时和维修需生产线状态。视图主体是预测出的各设备位置并带有优先级排序，超过红色阈值线的设备需要进行预测性检修，将鼠标放在视图上将显示数据详情，易于现场工程师和管理人员查看。

同时，如对预测出点焊设备存疑或需要深度分析，可通过图 7-97 所示的焊接参数实时监控界面，查看该点焊设备的实时参数趋势，如焊接电流、焊接时间等。

7. 数据需求

表 7-12 所示为数据需求表。

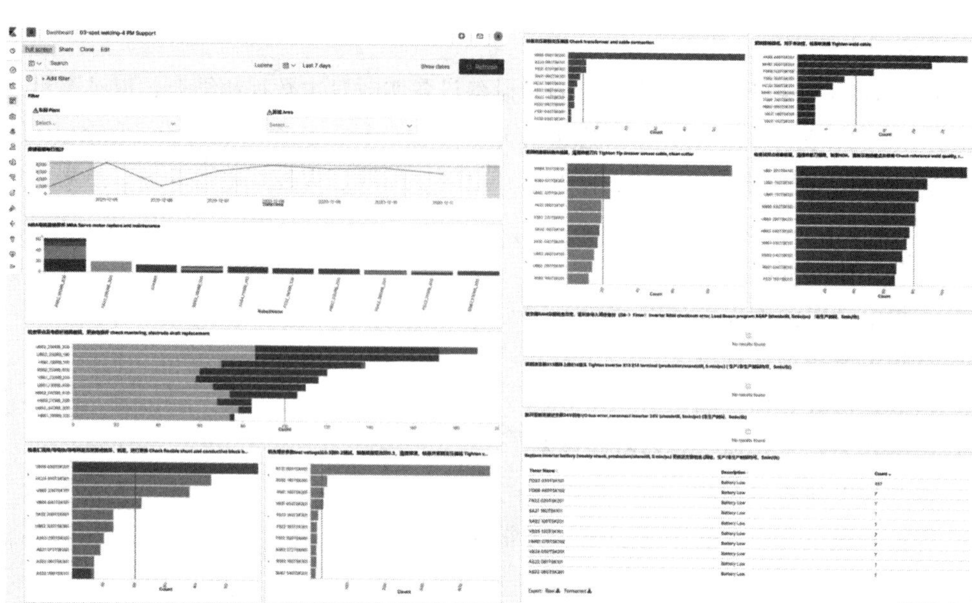

图 7-96　点焊预测性维护界面

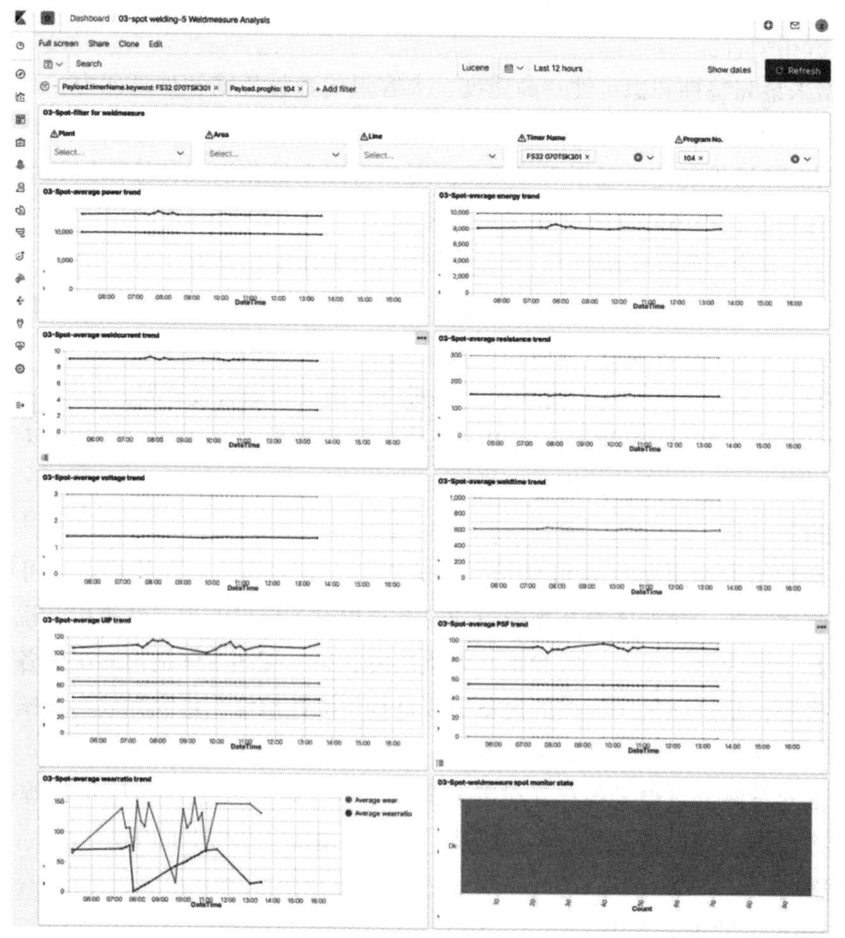

图 7-97　点焊设备焊接参数实时监控界面

表 7-12　数据需求表

设备	部件	故障模式	数据需求	监测手段
点焊设备	伺服电动机	电动机丝杠磨损	工作循环次数	机器人系统计数器
			电动机压力	内置压力传感器
			焊接电流、电压、时间	变压器内置传感器
		压力传感器失效	电动机压力	内置压力传感器
	汇流排	汇流排磨损、烧蚀	焊接电流、电压、时间	变压器内置传感器
	修模刀具	刀具磨损	修模刀转速	内置传感器
			使用次数	计数器
			焊接电流、电压、时间	变压器内置传感器
	电池	电池失效	电池电压	内置传感器
	电极杆	电极杆磨损	焊枪零点偏移值	机器人系统数据
			机器人报错信息	机器人报错信息
	焊控柜	RAM 异常	系统诊断信息	系统信息

7.4.7　场景 7：数控机床的状态监测与寿命预测

1. 概述

数控机床是一种柔性的、高效能的自动化机床，但在反复加工的过程中，一些关键部件容易产生损坏，如加工刀具。在引入工程总价值的逻辑后，为节约运营成本，对数控机床的刀具与旋转设备进行预测性维护，可实现整个车间的全生命周期成本（Life Cycle Cost，LCC）的降低，节约的成本可以用来扩大对未来的投入。

三菱在某机电设备生产公司的数控机床上导入了预测性维护系统，将系统搭载在三菱电动机的边缘计算设备上，就 NC 刀具与旋转设备展开预测性维护功能。本系统实现了系统架构中的状态监测、故障诊断与剩余寿命预测，如图 7-98 所示，覆盖了第 0~2 层级。

预测性维护的对象分数字控制（NC）刀具和旋转设备两处。对于 NC 刀具，主要通过将 NC 刀具管理从基于次数的管理（Time Base Management，TBM）过渡到基于状态管理（Condition Base Management，CBM），削减刀具更换费用。此外，对 NC 刀具的预测性维护还可以用于加工精度的偏差预测，追究偏差原因。对于旋转设备通过安装振动检测系统，可以检测到轴承的磨损情况，及时进行维护。

NC 刀具和旋转设备的预测性维护功能见表 7-13。

表 7-13　NC 刀具和旋转设备的预测性维护功能

功能		说明
1	加工 IoT 数据采集	预设加工条件的加工波形及数据进行自动采集
2	刀具磨损诊断（磨损预知）	根据主轴/传送轴上电动机负载的趋势诊断刀具的磨损状态（剩余寿命）
3	刀具磨损诊断（刀具缺损诊断）	检测加工工作量的下限偏差（=缺陷）并显示警报

（续）

功能		说明
4	加工精度诊断	通过分析 NC 加工后的工件尺寸与主轴电流值之间的相关性，可以预测加工过程中的尺寸并诊断加工精度
5	节拍改善支援	显示每个工具或加工程序的负载状态和工作负载，通过可视化帮助客户通过加工程序优化减少节拍
6	预防性维护	通过监视相同模型（工件）的相同加工过程中加工负荷变化和特征值的标准偏差的变化，诊断 NC 设备的健全性
7	旋转设备振动监测	通过安装振动检测，将振动数据实时上传到服务器，可以检测到轴承的磨损情况，只在发生报警时进行维护计划的制定，有效缩短了停机时间和维护成本
8	报警显示	显示由诊断结果生成的各种类型的警报及与系统异常相关的警报信息

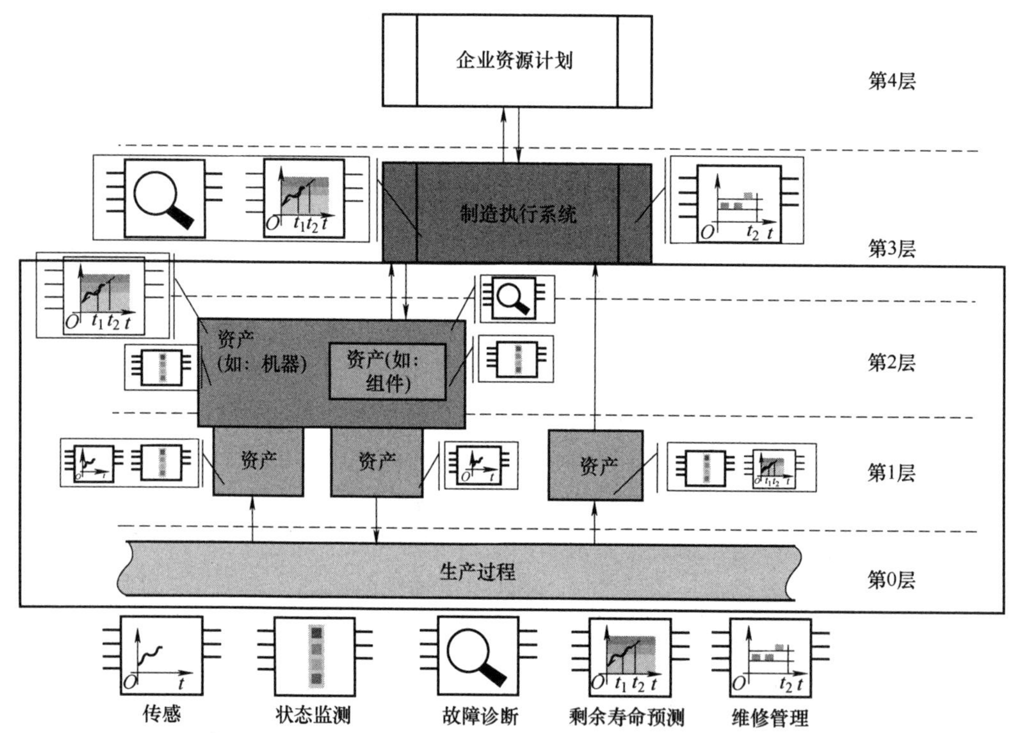

图 7-98　系统层级示意图

三菱电动机的预测性维护系统实现了数控机床的传感、状态监测、历史数据管理、故障诊断、剩余寿命预测和维修管理功能，具体如图 7-99 所示。

2. 角色

在本数控机床预测性维护案例中三菱电动机的角色为服务供应商，案例中的机电设备生产公司作为生产主体，其角色涵盖了资产运行商/维护工程师/生产经理/工厂经理。三菱电动机主要负责提供预测性维护软硬件设备、建设方案、数据/模型，如图 7-100 所示。

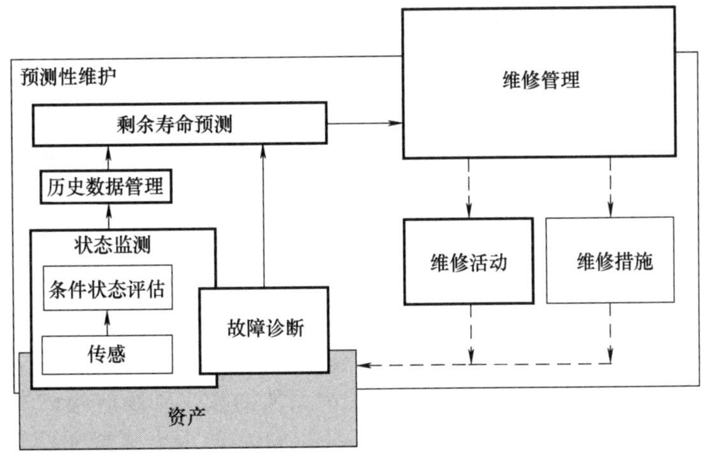

图 7-99　系统功能示意图

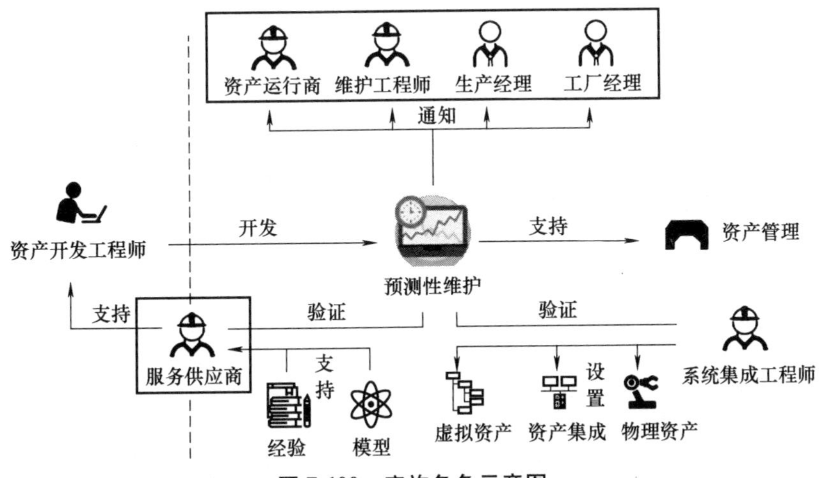

图 7-100　实施角色示意图

3. 系统架构

数控机床预测性维护的系统架构示意图如图 7-101 所示。NC 刀具与旋转设备部署振动、

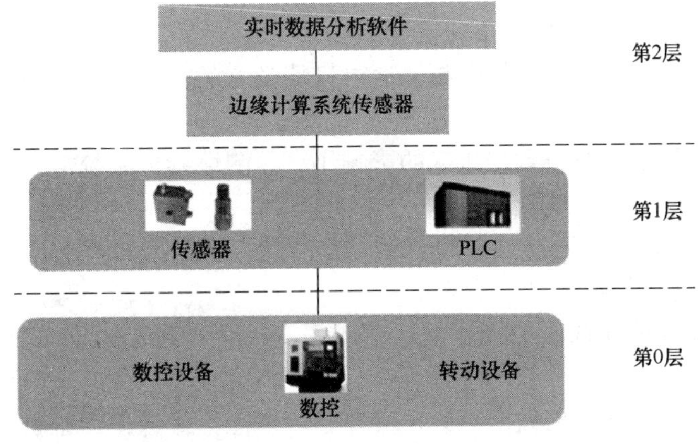

图 7-101　系统架构示意图

CT 等传感器，同步采集振动传感器信号和 PLC 信号，并反馈给第 2 层的实时数据分析软件。实现了边缘计算、状态监测与加工节拍改善等功能。

4. 功能和方法

数控机床预测性维护主要实现了关键部件的数据采集、状态监测、故障诊断和剩余寿命预测功能，其实现的功能主要有如下。

1）NC 刀具锋利度监测：通过电流数据、阈值判断等，实现对刀具的锋利度/状态的监测。

2）加工节拍与加工精度的改善：通过对传感器采集数据的分析，进行建模；运用刀具缺损诊断改善节拍；优化生产时间，提高生产率。

3）通过振动传感器检测旋转设备的振动频谱，从而减少轴承故障的发生，跟踪设备运行状态，查明损伤原因，实现预测性维护功能；图 7-102 所示为装置和设备振动数据，在振动解析中通过快速傅里叶变换（FFT）在振动解析中，将从装置和设备产生的振动数值化，掌握其状态。

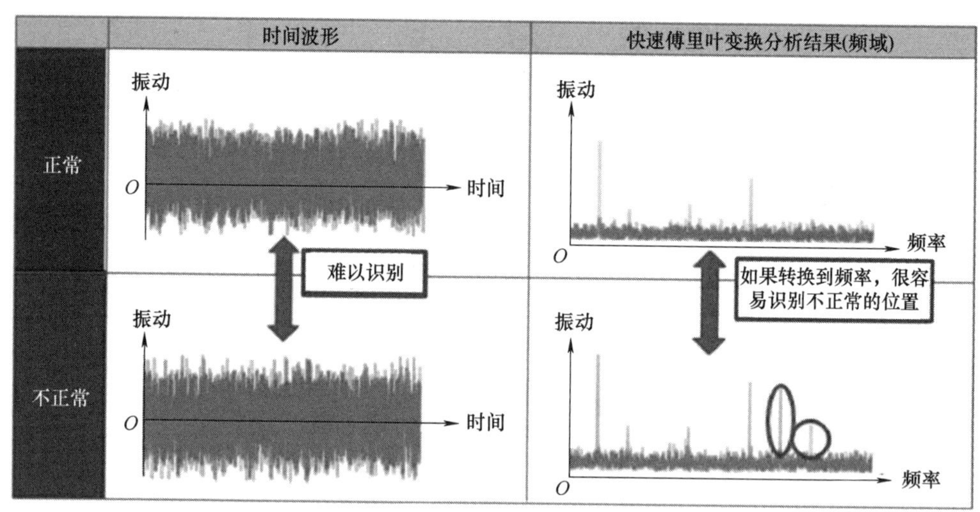

图 7-102　装置和设备振动数据

5. 技术亮点

数控机床预测性维护系统的突出特点如下。

1）利用边缘计算实现实时数据分析：通过机器学习的方式进行分析建模，实现预测性维护。

2）加装预测性维护系统对数控机床的影响小，预测性维护系统需要的数据只占总加工数据的 1%，对生产本身的影响较低。

3）由 TBM 转向 CBM：通过对不同产品的定制化，实现刀具维护时间的定量化，如告知用户刀具的剩余使用次数。

4）利用预测性维护降低数控机床的运营成本，从而实现工厂/车间减少全生命周期运营成本 LCC 的目的。

5）利用大数据对振动数据做出判断，实现了计划性且最合适的维护方式。削减了运营成本，提高设备利用率。

6. 可视化

图 7-103 所示为刀具诊断的可视化界面。其中实线是刀具的平均负荷，虚线是刀具的工作量，点画线是刀具的劣化预测。在点画线接近上方的阈值时，通知并协助操作人员更换刀具。

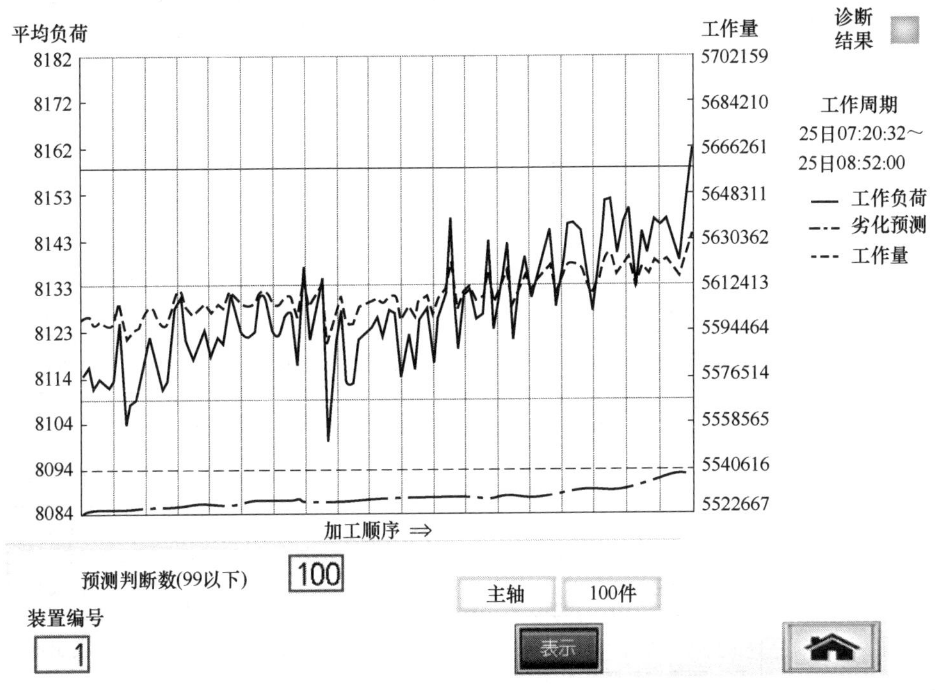

图 7-103　刀具诊断的可视化界面

图 7-104 所示为旋转设备振动监测的可视化界面。通过 FFT 解析，可以实现振动数据的可视化。通过对时间轴波形（原始波形）实施数字滤波器及包络线等加工处理后进行 FFT 解析，可以检出异常。

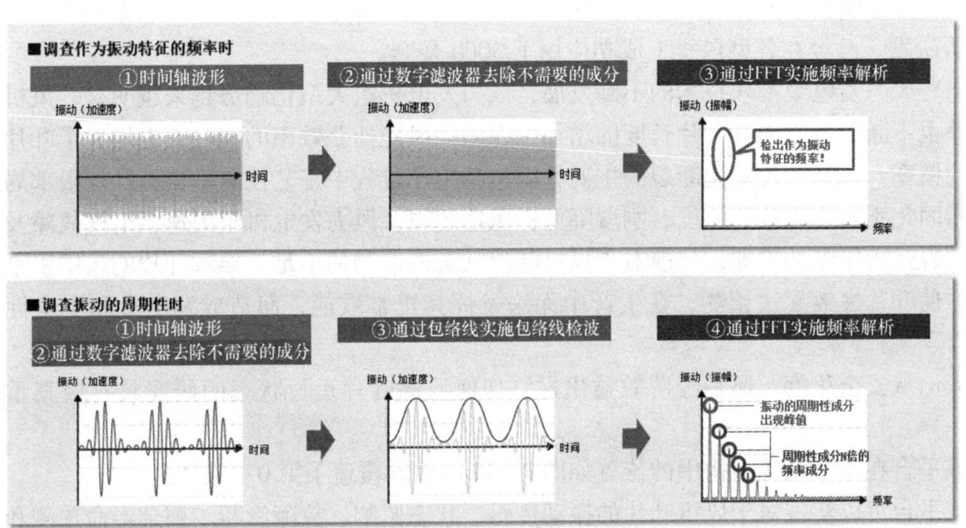

图 7-104　旋转设备振动监测的可视化界面

7. 数据需求

表 7-14 所示为数据需求表。

表 7-14 数据需求表

<table>
<tr><th>设备</th><th>部件</th><th>故障模式</th><th>数据需求</th><th>监测手段</th></tr>
<tr><td rowspan="14">数控机床</td><td rowspan="2">刀具</td><td rowspan="2">刀具磨损</td><td>主轴电流</td><td>传感器</td></tr>
<tr><td>使用次数</td><td>计数器</td></tr>
<tr><td rowspan="7">轴承</td><td rowspan="2">轴承故障</td><td>振动、温度</td><td>传感器</td></tr>
<tr><td>转速、负载</td><td>PLC</td></tr>
<tr><td>转子偏心</td><td>转速、电流、电压</td><td>PLC</td></tr>
<tr><td>定子绕组绝缘衰退</td><td>转速、电流、电压</td><td>PLC</td></tr>
<tr><td>转子失磁/绕组故障</td><td>转速、电流、电压</td><td>PLC</td></tr>
<tr><td rowspan="2">转子断条</td><td>振动</td><td>传感器</td></tr>
<tr><td>转速、电流</td><td>PLC</td></tr>
<tr><td rowspan="2">主轴</td><td>主轴弯曲</td><td>振动</td><td>传感器</td></tr>
<tr><td>主轴磨损</td><td>振动</td><td>传感器</td></tr>
<tr><td>丝杠</td><td>丝杠旋转距离</td><td>丝杠运行距离</td><td>计数器</td></tr>
</table>

7.4.8 场景 8：风机叶片的状态监测

1. 概述

风机叶片的状态监测系统 BLADEcontrol® 是由魏德米勒电联接公司（以下简称魏德米勒）所研发，已经在各型风机上成功应用了 3000 余套。

随着风力发电规模和技术的不断发展，风力发电机组大型化趋势越来越明显，风机叶片的尺寸也不断上升。随着叶片长度的增加，在增大风能捕获效率的同时，也增大了叶片断裂损坏的概率。通常叶片发生断裂的主要原因包括生产过程中工艺控制不良；叶片根部局部区域树脂固化不完全导致的强度、刚度降低；风速超限；风力发电机组失速；电气故障及雷击等。随着运行年限的增加，目前对于风机叶片状态的监测的不足，导致叶片的运维水平远远落后，使叶片失效无法预测，在生产中无法发挥其正常效能，而造成发电量和安全性能的损失。

无论从安全角度，还是经济效益出发，如何监测叶片运行状态的研究具有极其重要的意义。

该平台在生产系统架构中的位置如图 7-105 所示，覆盖了第 0~2 层级。

该平台可以实现对于风机叶片的振动传感、状态监测、故障诊断、剩余寿命预测和维修管理等功能，如图 7-106 所示。

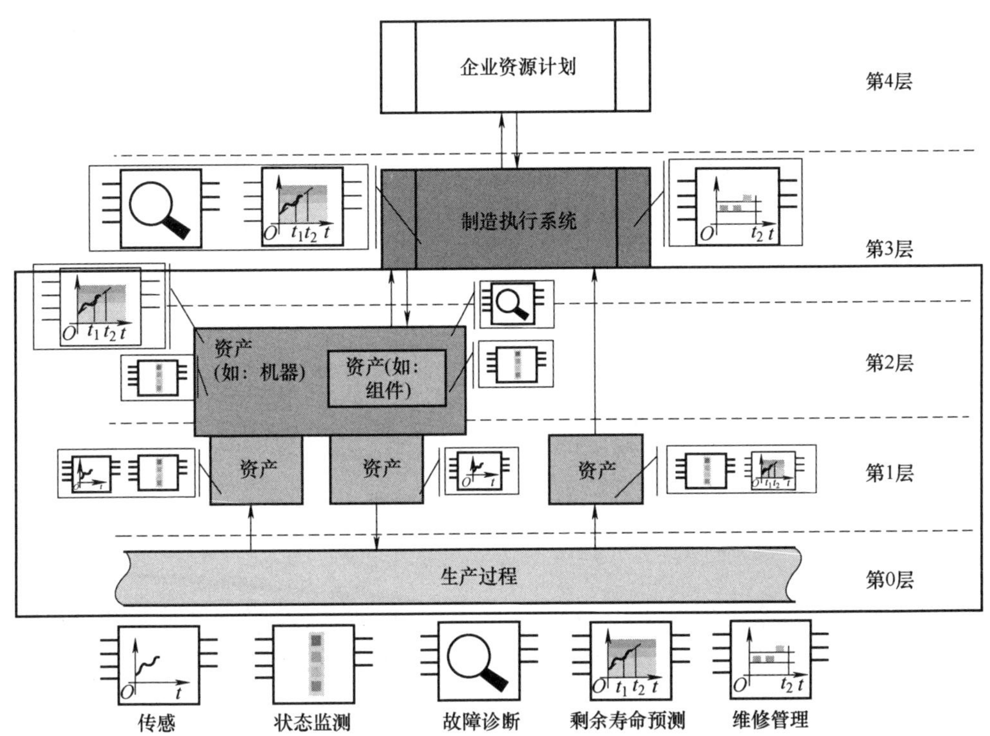

图 7-105　系统层级示意图

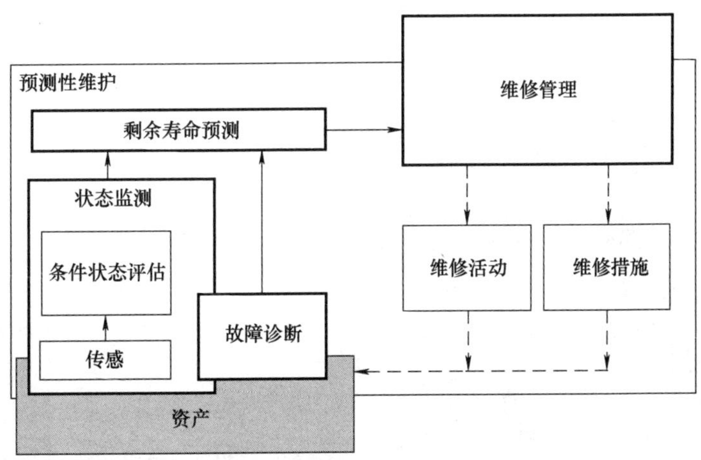

图 7-106　系统功能示意图

2. 角色

本案例的实施模式为魏德米勒与风机整机厂商合作应用预测性维护方案。在风机叶片的状态监测系统中进行预测性分析与维护，魏德米勒主要提供状态监测、实施方案和数据模型与算法支持；整机厂商的角色为系统集成工程师，主要负责将系统监测功能与风机的硬件和软件进行连接，以实现系统无缝集成。图 7-107 所示为实施角色示意图。

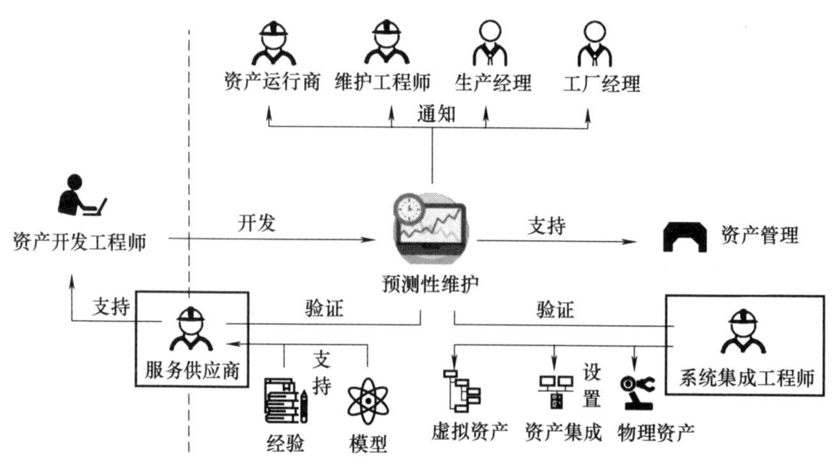

图 7-107　实施角色示意图

3. 系统架构

风机叶片状态监测系统的系统架构示意图如图 7-108 所示。其中硬件主要包括高精度加速度传感器、数据采集测量单元，机舱内的无线接入点和数据评估服务器等。软件主要包括状态监测与健康管理系统以及叶片状态异常的报警系统。

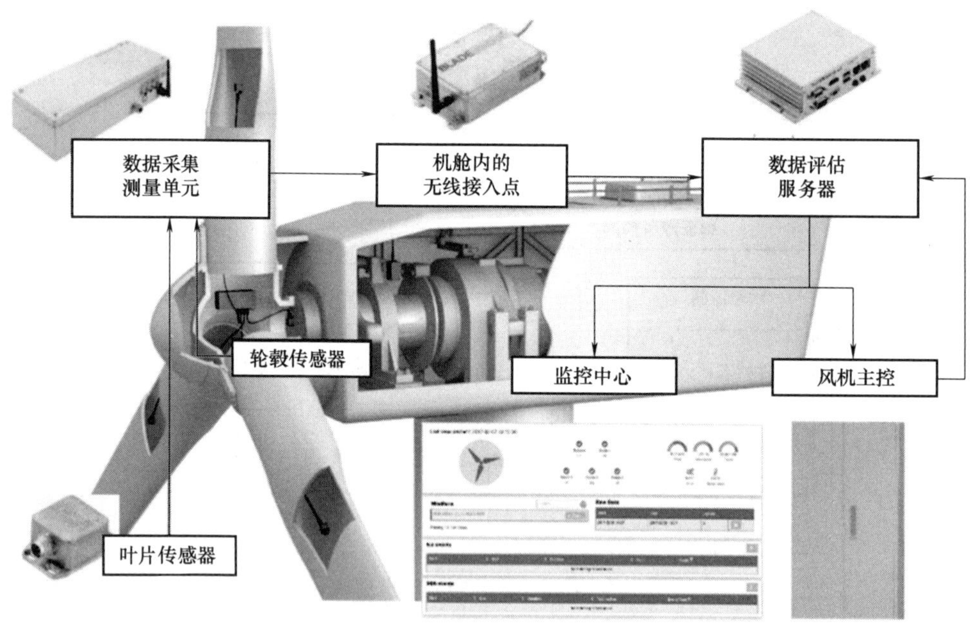

图 7-108　系统架构示意图

4. 功能和方法

叶片状态监测系统通过高精度的加速度传感器进行叶片摆振和挥舞方向振动信号的采集，再通过人工智能特定的算法和数据模型确定该叶片的固有频率模型。叶片振动模型建立后，叶片的在线状态监测系统进行实时采集、计算、分析，并对叶片发生的异常状态给出警告或报警信号。

通过该叶片状态监测系统，可以及时发现叶片的外部损伤、雷击损伤、内部结构损伤、动态不平衡等叶片本身出现的问题，同时可以精确检测到叶片在冬季的覆冰情况，做到精准起停机，增加生产效益，降低安全风险。

5. 技术亮点

风机叶片状态监测系统的突出特点如下。

1）异常状况的检测：基于每台设备日常运行状态的数据，可以第一时间发现风机叶片的异常状况。

2）异常状况的定位：异常状况发现后，可以快速定位故障点和故障原因，减少故障排查时间，缩小排查范围。

3）预测性维护：故障可以提前预测，所以计划外的停机可以被避免，从而大幅提升风机设备的可用性。

4）可预测的质量管控：持续地监控风机叶片的质量及其质量偏差趋势，避免大量的产品测试工作，同时减少原物料的浪费，便于预测叶片的库存管理。

5）能源分析：持续地对于风机的发电状态进行监控，给出优化建议，通过减少负载波动、避免负载不平衡以降低成本，同时，预测性维护可大幅提升风机及叶片的预期寿命，从而进一步降低用电成本。

6. 可视化

软件一级界面使用清晰简便的图例表示各传感器在叶片上的安装位置和方向，当系统报警发生时，可以清晰方便地看到产生故障的叶片和报警信息，从而便于查看和分析；风机叶片状态监测系统平台界面如图 7-109 所示。

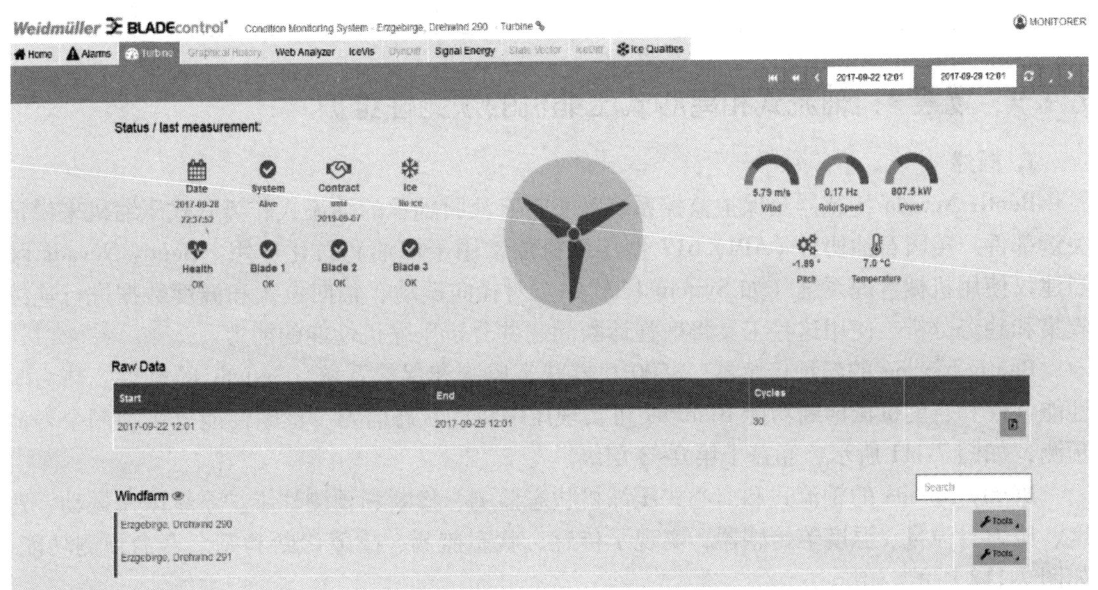

图 7-109　风机叶片状态监测系统平台界面

叶片状态监测与分析软件，拥有友好的人机交互平台界面、强大的分析诊断能力和专家功能，安装于风电场现场服务器。主要包括监测模块、风机状态数据库。后台数据管理模块需不间断地接收和保存各机组各测点的状态信号（振动数据、机组工况数据等）、统计量等信息，包括所有振动测点特征值、时域波形等数据，方便用户随时调用任何时刻的测试数据以进行图谱分析。风机叶片状态监测系统平台数据界面如图 7-110 所示。

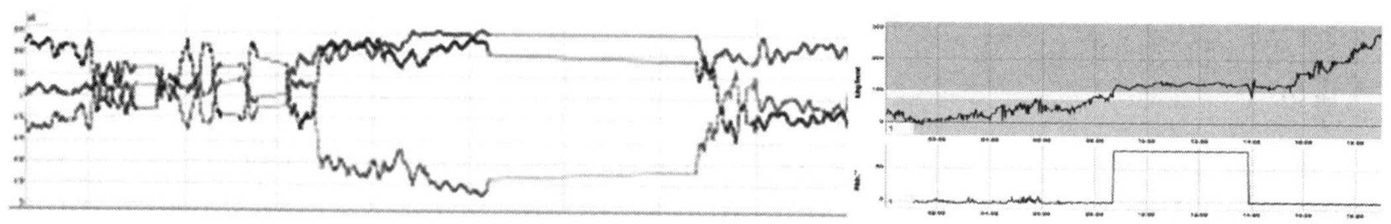

图 7-110　风机叶片状态监测系统平台数据界面

7. 数据需求

表 7-15 所示为数据需求表。

表 7-15　数据需求表

设备	部件	故障模式	数据需求	监测手段
风力发电机组	风机叶片	叶片结冰	频率、温度、功率、风速、桨距角	振动加速度传感器
		叶片蒙皮开裂	频率、温度、功率、风速、桨距角	振动加速度传感器
		叶尖被雷击伤	频率、温度、功率、风速、桨距角	振动加速度传感器
		叶片内部结构损坏	频率、温度、功率、风速、桨距角	振动加速度传感器
		叶片分层	频率、温度、功率、风速、桨距角	振动加速度传感器

7.4.9　场景 9：轴流式和离心式压缩机的预测性维护

1. 概述

Bently Nevada 传感器及保护监控系统对于带有液膜轴承的轴流式和离心式压缩机来说是关键部件。美国石油协会（API）617 型压缩机通常用于炼油和石化应用。Bently Nevada 强烈建议使用机械管理系统（如 System 1* 软件）对径向振动、轴向位置和温度数据进行连续收集和趋势分析。使用这些工具将增强诊断问题并分析压缩机性能的能力。

Bently Nevada 的各种传感器、3500 机器状态监测和保护系统、System 1* 软件、热力学性能软件和自动机械诊断功能 RulePak 可实现压缩机的状态监测、诊断性能分析和剩余寿命预测，如图 7-111 所示，涵盖了第 0~3 层级。

Bently Nevada 的轴流式和离心式压缩机状态监测、诊断和预测性维护系统采用振动、速度、压力、流量、温度等传感器，实现了传感、状态监测、故障诊断和剩余寿命预测功能，如图 7-112 所示。

2. 角色

Bently Nevada 是本系统的服务供应商，其提供预测性维护 HW/SW、架构、数据/建模

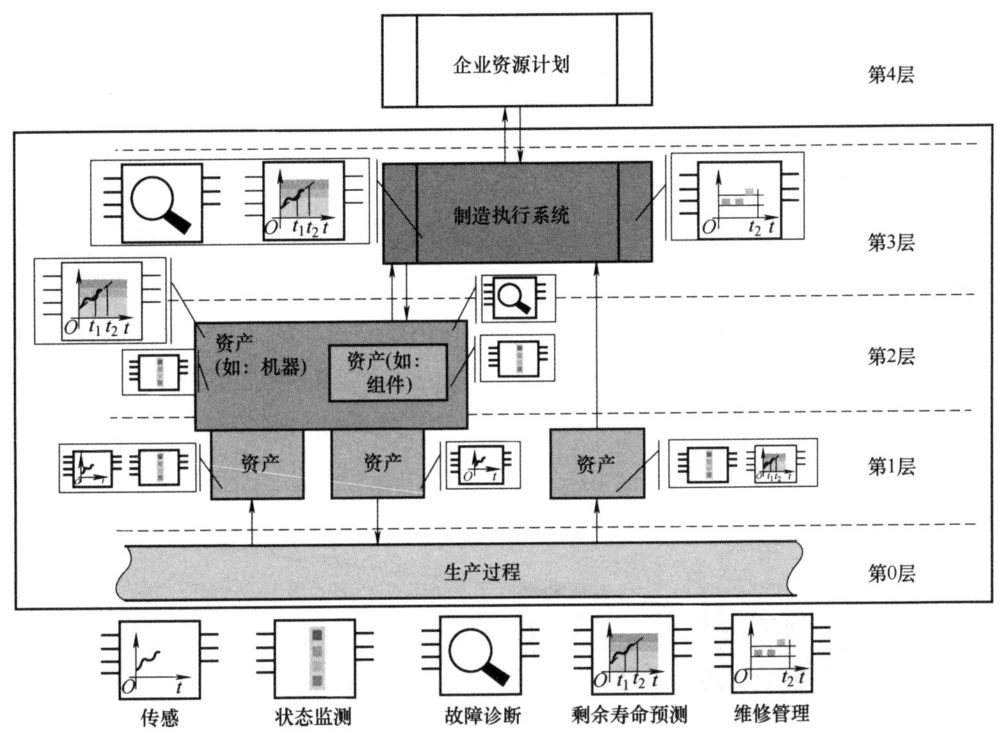

图 7-111　系统层级示意图

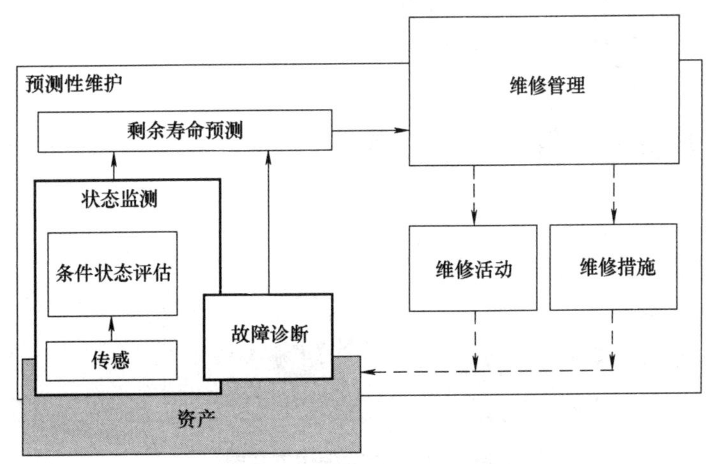

图 7-112　系统功能示意图

和系统集成等服务，将预测性维护功能与 HW/SW 连接起来以实现系统集成。图 7-113 所示为实施角色示意图。

3. 系统架构

本系统架构示意图如图 7-114 所示。

利用振动、速度、压力、流量、温度传感器实现状态监测、边缘计算、建模、性能分析、健康管理等功能。

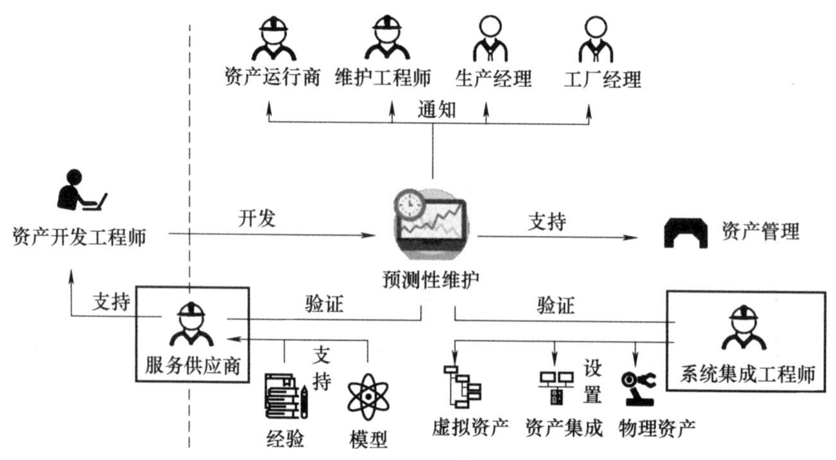

图 7-113　实施角色示意图

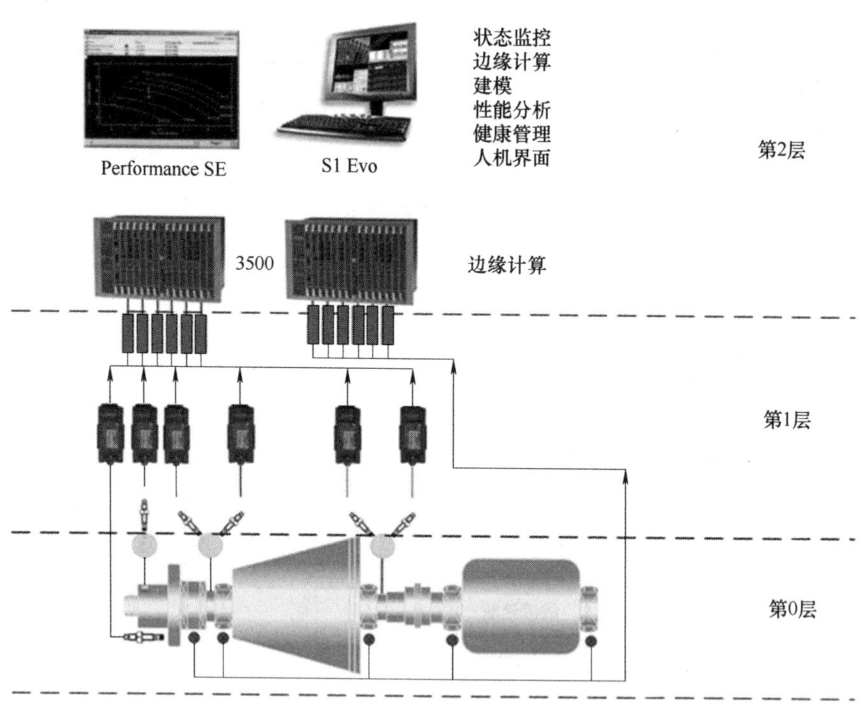

图 7-114　系统架构示意图

4. 功能和方法

Bently Nevada 的轴流式和离心式压缩机状态监测、诊断和预测性维护系统主要实现的功能如下。

1）物联管理与边缘计算管理：实现边缘端数据采集与分析功能，包括设备状态、趋势分析、硬件管理、报警管理、系统管理等。

2）大数据服务与云平台管理：主要实现预测性维护算法模型运行环境搭建、数据中心数据的分析和处理，包括流程管理、模型管理、设备管理、接入服务、数据服务、系统管理等模块。

3）性能分析：为了提高整体生产能力，通过优化维护活动控制成本，改进诊断和决策，并进行自动化数据分析和建议，从而提供快速简便的诊断。

4）建模和资产健康评估：Rulepak 在机械管理系统内可实现压缩机故障模式识别和异常检测功能，并能够提供持续的资产健康预测。

5. 技术亮点

Bently Nevada 的轴流式和离心式压缩机状态监测、诊断和预测性维护系统突出特点如下。

1）从 3500 机器状态监测和保护系统中可获取可靠的数据。

2）对压缩机喘振、压缩机失速、不平衡、静电放电、错位、摩擦等进行准确的故障诊断。

3）System 1* 软件使工厂人员能够快速识别重要事件、评估情况并做出响应，从而提高资产的可用性、增强机器的可靠性并降低维护成本。

4）PERFORMANCE SE 软件提供的在线、实时连续计算机械性能参数有助于：提高整体生产能力，通过优化维护活动控制成本，改进诊断和决策，并进行自动化数据分析和建议，从而提供快速简便的燃烧问题诊断。

5）预配置的诊断 Rulepak 使机械管理系统内的压缩机故障模式和异常检测过程自动化，实时分析可为用户提供持续的资产健康反馈。

6. 可视化

Bently Nevada 的轴流式和离心式压缩机状态监测、诊断和预测性维护系统可以准确诊断压缩机喘振、压缩机失速、不平衡、静电放电、错位、摩擦等故障。图 7-115 和图 7-116 所示为压缩机失速的系统界面。

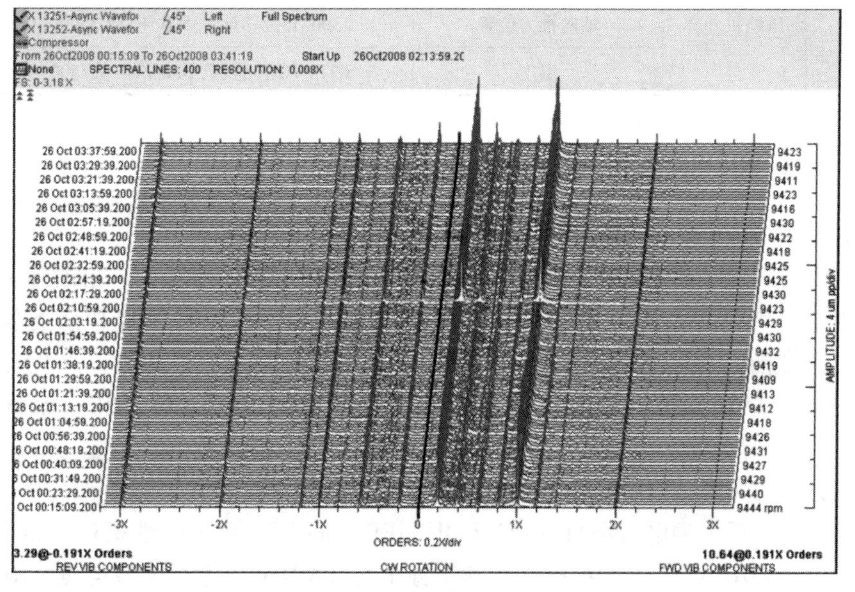

图 7-115　大约 0.2×的次同步分量和伴随的轨道/时基图，由静止通道中的失速而引起

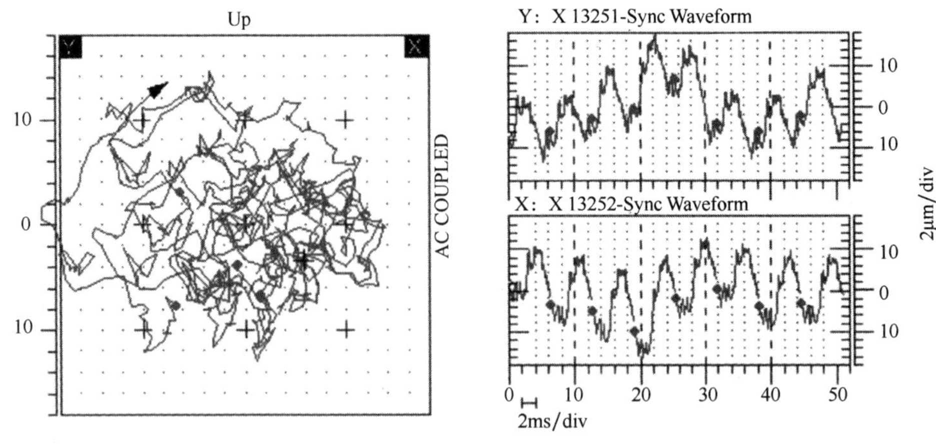

图 7-116 固定通道（扩散器）失速的全尺寸样本轨道

7. 数据需求

表 7-16 所示为数据需求表。

表 7-16 数据需求表

位置	故障类型	数据类型	参数值
轴流式和离心式压缩机	压缩机内部	键相位	3300XL，3500/25 监测器
		径向振动	3300XL 位移计，3500/40 或 3500///42 监测器
		轴向推力位置	3300XL 位移计，3500/40 或/42 监测器
		温度	RTD/TC 传感器，3500/60 或 3500//61 监测器
	压缩机外部	径向振动	3300XL 位移计，3500/40 或 3500//42 监测器
		轴向推力位置	3300XL 位移计，3500/40 或 3500///42 监测器
		温度	RTD/TC 传感器，3500/60 或 3500//61 监测器

7.4.10 场景 10：超临界大型电力机组的预测性维护

1. 概述

塔塔电力公司（Tata Power）是印度最大的综合性电力公司之一，在国际上具有重要影响力。塔塔电力公司实施了集团范围的监控和诊断程序，以持续监控所有发电厂设备的运行状况和性能，并将其数据转换为实时监测，用于主动维护和更高效的运营，通过对设备问题进行早期预警，从而防止计划外停机和被迫停机。监控和诊断程序方案如图 7-117 所示。

塔塔电力公司选择 AVEVA PRiSM 预测性资产分析软件作为其远程监视和诊断中心的关键工具，为其超临界大型电力项目（CGPL-MUMPP）的 PRiSM 预测性资产分析设定了三个阶段，第一阶段利用 AVEVA 的维护诊断和服务中心（MDSC）进行模型构建，调整和培训，第二阶段将覆盖蒙德拉（Mundra）的另外三个单元和 Trombay 的两个单元。

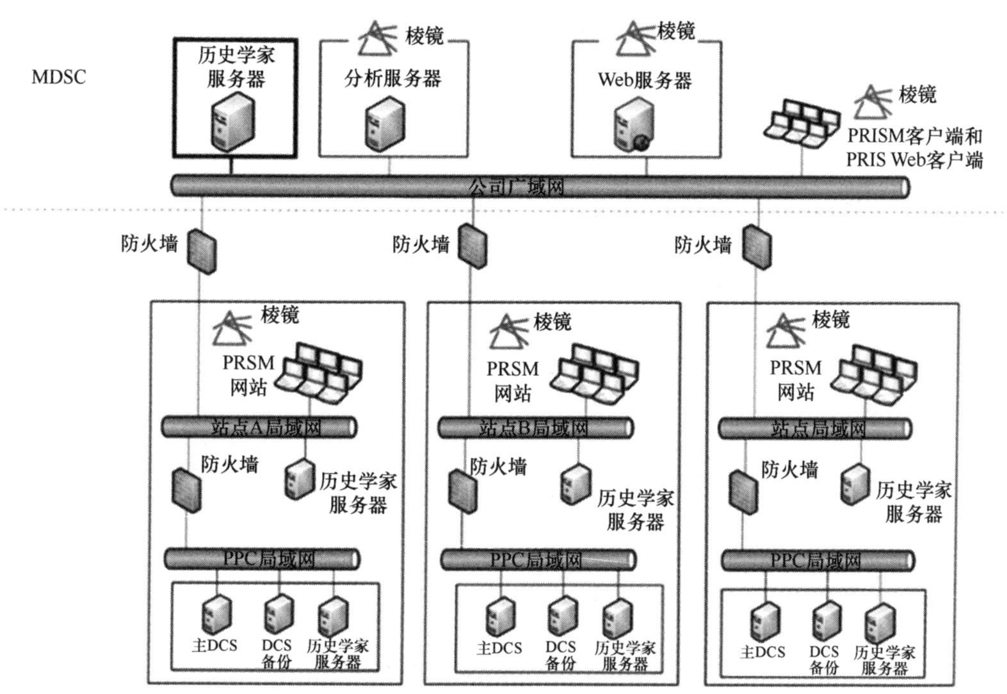

图 7-117　监控和诊断程序方案

超临界大型机组预测性维护项目，搭建了软硬件系统实现对临界大型机组的预测性维护。该项目实现了系统架构中的状态监测、故障诊断和剩余寿命预测，如图 7-118 所示，覆盖了第 0~2 层级。

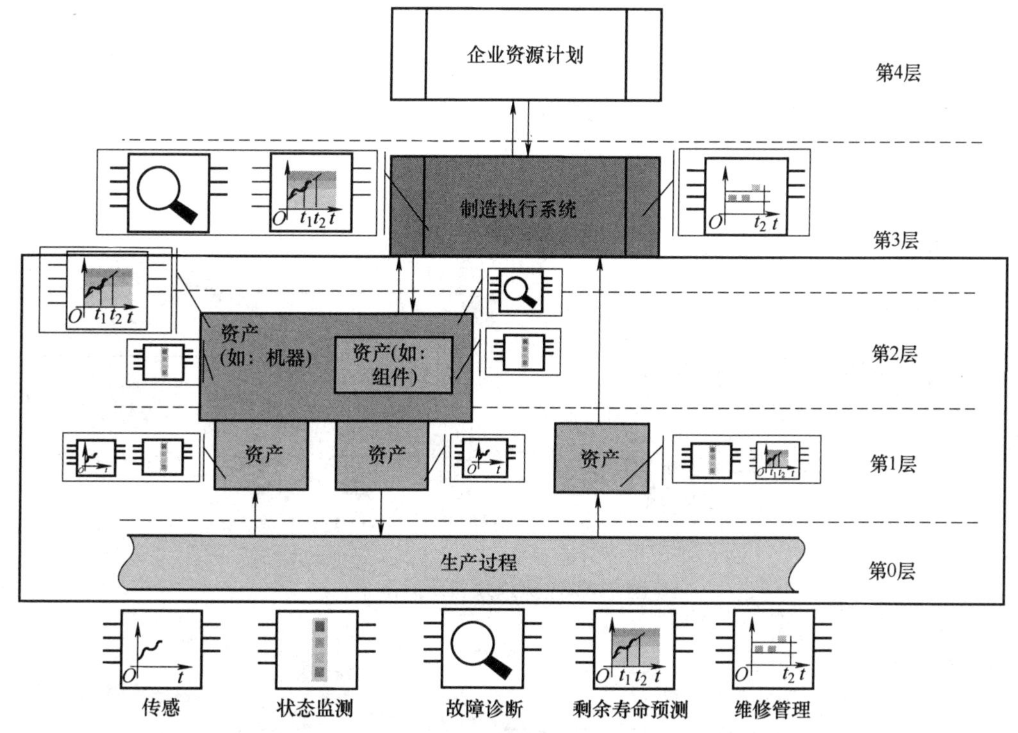

图 7-118　系统层级示意图

超临界大型机组预测性维护系统实现了超临界大型机组的传感、状态监测、故障诊断和剩余寿命预测功能，具体如图 7-119 所示。

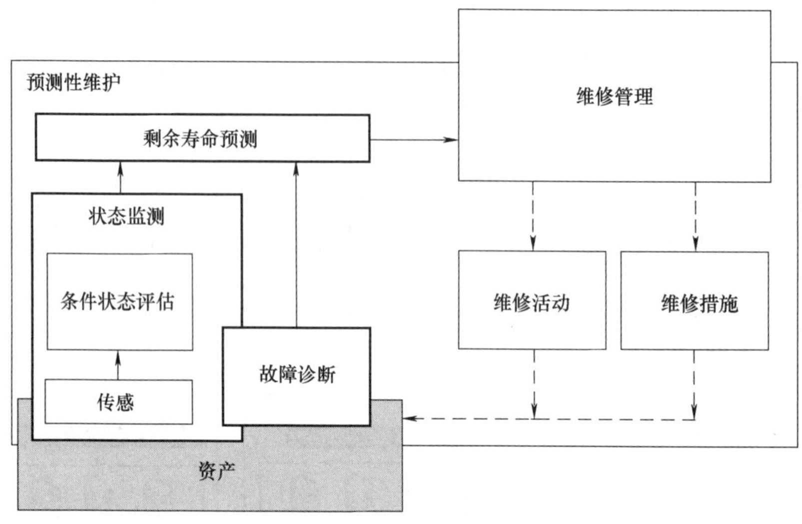

图 7-119　系统功能示意图

2. 角色

在超临界大型机组预测性维护系统搭建中，AVEVA 公司的角色为服务供应商和系统集成工程师，主要负责提供预测性维护技术、系统建设方案、系统集成和数据/模型支持。图 7-120 所示为实施角色示意图。

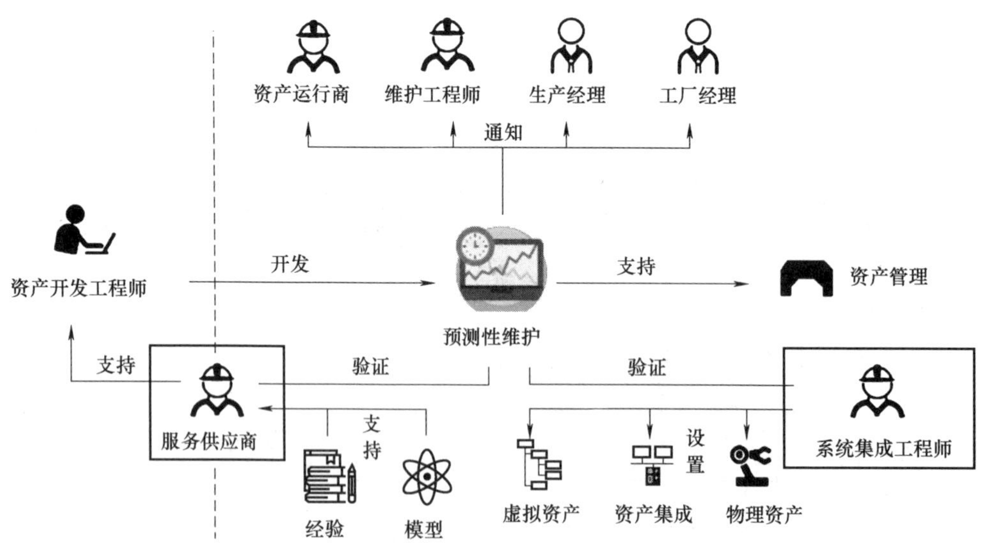

图 7-120　实施角色示意图

3. 系统架构

系统架构示意图如图 7-121 所示。

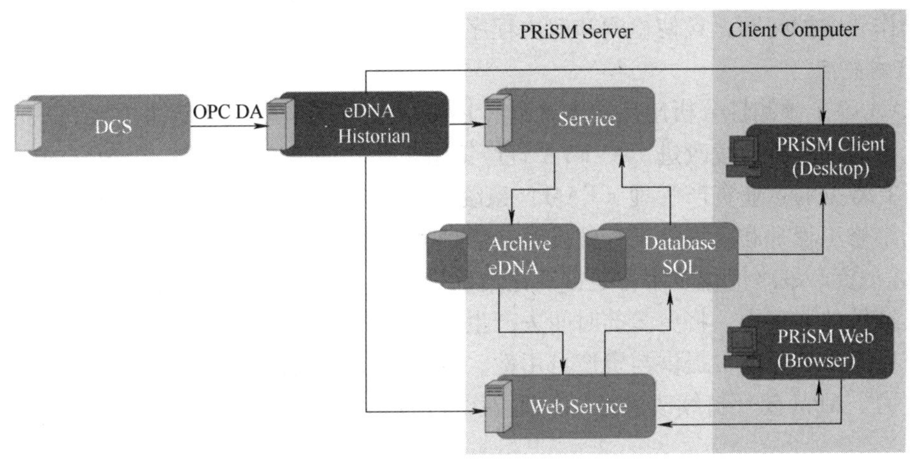

图 7-121　系统架构示意图

1）PRiSM Service——处理 PRiSM 分析模型。

2）PRiSM Archive eDNA——PRiSM 内置高性能的实时数据库，存储从市场战略的利润影响（PIMS）数据源传递来的传感器相关数据和 PRiSM 计算模块的计算数据。

3）PRiSM Database SQL 数据库——模型数据库，存储所有的模型配置属性、报警记录、训练数据集等。

4）PRiSM Web Service——先进的基于 Web 的应用程序，允许用户与之交互并分析 PRiSM 的结果。

5）PRiSM Client 客户端软件——用于软件配置和管理的客户端程序。PRiSM 客户端是用于建立模型和部署模型的应用程序。

6）PRiSM Web 客户端——借助于网络浏览器，进行监视设备报警、浏览报警信息、分析数据等操作。

4. 功能和方法

AVEVA PRiSM 功能概述：

1）在线设备状态监控。

2）基于先进的模式识别技术。

3）专注于资产健康监控的解决方案。

4）基于数据驱动的模型。

5）对即将发生的设备问题或故障的预警监测。

6）先进的问题分析与诊断能力。

系统采用 AVEVA PRiSM 预测性资产分析解决方案监控了全集团的关键资产，并持续改善维护计划：

1）AVEVA PRiSM 使人员可以减少花费在手动收集和分析数据上的时间，从而使工程师和专家可以执行更高价值的任务，并为主动性创造更多时间。

2）AVEVA PRiSM 预测性资产分析已配置可以在适当的时间将警报和相关报告发送给适当的人员，从而在决策之前能够使各个利益相关者之间共享信息。

3）AVEVA PRiSM 预测性资产分析还为塔塔电力公司配备了知识捕获功能，这有助于及时发现操作和维护问题，且使检测和解决程序标准化。

5. 技术亮点

AVEVA 除了预测性分析解决方案之外，还提供了资产策略优化解决方案，从而实现对资产全生命周期管理持续改进。AVEVA 资产策略优化软件解决方案是一个独立的应用程序，它具有所有常见的企业资产管理（EAM）系统的接口。它是一个强大的和全面的支持工具，能够帮助维修工程师和可靠性工程师设计、管理和优化维修策略。

AVEVA 资产策略优化使用智能自动化精确生产（APM）技术，以更少的努力，便可提高对运营绩效的洞察力，将更多的时间去产生价值。该软件使用户能够创建和分析不同资产管理策略所产生的影响，提供与资产可用性、生产力和盈利能力相关的后果、结果和利益的清晰洞察力。APM 闭环持续改进循环如图 7-122 所示。

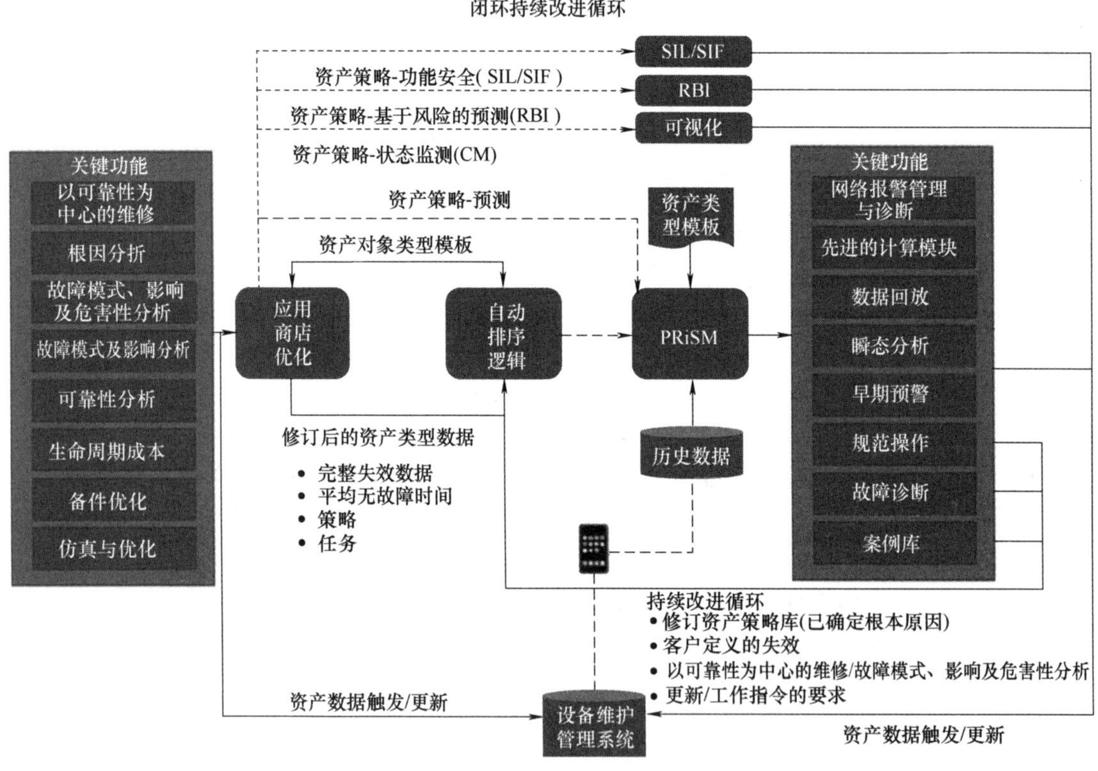

图 7-122　APM 闭环持续改进循环

6. 可视化

系统在第一阶段部署了 300 多个模型，它们为机械故障、性能偏差和瞬变提供了定期的监视和诊断。界面如图 7-123 和图 7-124 所示。

7. 数据需求

表 7-17 所示为数据需求表。

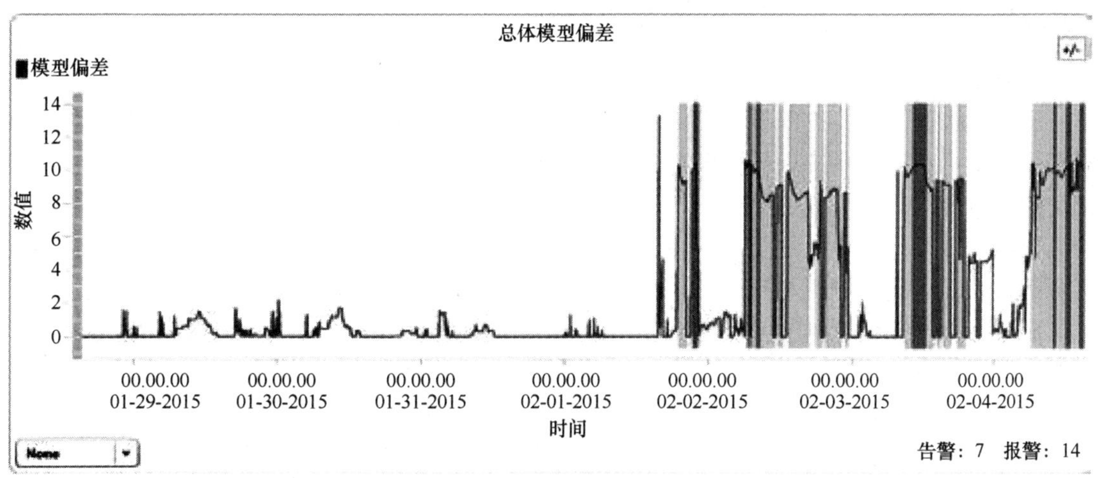

图 7-123　总体模型偏差界面

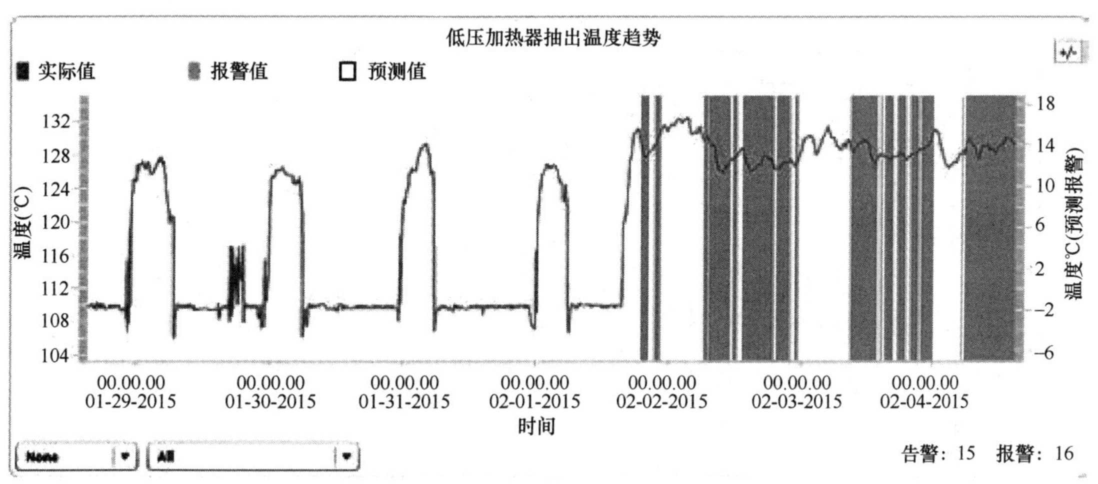

图 7-124　低压加热器抽出温度趋势界面

表 7-17　数据需求表

设备	部件	故障模式	数据需求	监测手段
电力机组	锅炉	过热、堵塞、泄漏、结焦	气压、气温、流量、负荷、液位、压力	传感器
	汽轮机	机械故障	振动、位移、转速、温度、负荷、润滑油温度/压力	传感器
		热力故障	温度、压力、流量	传感器
	发电机	机械故障	振动、位移、转速、温度、负荷、润滑油温度/压力	传感器
		电气故障	电压、电流、相位、振动	传感器

7.4.11 场景 11：压缩机的预测性维护

1. 概述

压缩机作为流程工业的重要设备，在日常的运行、维护过程中，通常对异常或故障的响应多依赖于机组监控系统中预先设置的连锁控制机制。在防止重大故障的同时，往往伴随着机组的紧急停车，所造成的生产中断的经济损失不可忽视的。另外，常规监控系统中各测点的高低限设置和连锁机制的配置等高度依赖于设备厂商和用户运营的经验，缺乏对机组现场实际运行状况变化的分析与预测。

施耐德电气预测性维护系统 PRiSM 作为系统平台中实现预测性分析的功能模块，可以分析设备运行参数间的关联关系，建立压缩机正常运行状态模型，预测其劣化趋势，从而实现压缩机早期故障预警，并结合系统中建立的诊断规则库进行故障分析。

预测性维护作为系统平台中功能模块的位置如图 7-125 所示，覆盖了第 0~3 层级。

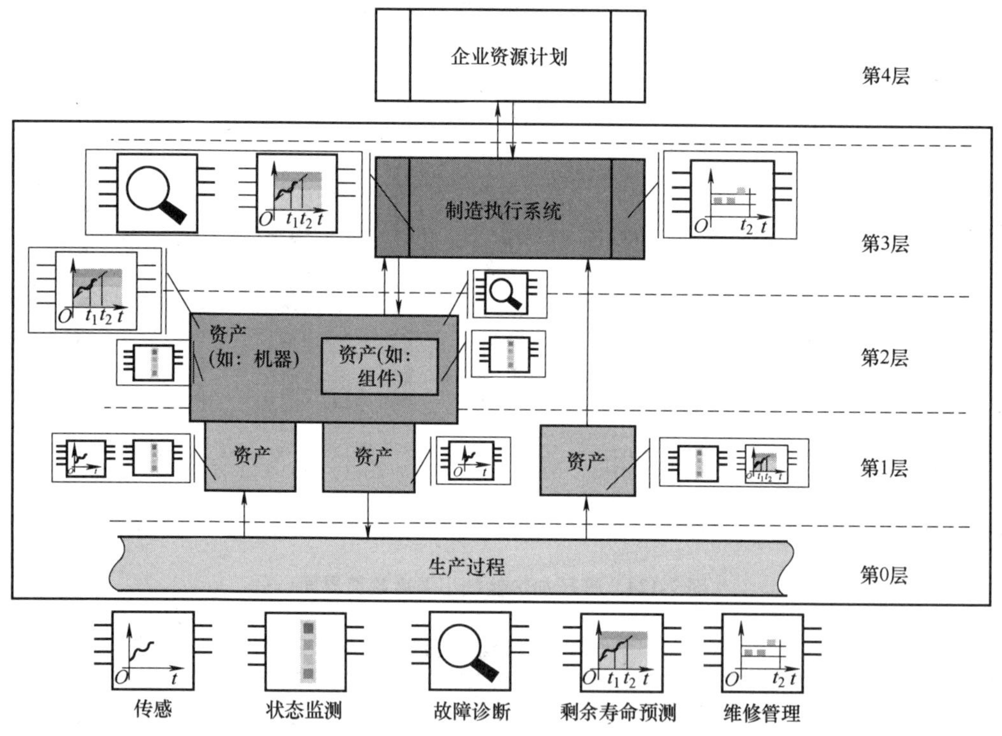

图 7-125 系统层级示意图

预测性维护系统 PRiSM 支持与多种实时数据库 eDNA、PI、Wonderware Historian、IP. 21 的标准连接，并提供 OPC UA、ODBC、SQL 等数据接口，因此能非常方便地从用户现有的设备远程运维中心系统平台获取压缩机轴振、壳振、位移、转速、温度、压力等数据，以及辅助系统各测点的实时运行数据，高效利用了现有的测点资源，避免重复进行传感器、传输链路等硬件投资。

预测性维护系统 PRiSM 接入现有的实时数据库后，借助机器学习算法建立预测性分析模型，可实时监测压缩机实际运行状态与模型预测结果之间的偏差，内置的报警响应管理工具打通了发现设备异常，诊断设备故障，跟踪响应措施的维修流程，实现了压缩机健康状态评估、早期故障预警、故障识别与原因分析、报警和案例管理等功能，各功能之间关联关系如图 7-126 所示。

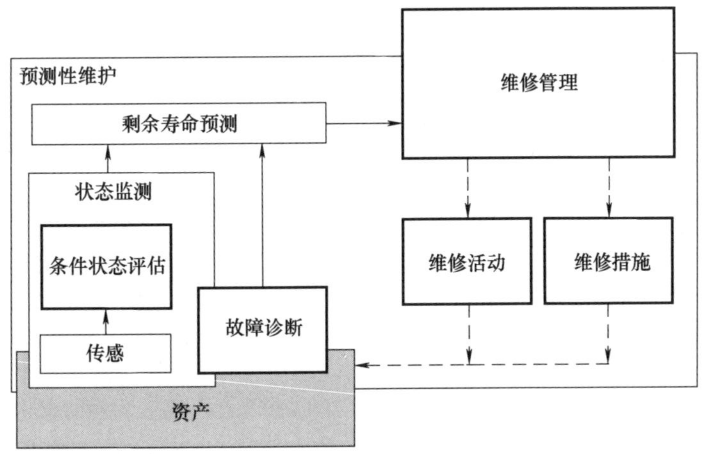

图 7-126　系统功能示意图

2. 角色

预测性维护技术的应用模式能适应项目实施不同阶段的需求。在压缩机预测性维护系统建设中施耐德电气的角色为服务供应商，主要提供预测性维护软件、建设方案、数据接入、模板和模型、培训等服务。用户作为资产运行商，在系统建设中辅助服务供应商建立压缩机模型并接受培训，在系统上线后负责优化模型、监视报警并响应、开发其他类型设备模型等日常工作。系统实施角色示意图如图 7-127 所示。

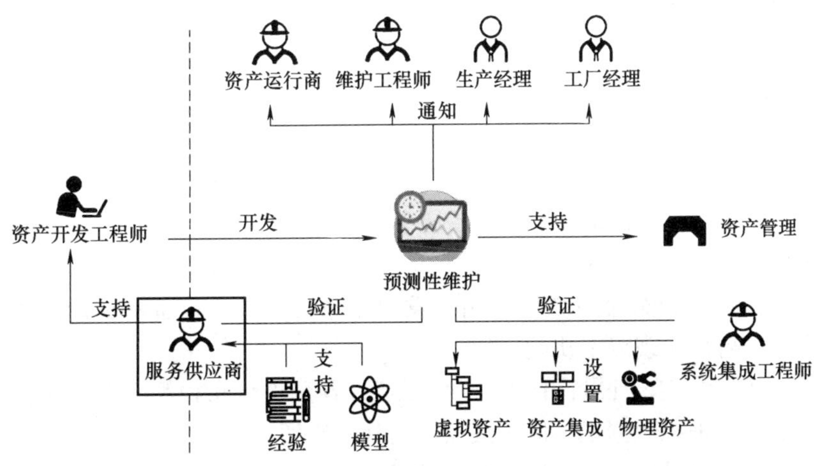

图 7-127　实施角色示意图

在 PRiSM 系统通知或用户定期查看报警信息后，用户可在 PRiSM 系统中创建案例或在资产管理系统（EAM）中新建工单，并分派至现场维修人员执行检查、维修等操作。其中，PRiSM 系统中的案例可方便追踪故障劣化趋势，记录更新维修进展，使不同专业分工协作。待现场维修工作完成后，根据反馈信息由用户评估案例价值，并关闭 PRiSM 系统案例或 EAM 中的工单，如有备件消耗应在 EAM 工单中跟踪。PRiSM 系统案例评估过程能够促进不同团队之间的知识共享，积累故障诊断规则，更新优化 PRiSM 模型，易于将来及时解决类似问题。

3. 系统架构

压缩机预测性维护系统架构示意图如图 7-128 所示。

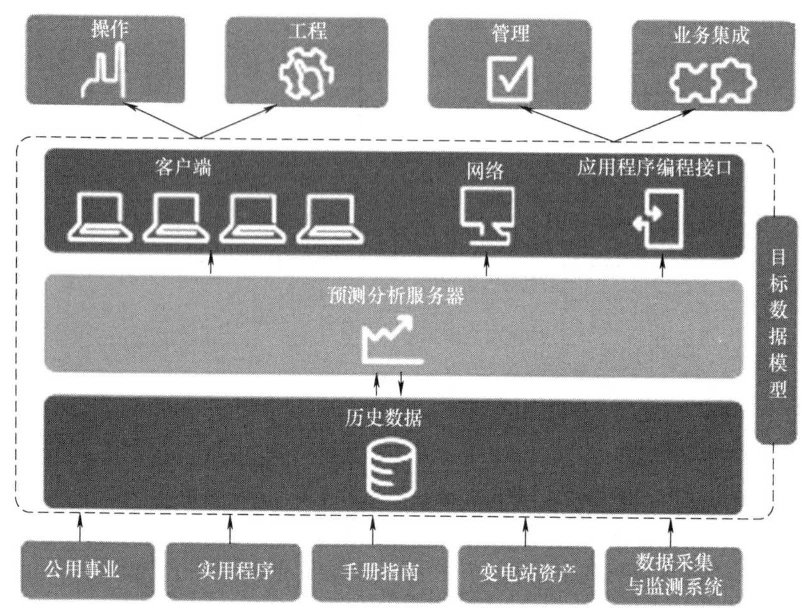

图 7-128　压缩机预测性维护系统架构示意图

PRiSM Server：存储从各种数据源获取的实时/历史数据和 PRiSM 的计算数据，存储所有模型的配置属性、报警记录、案例信息等。

PRiSM Client 端：配置软件，在图形化操作界面中，用户按照简明的引导步骤即可建立、验证、调整和部署模型。

PRiSM Web 端：基于 Web 的状态与趋势浏览、报警管理、通知服务，用户不仅可以通过浏览器执行查看报警信息、分析数据和趋势、管理报警和案例等操作，还可以通过 Web service、数据接口将分析结果发布至系统平台进行信息集成。

4. 功能和方法

预测性维护系统 PRiSM 能有效帮助用户发现压缩机等重要设备的早期故障，并辅助分析故障产生原因，可以实现以下功能：

1）建立设备模型。基于设备历史运行数据建立预测性分析模型，并通过数据验证模型的有效性，快捷添加训练数据集，优化模型提高其准确度。

PRiSM 利用模型预测偏差对一段时间内不同运行情况下的设备健康程度进行评估，同时结合设备关键等级提示用户提前介入，对于设备种类多、数量大的场景方便用户实施群组管理。

2）故障原因分析。追溯模型各变量的预测值/实际值/偏差值趋势，借助系统模板中定义的诊断规则识别故障类型及相似度。

3）预测性报警响应管理。用户可以在网页端高效管理 PRiSM 系统的各类报警，跟踪设备故障发展趋势并记录响应措施，打通长周期内设备故障从发现到确认再到解决的全流程。

4）作为系统平台的预测性分析功能模块。PRiSM 以用户现有的实时数据库作为数据源，对设备运行数据进行分析后不仅可以在本系统内使用，同时还可作为预测性分析模块（输出结果至系统平台进行信息集成）或供其他功能模块调用。

5. 技术亮点

预测性维护系统 PRiSM 的主要创新点如下。

1）应用大数据分析技术和机器算法学习，研究多维度设备运行参数间的关联关系，建立压缩机的模型，进行设备劣化趋势预测。

2）总结压缩机历史故障案例建立诊断规则库，利用模式识别技术，实现设备故障的原因分析。

3）应用精密诊断技术，研究转动设备渐发故障定量表征，制定判断设备故障状态的指标体系，实现设备故障的精确诊断。

4）借鉴压缩机建模的成功经验，用户成功自定义其他类型的设备模板，如汽轮机、膨胀机、泵、电动机等。新建的设备模型作为一个实例可以继承模板的所有属性，当修改模板的某一属性后，系统可自动更新引用该模板的所有设备模型。

6. 可视化

预测性维护系统 PRiSM 基于 B/S 架构，方便用户在网页端以设备、装置、工厂或自定义的层级查看设备状态。设备状态以绿色（正常）、黄色（警示）、红色（警报）区分，点击设备或预警事件即可链接到设定时间段内各测点的预测值/实际值/偏差值趋势等。界面如图 7-129 所示。

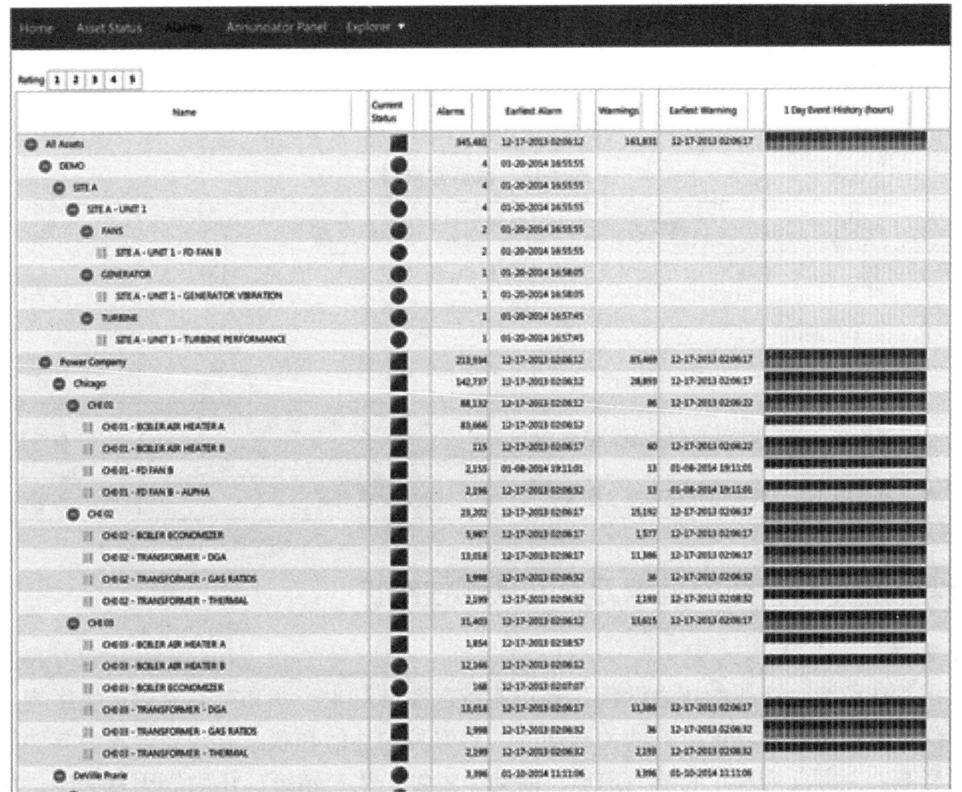

图 7-129　压缩机预测性维护系统界面

PRiSM 系统故障诊断功能集成了压缩机已知故障条件的诊断规则库，如图 7-130 所示，可以辅助进行故障原因分析，而且考虑到一个故障可能出现多重故障特征，系统可同时计算出故障特征匹配的相似度。

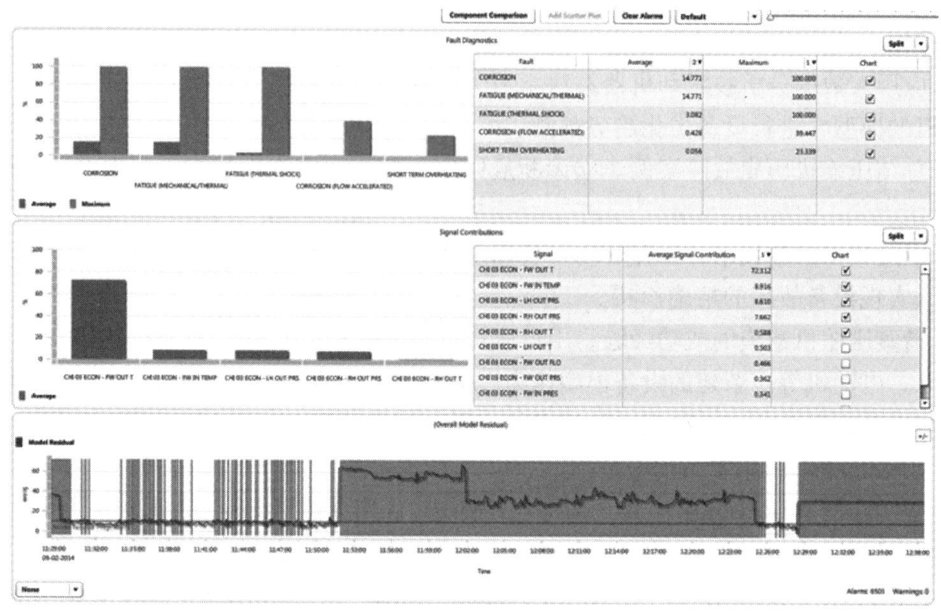

图 7-130　压缩机预测性维护系统故障分析界面

7. 数据需求

表 7-18 所示为数据需求表。

表 7-18　数据需求表

设备	部件	故障模式	数据需求	监测手段
压缩机	轴承	轴承故障（松动、磨损）	振动、位移、温度、负荷、润滑油温度/压力	传感器
	转子	转子故障（不平衡、不对中、弯曲、摩擦）	振动、位移、转速、温度、负荷	传感器
	齿轮箱	齿轮缺陷（磨损、断裂）	振动、位移、转速、温度、负荷、润滑油温度/压力	传感器
	换热器	性能劣化（堵塞、泄漏）	温度、压力、流量	传感器

7.4.12　场景 12：数控机床刀具的预测性维护

1. 概述

数控机床作为生产线的核心设备，其功能稳定性会对生产率和产品质量产生影响。而刀具作为保证数控机床高精度生产的关键部件，对刀具的性能和状态有较高要求。其性能受多种因素影响：一方面受加工材质、速度、时间、温度、生产精度、压力等因素影响；另一方面也受数控机床结构性能变化影响。尤其是随着加工材质、速度等因素变化，在数控机床结构受损的情况下，刀具性能会迅速下降，需要对其耐用度、可靠性、断屑及排屑性能等指标做实时监测，并对刀具的剩余寿命等进行预测。

台达智能科技（北京）有限公司联合某公司搭建了“数控机床刀具预测性维护系统”，该系统整合了设备信息和传感器实时监测数据，可实现状态实时监测与采集、预测数控机床刀具运行状态、异常侦测、剩余寿命预测和状态监测，并给出维护策略，系统层级示意图如图 7-131 所示，覆盖了第 0~2 三个层级。

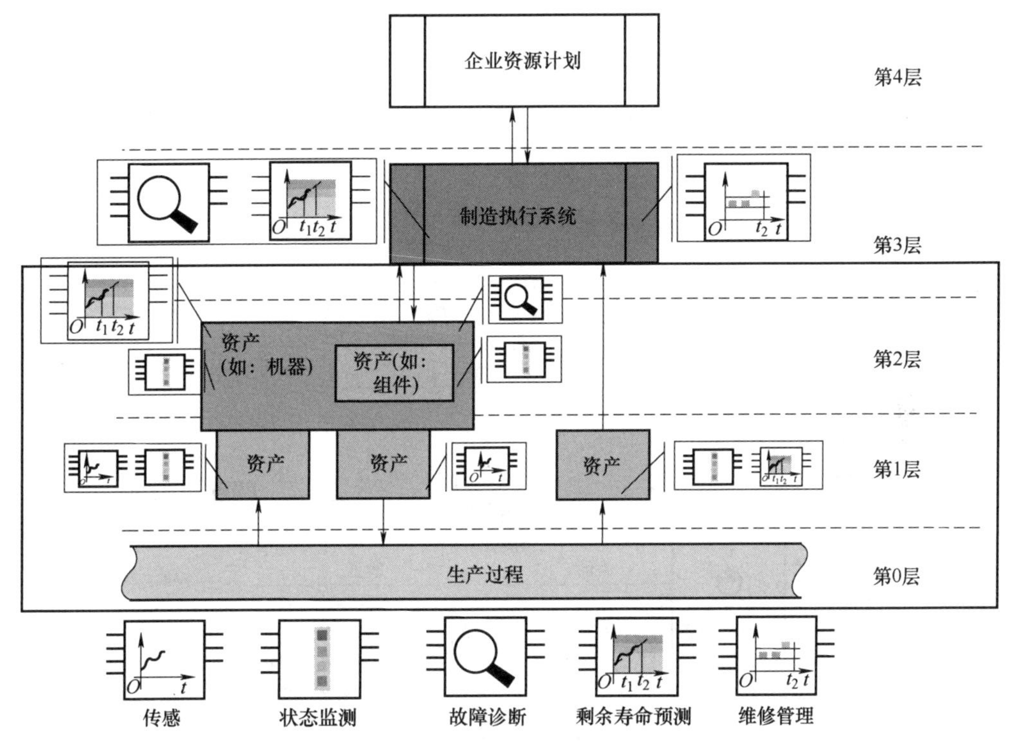

图 7-131 系统层级示意图

数控机床刀具主要通过与内部控制器相连、外部加装传感器等方式实现数据采集，通过分析数控机床铣刀磨损照片、加工精度、主轴控制器负载变化，以及刀具加工时产生的相关信号，开展数控机床刀具状态评估、故障诊断、剩余寿命预测、状态监测，具体如图 7-132 所示。

2. 角色

在数控机床刀具预测性维护系统搭建中，某企业角色为资产运行商，台达智能科技（北京）有限公司角色为服务供应商，主要提供预测性维护技术、系统建设方案和数据/模型支持，如图 7-133 所示。

3. 系统架构

数控机床刀具的预测性维护系统架构示意图如图 7-134 所示，通过加装传感器获取刀具震动、主轴控制器监测负载变化、刀具加工时产生的相关信号，同步采集 PLC/IPC 相关信息，并将信息传递到数据整合采集系统、边缘计算管理装置，实现边缘端计算管理、状态监测、故障诊断、异常侦测、剩余寿命预测和健康状态监测。

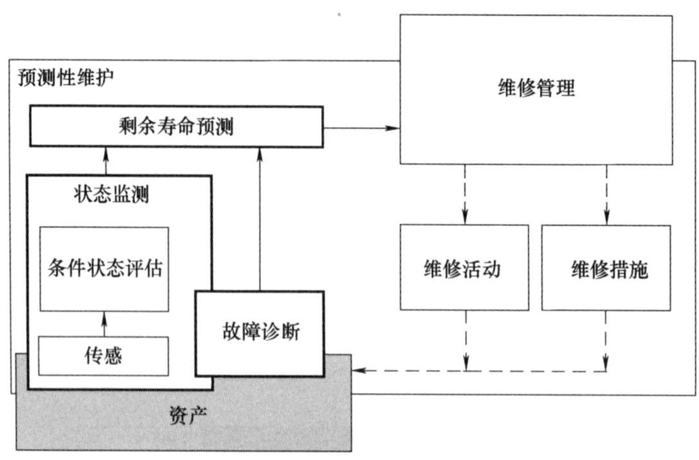

图 7-132　系统功能示意图

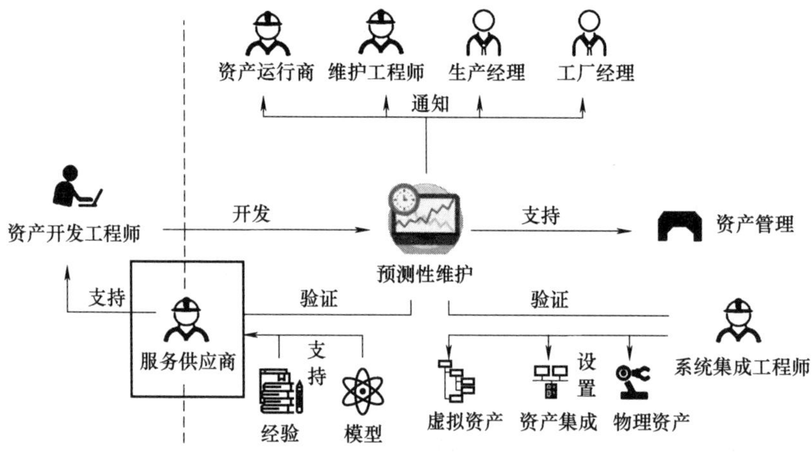

图 7-133　实施角色示意图

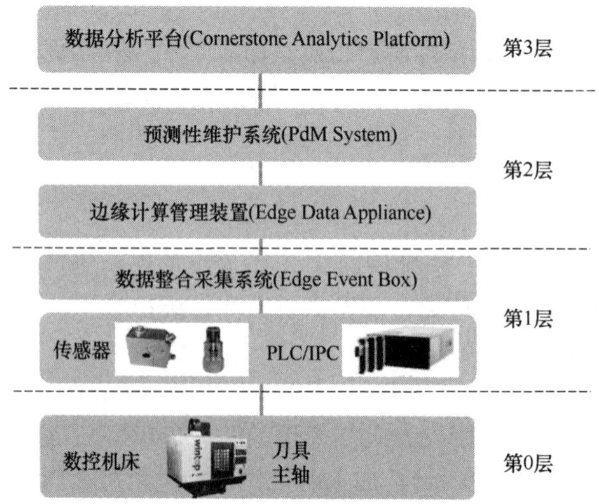

图 7-134　系统架构示意图

4. 功能和方法

数控机床刀具的预测性维护系统实现的功能如下。

1）边缘计算管理装置：实现边缘端数据采集与分析并保证数据安全，用于数据治理和 AI 程序部署，快速与各应用系统适配，简化“数据到价值”的流程，将后台的应用布置在边缘端，并在边缘端进行数据处理，然后将处理后云端/中央应用需要的数据上传到云端，采用安全通道保护数据安全。

2）数据采集整合系统：采集设备数据并对原始数据预处理，将有价值的数据传送到边缘计算管理装置进行诊断、分析和预测。

3）智能建模与模型验证：主要实现预测性维护模型的开发、迭代优化和模型验证，建立算法全生命周期管理的模型库，提高模型的精确度和泛化能力。

4）状态监控与健康评估：实现对数控机床刀具的数据采集和状态监控，通过训练模型评估设备健康状态，预测设备剩余寿命，并进行可视化展示，包括设备健康状态显示、电流趋势分析、振动趋势分析、振动频谱分析、转速特征分析、剩余使用寿命等。

5. 技术亮点

数控机床刀具预测性维护系统的突出特点如下：

1）数字化知识库：通过数据分析平台对数控机床刀具建立数学模型，并迭代优化，可有效管理与累积同类型设备的解决方案，并提供客户订阅与更新模型的服务。

2）PLC 与传感器融合采集：采集数控机床上的主轴信号及三轴传感器信号，同步记录来自机床内外部不同来源的信号，以全方面诊断刀具状态。

3）云边协同数据处理：基于边缘侧开展数据存储、处理与分析，在边缘侧快速采集数据，并对其进行数据处理与分析，然后将上层需要的数据上传，从而提升数据采集与决策效率，确保数据安全性，提升制程反应能力，降低网络负荷。

6. 可视化

本案例预测性维护系统可以实现数控机床刀具运行状态、运行历史状况、健康度趋势、实时电流、转速等可视化展示，可实现设备状态实时监测和预警，及时发现设备异常，界面如图 7-135 所示。

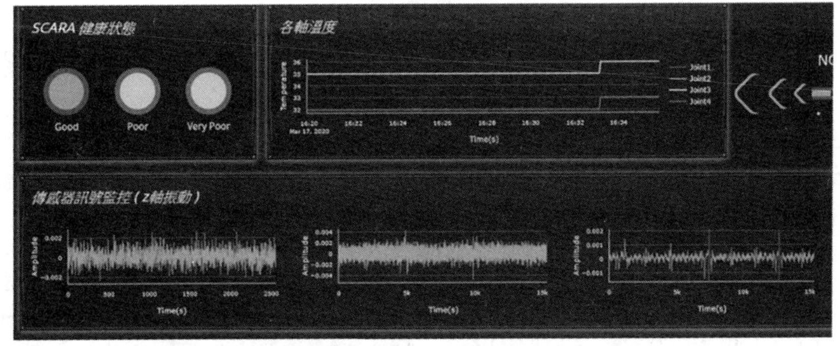

图 7-135　数控机床刀具预测性维护系统界面

7. 数据需求

表 7-19 所示为数据需求表。

表 7-19　数据需求表

设备	部件	故障模式	数据需求	监测手段
数控机床	刀具	刀具磨损/断裂	振动	传感器
			转速、电流、电压	PLC
			累积加工距离	PLC
			累积加工数量	PLC

7.4.13　场景 13：水平机器人的预测性维护

1. 概述

水平机器人作为工业制造领域常用的工艺设备，其性能水平对会影响产品的质量与产能。而减速齿轮与带作为水平机器人的关键部件，其性能会影响机器人的运行精度，尤其在恶劣工况条件下齿轮容易产生受损变形、滚珠磨耗、油封漏油等现象，这将给水平机器人正常运行带来极大挑战。故迫切需要对水平机器人开展预测性维护，实时监测其运行状态，并对其状态进行综合分析，从而实现预测与预警。

台达智能科技（北京）有限公司在某企业部署了水平机器人的预测性维护系统，该系统通过监控其运行动作是否正常诊断其内部零件损坏或异常，对水平机器人开展预测性维护。该预测性维护系统实现了系统架构中的状态监测、故障诊断和剩余寿命预测，如图 7-136 所示，覆盖了第 0~2 三个层级。

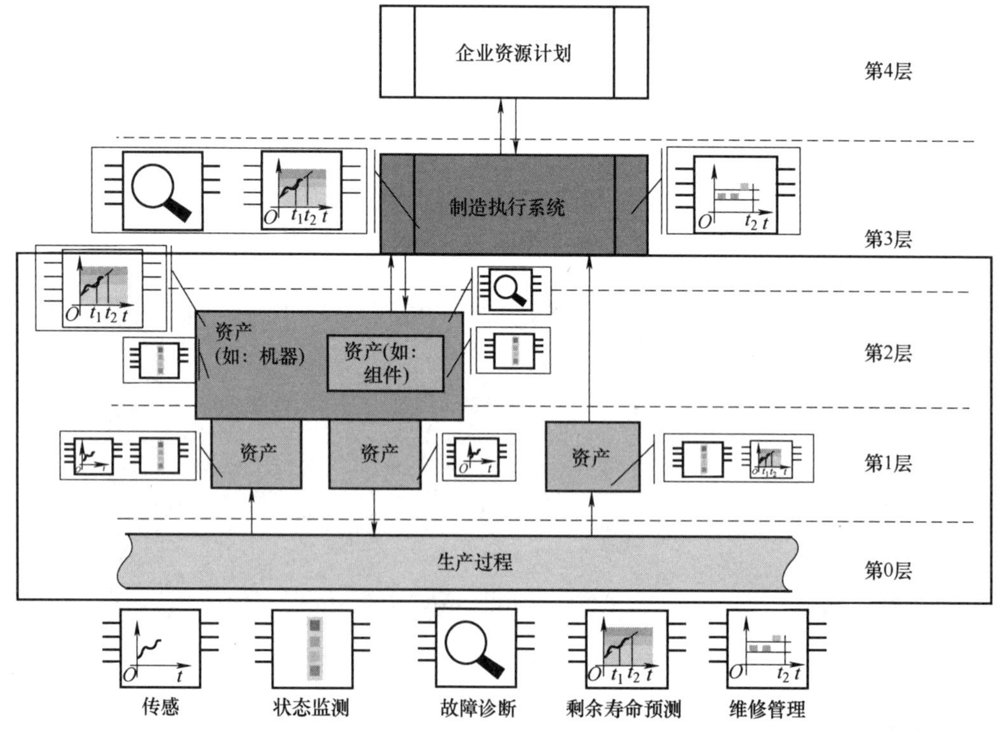

图 7-136　系统层级示意图

该系统主要通过监测机器运作时的振动、声音等信息，进行实时监测与采集、异常侦测、剩余寿命预测和健康状态监测，并给出维护策略。

监测到的振动值会通过算法自动进行时间序列上的事件切割，并与知识库中长期累积的数据信号进行比对，从而判断水平机器人手臂的状态。通过在机器人上加装加速度传感器，监控其运行动作是否正常，并诊断内部零件损坏或异常，主要通过监测器运作时的振动、声音等信息，实现了对水平机器人的传感、状态监测、故障诊断和剩余寿命预测等功能，具体如图 7-137 所示。

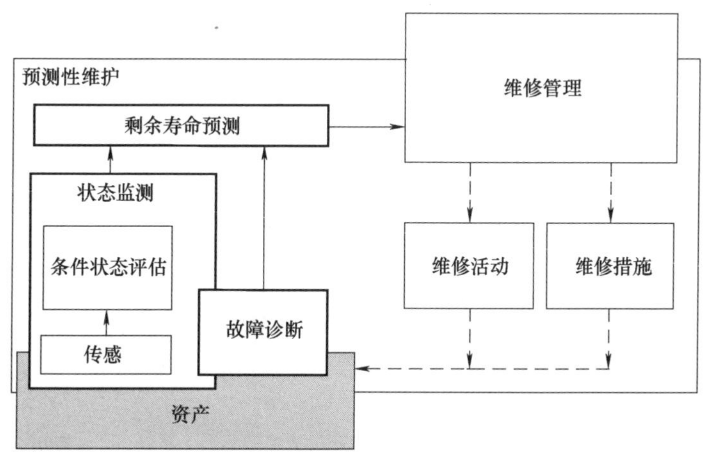

图 7-137　系统功能示意图

2. 角色

在水平机器人预测性维护系统的搭建中，某企业角色为资产运行商，台达智能科技（北京）有限公司的角色为服务供应商和系统集成工程师，主要负责提供预测性维护技术、系统建设方案、系统集成和数据/模型支持。图 7-138 所示为实施角色示意图。

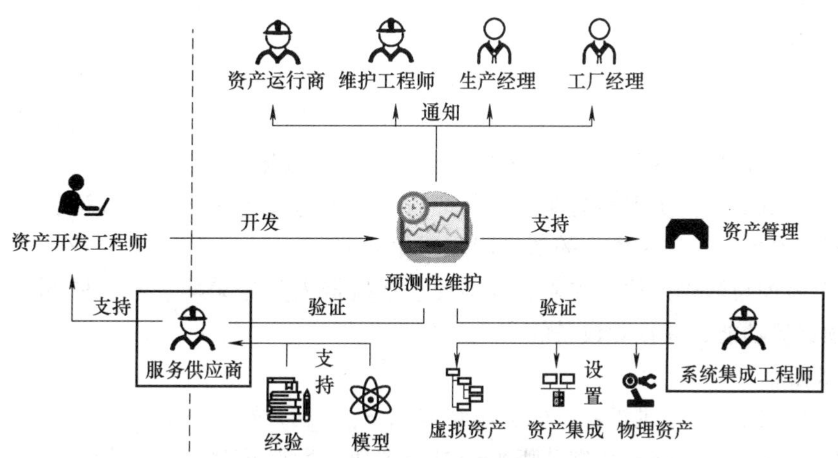

图 7-138　实施角色示意图

3. 系统架构

水平机器人预测性维护系统的系统架构示意图如图 7-139 所示。针对水平机器人预测性维护，在其减速齿轮及带部署了加速度传感器，主要通过对运作的振动、声音等信息采集实时监测其运行动作状态，同步采集 PLC/IPC 相关信息，并将信息传递到数据整合采集系统、边缘计算管理装置和数据分析平台，实现边缘端计算管理、状态监测、故障诊断、异常侦测、剩余寿命预测和健康状态监测。

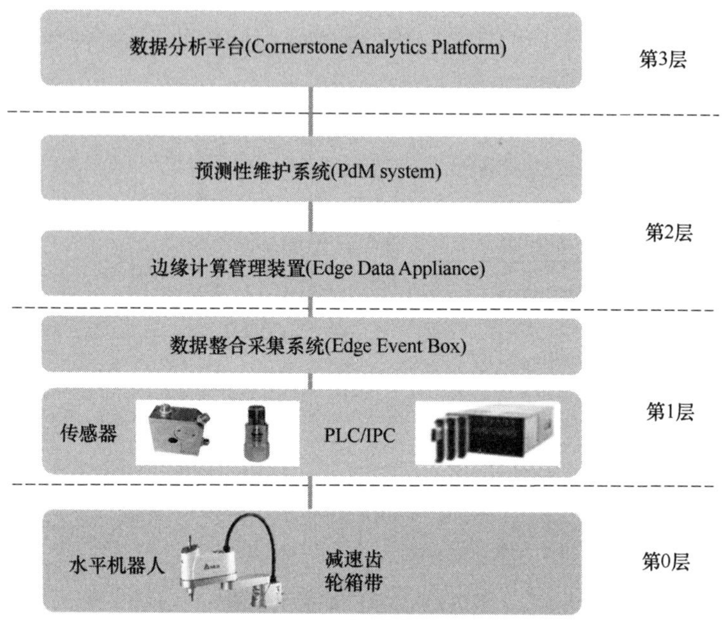

图 7-139 系统架构示意图

4. 功能和方法

水平机器人的预测性维护系统的功能如下。

1）数据采集整合系统：采集设备数据并对原始数据进行预处理，将有价值的数据传送到边缘计算管理装置进行诊断、分析和预测。

2）边缘计算管理装置：实现边缘端数据采集与分析并保证数据安全，用于数据治理和 AI 程序部署，快速与各应用系统适配，简化“数据到价值”的流程，将后台的应用布置在边缘端，在边缘端进行数据处理，并采用安全通道保护数据安全。

3）数据分析平台：实现预测性维护模型的开发、迭代优化和模型验证，建立算法全生命周期的管理模型库，提高模型的精确度和泛化能力。

4）状态监控与健康评估：主要可以实现水平机器人数据采集、状态监测、故障诊断和状态预测预警等功能，并预测设备的剩余寿命。

5. 技术亮点

水平机器人的预测性维护系统的突出特点如下。

1）数字化知识库：通过数据分析平台对设备建立数学模型，并迭代优化，管理与积累同类型设备的解决方案，并提供客户订阅与更新模型的服务。

2）控制器与传感器融合采集：通过采集设备控制器信号及传感器信号，同步纪录来自水平机器人内外部不同来源信息以全方面诊断健康状态。

3）多监测手段融合分析：对工艺参数信号及加速度传感器和控制器电流等多种不同来源的数据进行融合分析，从而达到实时监控、故障诊断和寿命预测功能。

4）健康度预测：基于设备健康度模型及劣化模型进行多变量多规则的实时动态分析，实现了数控机床/机器人的健康度预测功能，为设备的预测性维护实施奠定了基础。

5）云边协同数据处理：基于边缘侧开展数据存储、处理与分析，在边缘侧快速采集数据，并对其进行数据处理与分析，然后将上层需要的数据上传，从而提升数据采集与决策效率，确保数据安全性，提升制程反应能力，降低网络负荷。

6. 可视化

水平机器人预测性维护系统可以对机器人进行信息采集、实时状态监控、故障诊断、状态预测和预警，并采用可视化方式展示，界面如图 7-140 所示。

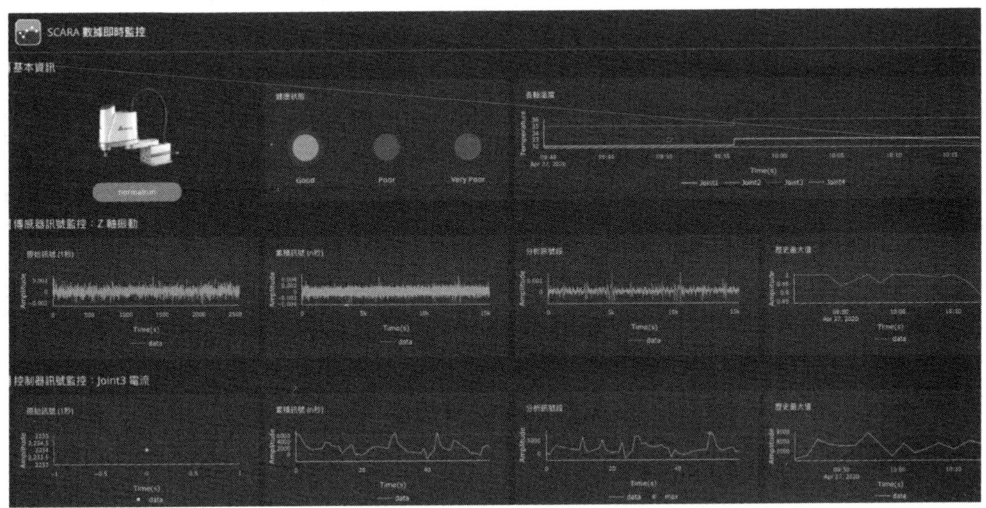

图 7-140　水平机器人预测性维护系统界面

7. 数据需求

表 7-20 所示为数据需求表。

表 7-20　数据需求表

设备	部件	故障模式	数据需求	监测手段
水平机器人	RV 减速器	磨耗	振动	传感器
			角度、电流、温度	PLC

7.4.14　场景 14：智能分板机—微铣刀的预测性维护

1. 概述

微铣刀是铣刀式分板机的核心组件之一，其运行状态和性能决定了分板机的运行精度，尤其是分板机长期处于高强度、恶劣工控和超负荷工作时，其性能磨损较大，对铣刀进行状态监测和寿命预测尤为重要，既可避免无预警断刀，又可避免提前换刀所带来不必要的资产损耗。

台达智能科技（北京）有限公司联合某企业厂建设了智能分板机—微铣刀预测性维护系统。该预测性维护系统实现了系统架构中的状态监测、故障诊断与寿命预测，如图 7-141 所示，覆盖了第 0~2 层级。

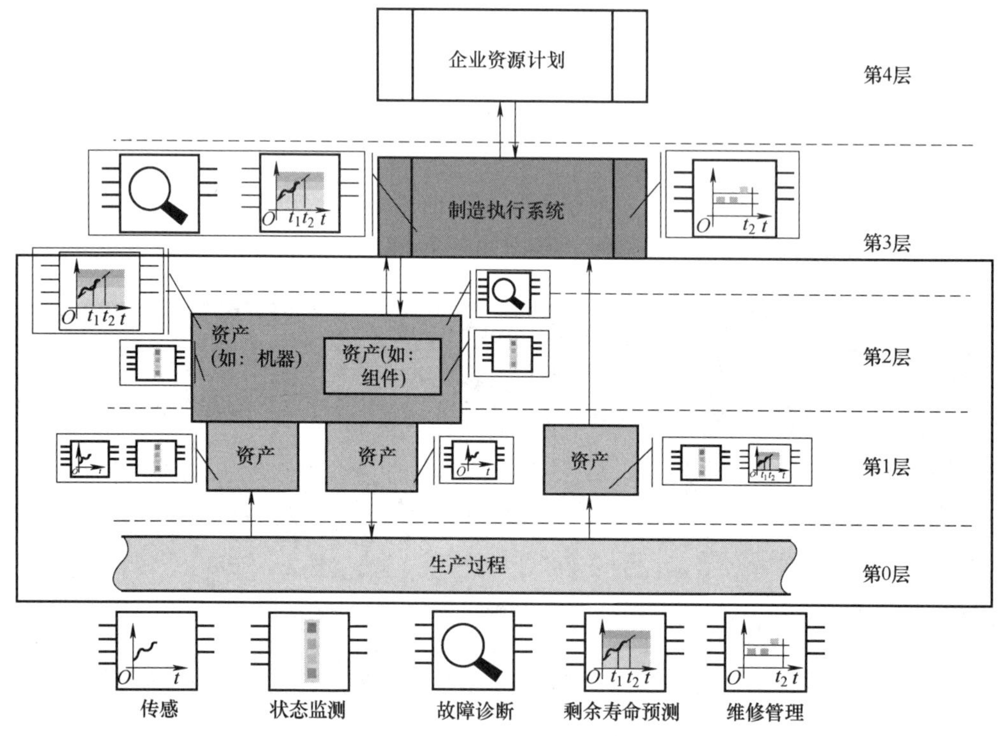

图 7-141　系统层级示意图

智能分板机—微铣刀的预测性维护系统通过监测微铣削加工时主轴电流负载、信号/参数，通过信号分析（signal processing）进行多重信号融合特征萃取，实现了对微铣刀状态监测、故障诊断和剩余寿命预测功能，具体如图 7-142 所示。

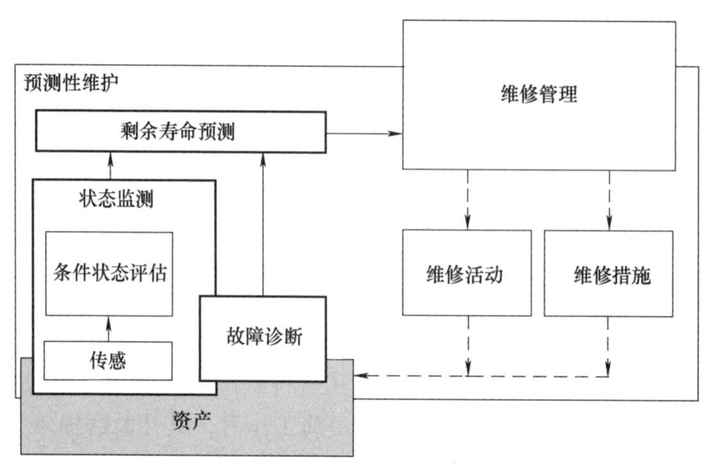

图 7-142　系统功能示意图

2. 角色

在“智能分板机—微铣刀的预测性维护系统”的建设中，台达工厂的角色为资产运行商；台达智能科技（北京）有限公司的角色为服务供应商和系统集成工程师，主要负责提供预测性维护技术、系统建设方案、系统集成和数据/模型支持。图 7-143 所示为实施角色示意图。

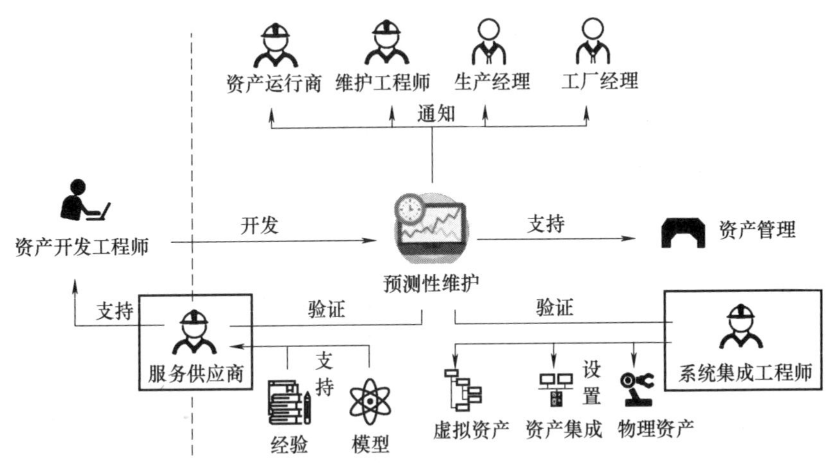

图 7-143　实施角色示意图

3. 系统架构

“智能分板机—微铣刀的预测性维护”系统架构示意图如图 7-144 所示。针对分板机微铣刀主轴电动机进行 IPC 信号监控，检测器加工时主轴电流负载、信号/参数，并将信息传递到数据整合采集系统、边缘计算管理装置和数据分析平台，实现边缘端计算管理、故障诊断、异常侦测和剩余寿命预测等功能。

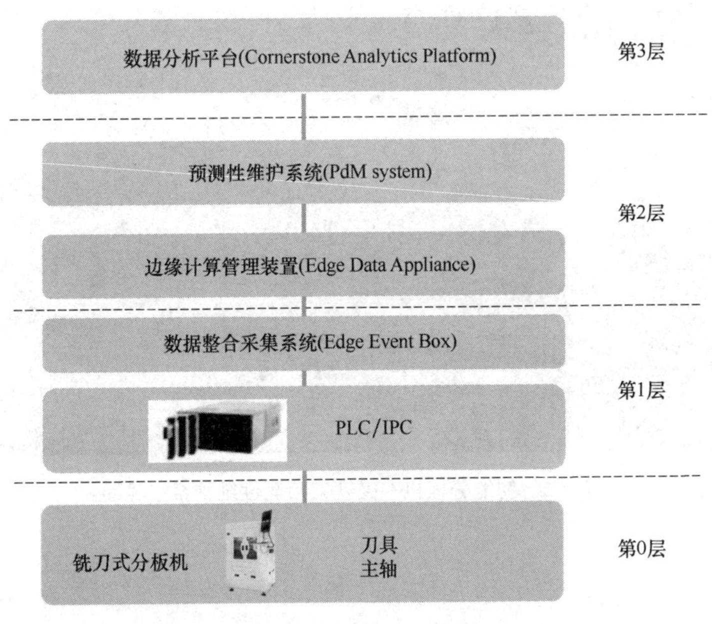

图 7-144　系统架构示意图

4. 功能和方法

智能分板机—微铣刀预测性维护系统功能主要如下。

1）数据采集整合系统：采集设备数据并对原始数据进行预处理，将有价值的数据传送到边缘计算管理装置进行诊断、分析和预测。

2）边缘计算管理装置：实现边缘端数据采集与分析并保证数据安全，用于数据治理和AI程序部署，快速与各应用系统适配，简化“数据到价值”的流程，将后台的应用布置在边缘端，在边缘端进行数据处理，并采用安全通道保护数据安全。

3）智能建模与模型验证：实现预测性维护模型的开发、迭代优化和模型验证，建立算法全生命周期的管理模型库，提高模型的精确度和泛化能力。

4）状态监控与健康评估：主要可以实现微铣刀运行时的数据采集、状态监测、故障诊断和状态预测预警等功能，并预测设备的剩余寿命。

5. 技术亮点

智能分板机—微铣刀的预测性维护系统的突出特点如下。

1）数字化知识库：通过数据分析平台对数控机床刀具的模型建立数学模型，并迭代优化，管理与累积微铣刀设备状态领域知识，并提供客户订阅与更新模型的服务。

2）多监测手段融合分析：通过采集主轴负载信号，并与制造参数信号融合分析，从而实现实时状态监测、故障诊断和剩余寿命预测功能。

3）云边端协同数据处理：基于边端开展数据存储、处理与分析，在边缘处快速采集数据，并对其进行数据处理与分析，然后将上层需要的数据上传，从而提升数据采集与决策效率，确保数据安全性，提升制程反应能力，降低网络负荷。

6. 可视化

智能分板机—微铣刀预测性维护系统实现刀具设备信息、运行历史状况、当前状态、采集参数、健康度趋势的实时可视化展示，界面如图 7-145 所示。

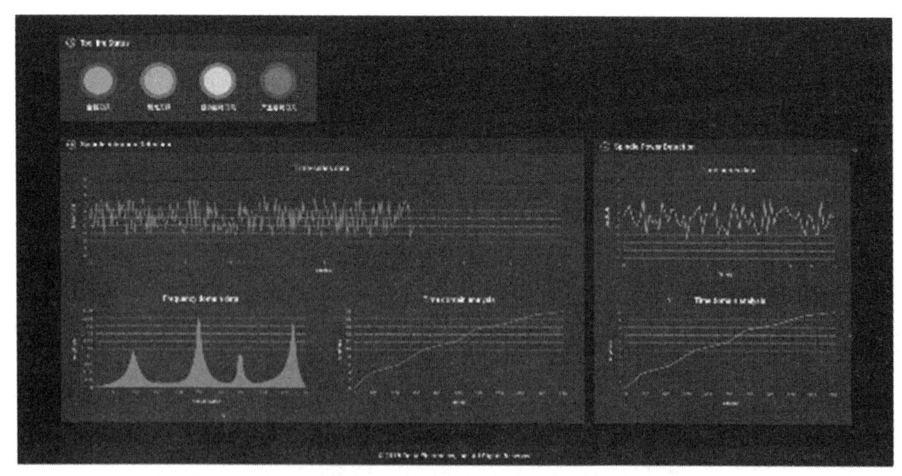

图 7-145 智能分板机—微铣刀预测性维护系统界面

7. 数据需求

表 7-21 所示为数据需求表。

表 7-21　数据需求表

设备	部件	故障模式	数据需求	监测手段
分板机	刀具	刀具磨损/断裂	振动	传感器
			转速、电流、电压	PLC
			累积加工距离	PLC
			累积加工数量	PLC

7.4.15　场景 15：汽车制造中伺服焊枪设备的预测性维护

1. 概述

电阻点焊作为一种连接工艺，被广泛地应用于汽车生产制造过程中。电阻点焊工艺通常需要伺服焊枪来实现，而伺服驱动系统又是伺服焊枪的核心组成部分，对工艺的稳定、可靠实现影响重大。因此开发对伺服焊枪驱动单元的异常诊断方法，可以有效避免产品的焊接质量缺陷，减少计划外停机，降低成本，提高经济效益。

上汽通用汽车有限公司南厂焊装车间与上海大制科技有限公司合作开展伺服焊枪预测性维护项目，搭建了软硬件系统实现对伺服焊枪的预测性维护。该项目实现了系统架构中的状态监测、故障诊断和剩余寿命预测，如图 7-146 所示，覆盖了第 0~2 层级。

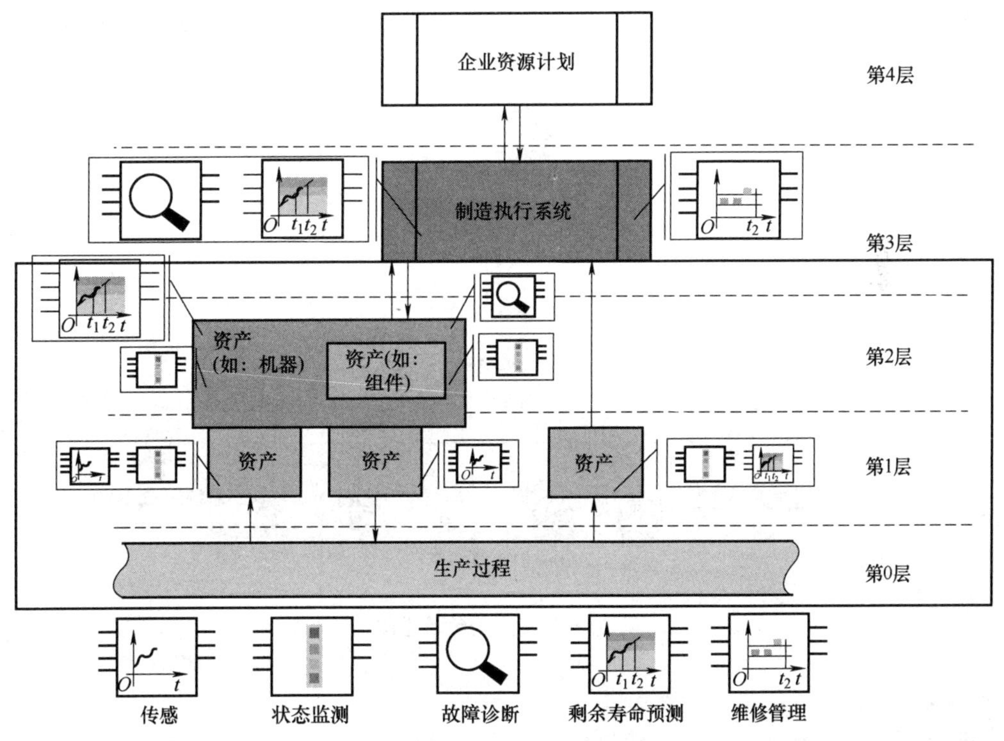

图 7-146　系统层级示意图

项目采集了电流、转矩、编码器位置、温度、程序号等信息，实现了伺服焊枪的状态监测、故障诊断、剩余寿命预测和维修管理等功能，具体如图 7-147 所示。

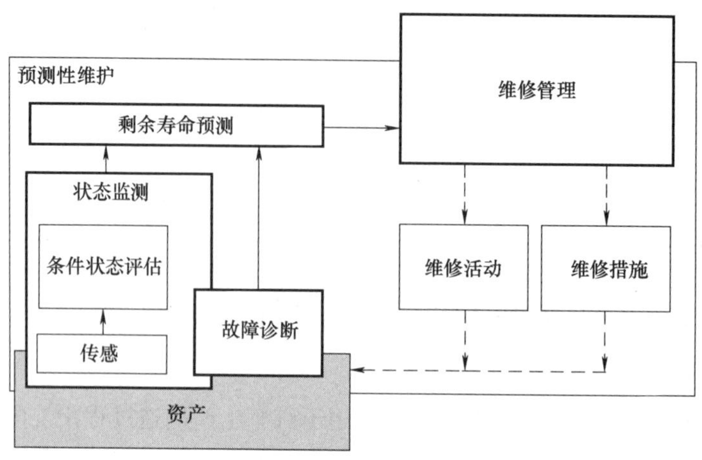

图 7-147　系统功能示意图

2. 角色

在伺服焊枪预测性维护项目中，上汽通用汽车有限公司南厂焊装车间为资产运行商、维修工程师和生产经理；上海大制科技有限公司的角色为服务供应商，主要负责提供预测性维护软硬件设备、建设方案、数据/模型。在紧急情况下，焊枪预测性维护系统可及时将设备状态及预警信息通知给上汽通用汽车有限公司南厂焊装车间的维修团队（维修工程师）。图 7-148 所示为实施角色示意图。

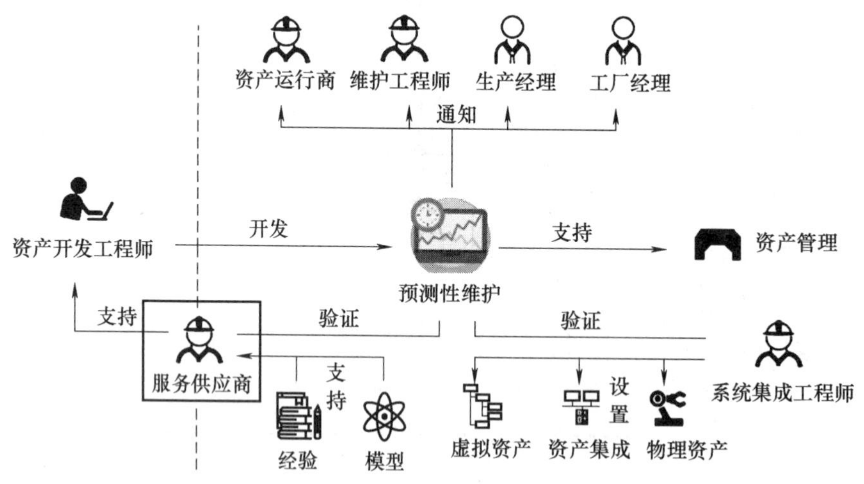

图 7-148　实施角色示意图

3. 系统架构

伺服焊枪预测性维护项目的系统架构示意图如图 7-149 所示。针对伺服焊枪的电流、转矩、编码器等信号，实现了设备状态监测、异常诊断、剩余寿命预测、保养单触发和运维管理等功能。

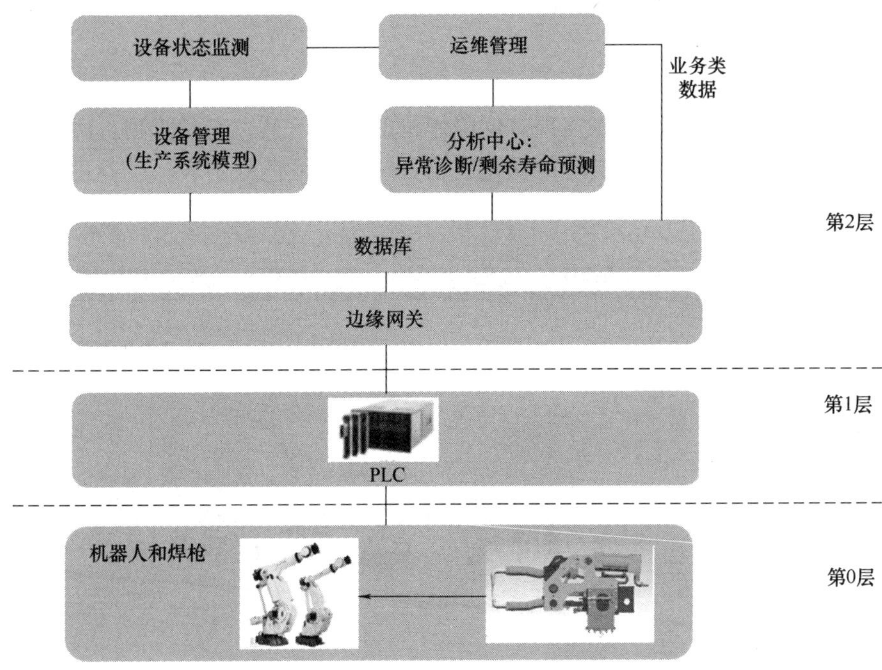

图 7-149　系统架构示意图

4. 功能和方法

伺服焊枪预测性维护项目实现的功能主要如下。

1）边缘网关：实现数据采集和上传，包含数据采集项的管理与配置。

2）设备管理：通过构建一套生产系统的模型，实现生产线的数字化孪生，包括设备状态、硬件管理、报警设置和系统管理。

3）设备状态监测：实现实时数据的监测和历史数据的查询、对比、统计和分析，并产生相应的报表。

4）分析中心：主要通过大数据分析算法实现预测性维护算法模型的运行和展示，分为异常诊断和寿命预测两个模块，主要功能包含模型管理、模型训练和模型设置。

5）运维管理：主要实现设备巡检、急修和保养的集中管理。此外，大数据分析模型的结果可以触发保养单。

5. 技术亮点

伺服焊枪维护测试项目的突出特点如下。

1）多监测手段融合分析：通过采集焊枪的电流、转矩、编码器等设备本身传感器信号，以及机器人程序号、到位信号等焊接控制信号，结合温度、湿度等环境信息进行融合分析，实现了位置精度误差分析、故障诊断和剩余寿命预测功能。

2）机器学习算法的应用：应用假设检验、决策树、支持向量机、孤立森林等前沿机器学习算法，结合焊接的工业知识和经验，优化了预测精度和模型的普适性。

3）异常诊断：通过一维或多维数据实时判断焊枪驱动单元的状态，如果焊枪运行状态与正常状态偏差较大，便会触发异常提示或根据设定的保养规则触发保养单。

4）损伤度预测：基于累积损伤原理的设备或部件劣化模型进行多变量多规则的分析，

实现了部件的损伤度预测功能，为智能机器人整机和机器人工具端的预测性维护实施奠定了基础。

6. 可视化

伺服焊枪预测性维护项目可以实现对伺服焊枪的设备信息、实时监测、历史数据、采集参数、异常诊断和损伤度发展的实时可视化展示。绿色、橙色分别表示设备正常、设备异常两种状态，界面如图 7-150 所示。

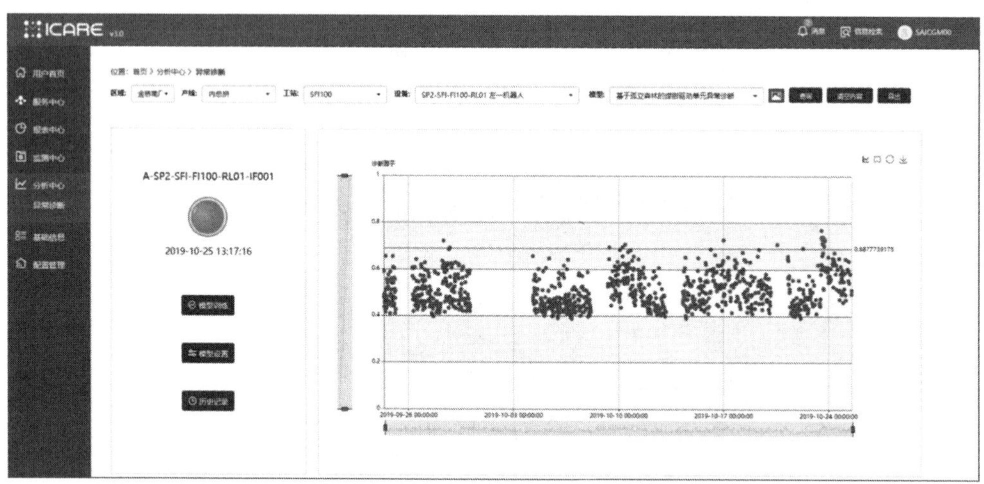

图 7-150　伺服焊枪预测性维护系统界面

7. 数据需求

表 7-22 所示为数据需求表。

表 7-22　数据需求表

设备	部件	故障模式	数据需求	监测手段（数据来源）
伺服焊枪	驱动电动机	润滑恶化	转矩、电流、编码器、标志位	PLC、焊枪
		过载	转矩、电流、编码器、标志位	PLC、焊枪
		磨损、焊渣堆积	转矩、电流、编码器、标志位	PLC、焊枪
	丝杠	丝杠阻滞	动臂补偿、静臂补偿、编码器、标志位	PLC、焊枪
	电极杆	不对中	动臂补偿、静臂补偿、编码器、标志位	PLC、焊枪
	支轴、电极臂	松动	动臂补偿、静臂补偿、编码器、标志位	PLC、焊枪
修磨器	刀片	刀具磨损	动静臂补偿、修磨器反馈电流、电极电阻、焊枪电动机电流、标志位	PLC、修磨器、焊枪、焊机
		堵屑	动静臂补偿、修磨器反馈电流、电极电阻、焊枪电动机电流、标志位	PLC、修磨器、焊枪、焊机

（续）

设备	部件	故障模式	数据需求	监测手段（数据来源）
机器人	驱动电动机	润滑恶化	转矩、电流、编码器、标志位、负载	PLC、机器人
		过载	转矩、电流、编码器、标志位、负载	PLC、机器人
	减速器	润滑恶化	转矩、电流、编码器、标志位、负载	PLC、机器人
		磨损	转矩、电流、编码器、标志位、负载、时间	PLC、机器人

7.4.16　场景 16：机械泵的预测性维护

1. 概述

机械泵作为化工生产的关键设备，其运行状况直接决定了生产装置能否安全稳定运行、企业能否实现生产盈利，机械泵结构精密、尺寸精细，在复杂的系统工况和恶劣的环境条件下，给机械泵的正常运行带来了极大挑战，需要开展机械泵群的状态监测与剩余寿命预测，建立一套完备的预测性维护系统。

安徽容知日新科技股份有限公司（以下简称“容知”）与国内石化、石油、煤化工、冶金、水泥、水利等行业合作，实施完成了多个机械泵群的预测性维护系统，搭建的软硬件系统实现了对不同行业关键机械泵的预测性维护。机械泵预测性维护系统实现了系统架构中的运行数据监测、诊断分析与剩余寿命预测，位置如图 7-151 所示。

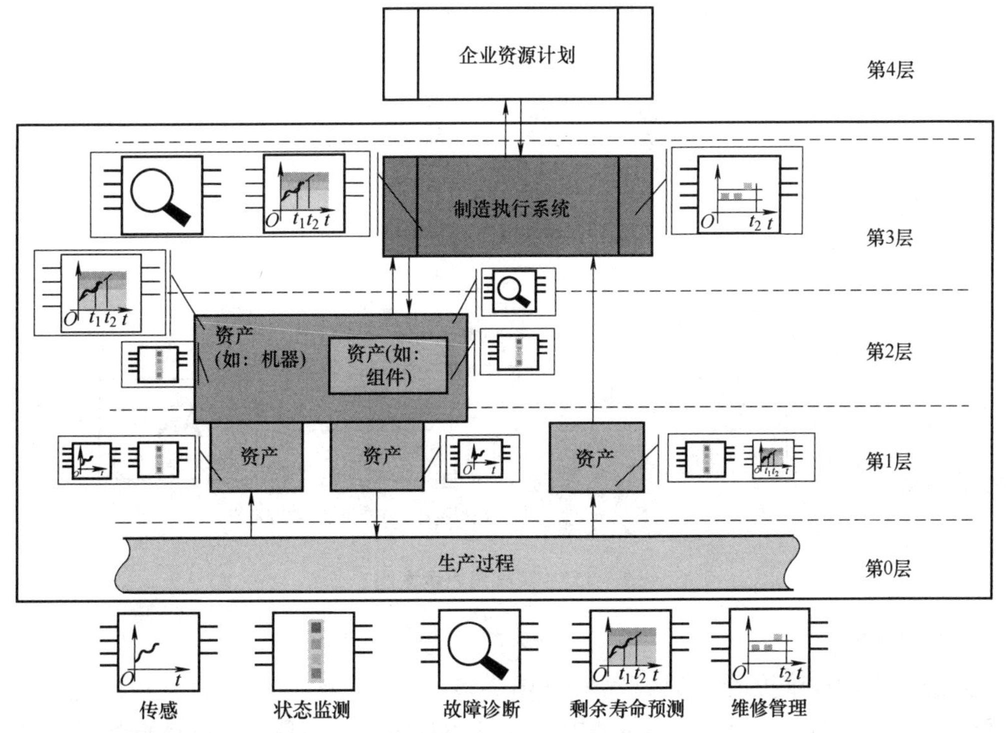

图 7-151　系统层级示意图

机械泵群预测性维护系统在监测设备对应部位部署了具有边缘计算的智能无线振动—温度一体式传感器、平台部署智能算法模型，实现了设备运行时数据采集、状态监测、故障诊断和剩余寿命预测功能，具体如图 7-152 所示。

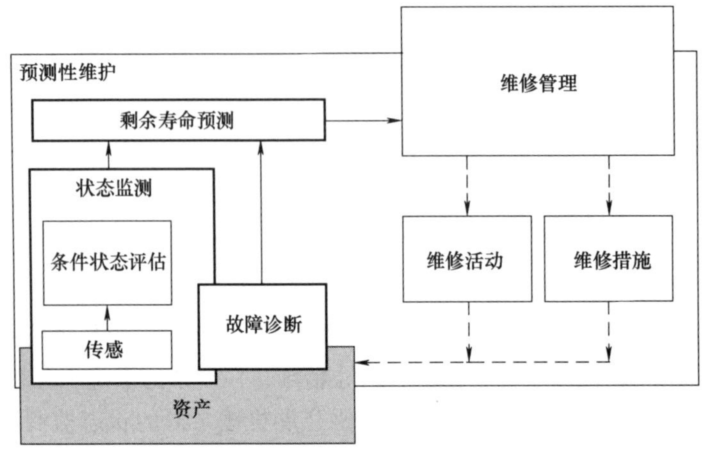

图 7-152 系统功能示意图

2. 角色

在机械泵群的预测性维护平台建设体系中，容知负责不同行业、多场景解决方案的建立，根据实际需求进行传感器、采集站等核心软硬件产品的研发与生产、大数据平台搭建、算法模型建立，另外根据客户的需求提供远程看护的服务。图 7-153 所示为实施角色示意图。

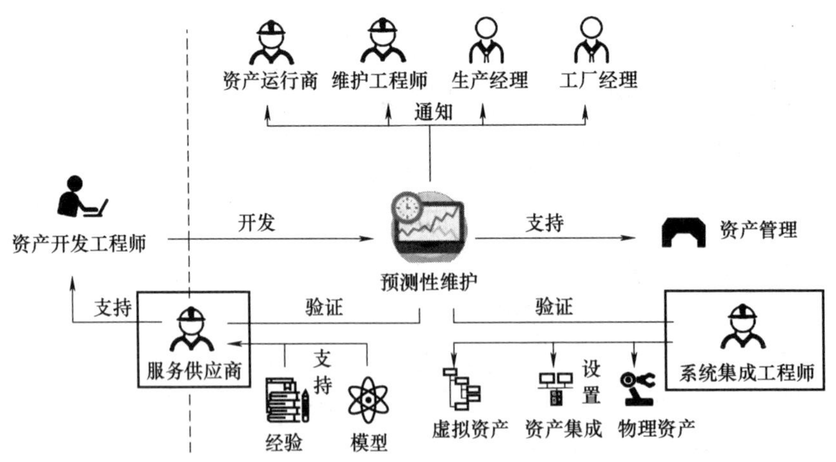

图 7-153 实施角色示意图

3. 系统架构

机械泵群预测性维护系统架构示意图如图 7-154 所示。针对机械泵群结构特定进行智能化传感器与采集站布置、同步采集传感器信号和 PLC 信号，实现了边缘计算管理、状态监测与健康管理等功能。

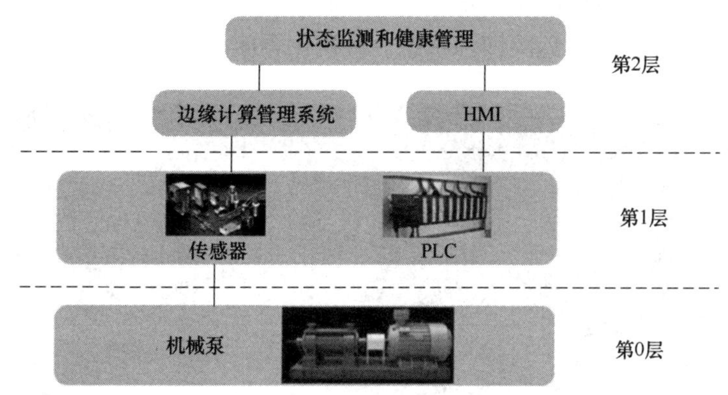

图 7-154　系统架构示意图

4. 功能和方法

机械泵预测性维护系统实现了设备的数据采集、状态监测、故障诊断和剩余寿命预测功能，其实现的功能主要如下。

1）物联与边缘计算管理：实现边缘端数据采集与分析功能，包括设备状态、趋势分析、硬件管理、报警管理和系统管理等。

2）大数据服务与云平台管理：主要实现预测性维护算法模型运行环境搭建、数据中心数据的分析和处理，包括流程管理、模型管理、设备管理、接入服务、数据服务和系统管理等模块。

3）智能建模与模型验证：主要实现预测性维护模型的开发、迭代优化和模型验证，建立算法全生命周期的管理模型库，提高模型的精确度和泛化能力。

4）状态监测与健康评估：主要实现机械泵的状态及预测结果的可视化分析和集群管理功能，包括健康度状态显示、故障类型显示、故障趋势显示、振动 RMS 值趋势分析、时域波形分析、频谱分析、多时域分析、多频谱分析、多趋势分析、长波形分析、倒频谱分析和包络解调谱分析等模块。

5. 技术亮点

机械泵预测性维护系统的突出特点如下。

1）多监测手段融合分析：通过机械泵运行参数采集，综合时域波形、频谱、多时域、多频谱、多趋势、长波形、倒频谱、包络解调谱、温度、电流、电压、负载等传感器信号融合分析，实现了位置精度误差定位、故障诊断和寿命预测功能。

2）机器学习算法应用：运行设备机理+海量设备运行数据+高质量数据+案例数据+AI 算法+专家经验的先进模式，不断优化迭代算法模型，提升了预测精度和模型的实用性。

3）健康度预测：基于设备健康度模型及劣化模型进行多变量多规则的实时动态分析，实现了机械泵的健康度预测功能，为智能诊断的工业化、全面实施预测性维护实施奠定了基础。

6. 可视化

机械泵预测性维护系统可以实现机械泵的设备基础信息、运行历史状况、当前状态、采集参数、健康度趋势、历史事件、典型案例及阶段健康状况综合分析实时可视化展示。通过四种报警、运行状况，对设备的实际状态进行全面体现，绿色、橙色、紫色、红色分别表示机械泵的正常、警告、报警与危险四种状态，可视化界面如图 7-155 所示。

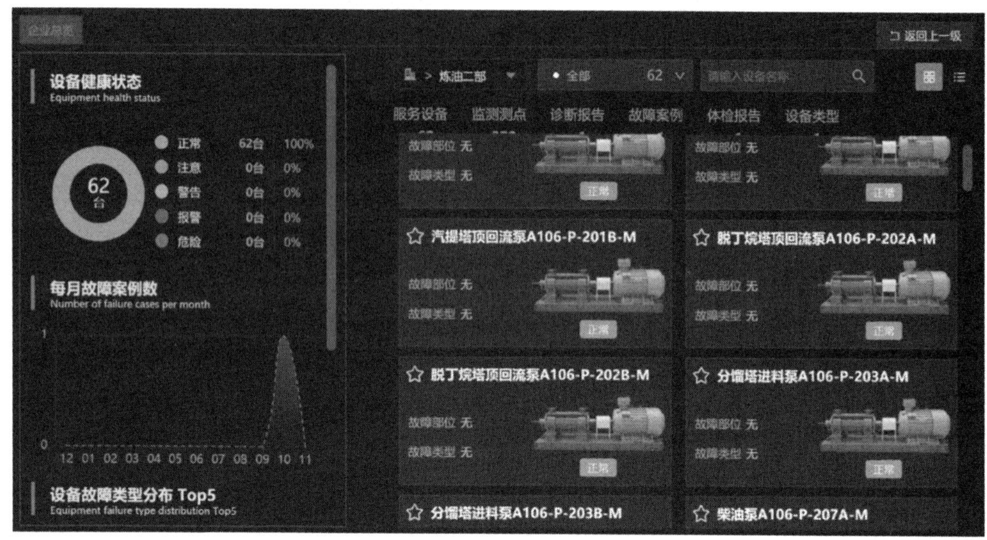

图 7-155　机械泵预测性维护系统界面

7. 数据需求

表 7-23 所示为数据需求表。

表 7-23　数据需求表

设备	部件	故障模式	数据需求	监测手段
机械泵	轴承	轴承故障	振动、温度	传感器
			转速、负载	PLC
	齿轮	齿轮故障	振动、温度	传感器
			转速、负载	PLC
	电动机	转子偏心	振动	传感器
			转速、电流、电压	PLC
		定子偏心	振动	传感器
			转速、电流、电压	PLC
		定子绕组绝缘衰退	转速、电流、电压	PLC
		定子绕组线圈松动	振动	传感器
			转速、电流、电压	PLC
		转子失磁/绕组故障	转速、电流、电压	PLC
		转子断条	振动	传感器
			转速、电流	PLC

（续）

设备	部件	故障模式	数据需求	监测手段
机械泵	电动机	相位故障（接头松动）	振动	传感器
			电流、电压	PLC
		冷却风扇故障	振动	传感器
	泵体	基础松动	振动	传感器
		结构刚度不足	振动	传感器
		旋转性松动/配合松动	振动	传感器
		不对中	振动	传感器
	叶轮	汽蚀/抽空/流量不足/喘振	振动	传感器
			流量、电流、电压	PLC
		叶轮腐蚀/松脱	振动	传感器
			转速、电流、电压	PLC
	口环	口环磨损	振动	传感器
	联轴器	联轴器故障	振动	传感器
	密封	密封泄露	图像、温度	传感器
	冷却系统	冷却系统故障	温度	传感器
	润滑油	润滑不良	振动、油液	传感器
	转轴	转子弯曲	振动	传感器
		转子不平衡	振动	传感器
		转子偏心	振动	传感器
		转轴磨损	振动	传感器

7.4.17 场景 17：电力变压器的预测性维护

1. 概述

电力变压器作为电力系统最核心的设备之一，其安全稳定运行是决定电网运行状态的关键一环，资产管理单位非常重视其运行状态评估、潜伏性故障诊断和维护策略制定。由于电力变压器结构精密，运行在封闭的高电压、强电磁环境中，故对其运行状态监测和诊断分析较为困难。

国网电力科学研究院武汉南瑞有限责任公司（以下简称“武汉南瑞”）建设了输变电设备预测性维护测试床，搭建的软硬件系统实现了对电力变压器的预测性维护。电力变压器预测性维护测试床实现了系统架构中的状态监测与评价、故障诊断、剩余寿命预测和检修决策，位置如图 7-156 所示，覆盖了第 0~2 层级。

电力变压器预测性维护测试床通过采集巡视、缺陷记录、故障跳闸、在线监测、带电检测等运行数据，结合设备台账和检修试验信息，实现了电力变压器的传感、状态监测、故障

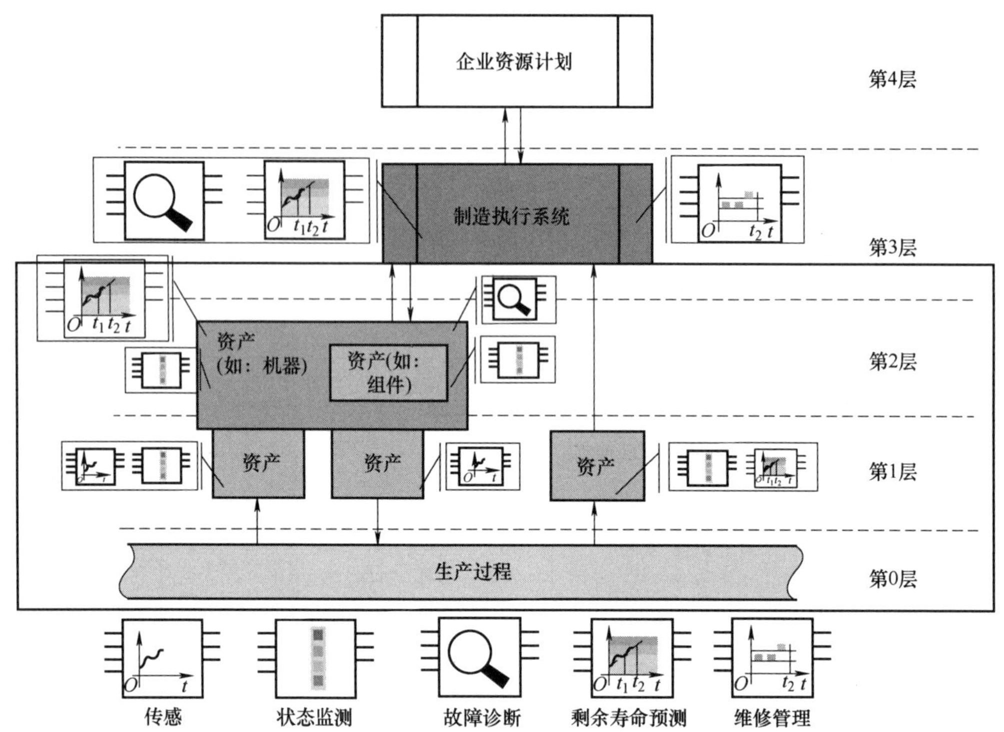

图 7-156　系统层级示意图

诊断、剩余寿命预测和维修管理等功能，具体如图 7-157 所示。

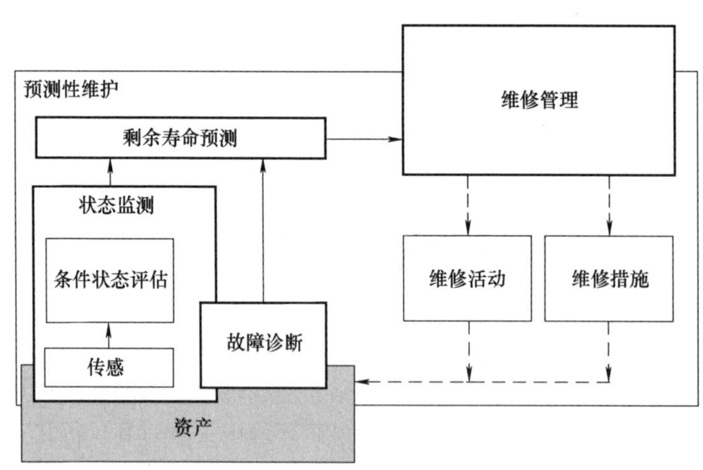

图 7-157　系统功能示意图

2. 角色

在电力变压器预测性维护测试床建设中武汉南瑞的角色为服务供应商，主要负责提供预测性维护软硬件设备、建设方案、数据/模型；电网企业和供电公司的角色为资产运行商。在紧急情况下，测试床预测性维护系统可及时将设备状态及预警信息通知给资产运行商。图 7-158 所示为实施角色示意图。

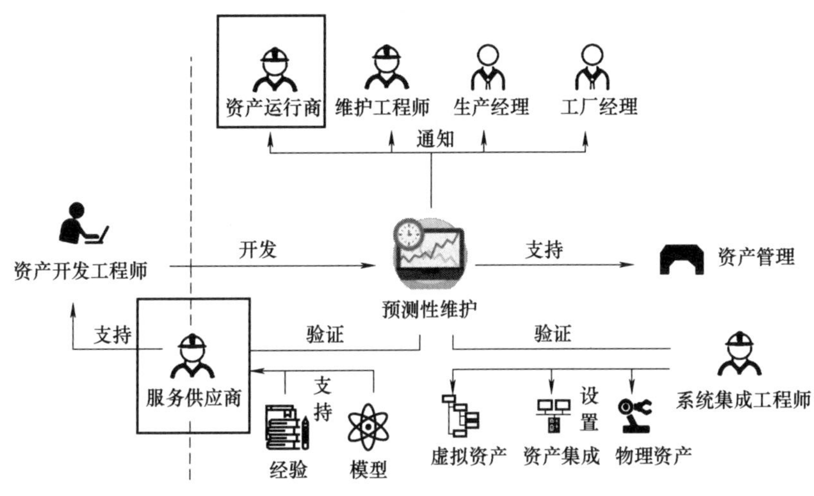

图 7-158　实施角色示意图

3. 系统架构

电力变压器预测性维护测试床的系统架构示意图如图 7-159 所示。其中，针对电力变压器测试床部署的油色谱在线监测、局部放电在线监测、铁芯接地电流在线监测等装置，同步采集移动作业终端和带电检测数据，实现了边缘计算管理、状态监测与故障诊断等功能。

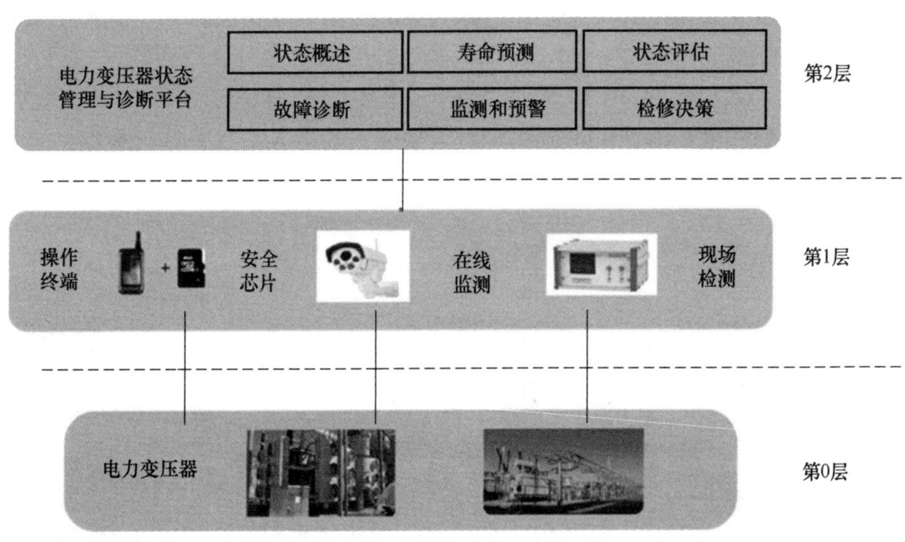

图 7-159　系统架构示意图

4. 功能和方法

电力变压器预测性维护测试床主要实现了电力变压器的物联与边缘计算管理、状态总览、监测预警、状态评估、故障诊断、寿命预测和检修决策，详细介绍如下。

1）物联与边缘计算管理：实现边缘端数据采集与分析功能，包括设备状态、趋势分析、硬件管理、报警管理和系统管理等。

2）状态总览：主要实现在线监测数据、试验数据、巡检数据、设备历史记录等相关信息归纳和展示，为平台设备状态监控和诊断提供数据支撑。

3）监测预警：主要实现对接入的实时数据进行分析，对超出预警值的监测指标，发布预警信息，从而对设备的不良状态做到及时预警。

4）状态评估：主要实现变压器设备整体和分部件运行状态分析，包括正常状态、注意状态、异常状态、严重状态。

5）故障诊断：主要实现对已发生故障设备进行分析诊断，通过故障树、专家系统、大数据分析等故障诊断方法，实现设备故障诊断自动化和故障诊断全过程的可视化。

6）寿命预测：主要实现对设备实时数据和历史数据的分析，应用大数据、人工智能分析方法，按照短期、中期、长期进行设备状态预测和寿期管理。

7）检修决策：主要实现根据状态评估、故障诊断、寿命预测结论，对设备的运维策略进行动态调整，并制定下一阶段的检修决略。

5. 技术亮点

电力变压器预测性维护测试床的突出特点如下。

1）多监测手段融合分析：通过采集电力变压器投运前信息（台账、验收记录、图纸等）、运行信息（巡视、缺陷记录、故障跳闸、在线监测、带电检测、不良工况等）、检修试验信息（例行试验报告、专业巡检报告、检修报告等）、其他信息（人、财、物等）多源数据，实现设备状态分析、故障诊断和寿命预测功能，并为下一步工作制定检修决策方案。

2）大数据和边缘算法的应用：应用小样本、随机森林、FMECA、贝叶斯网络等前沿大数据分析、机器学习算法，结合现场泛在物联装置的边缘计算功能，进一步优化预测精度和模型的普适性。

6. 可视化

电力变压器预测性维护测试床可以实现电力变压器的设备信息、运行数据、采集状态数据，分别通过状态评价、故障诊断、寿命预测等模块，对设备当前运行状态（正常、注意、异常、严重），未来设备状态预测（低风险、中风险、高风险）进行可视化展示，可视化界面如图 7-160 所示。

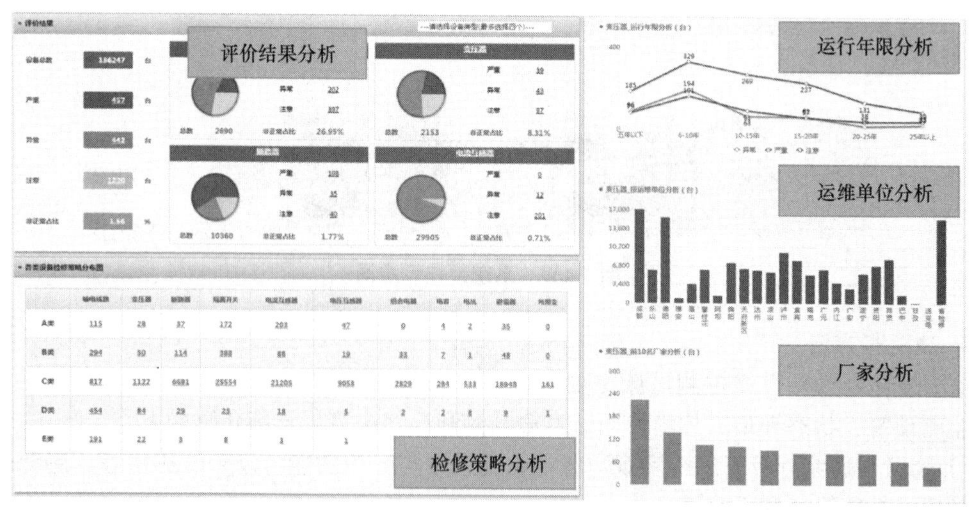

图 7-160　变压器预测性维护界面

7. 数据需求

表 7-24 所示为数据需求表。

表 7-24　数据需求表

设备	部件	故障模式	数据需求	监测手段
数控机床	轴承	轴承故障	振动、温度	传感器
			转速、负载	PLC
		转子偏心	转速、电流、电压	PLC
		定子绕组绝缘衰退	转速、电流、电压	PLC
		转子失磁/绕组故障	转速、电流、电压	PLC
		转子断条	振动	传感器
			转速、电流	PLC
	刀具	刀具磨损	振动	传感器
			使用次数	计数器
	主轴	主轴弯曲	振动	传感器
		主轴磨损	振动	传感器
	电池	电池寿命	电流、电压	PLC
	丝杠	丝杠旋转距离	丝杠运行距离	计数器
智能机器人	RV 减速器	位置误差	编码器、振动	传感器（内置）
	驱动电动机	轴承故障	振动	传感器（内置）
			转速、电压、电流	PLC
		过载	电压、电流	PLC
	润滑油	润滑油消耗过度	润滑油消耗量	计数器（内置）
	带	带磨损	润滑油消耗量	计数器（内置）
变压器	绕组	短路故障	油温、油中溶解气体	传感器（内置）
		断路故障	直流电阻、油中溶解气体	传感器
		绕组过热	糠醛值、油中溶解气体、直流电阻	传感器
		绕组变形	频响曲线	传感器
	铁芯	多点接地	绝缘电阻、油中溶解气体、振动	传感器
		接触不良	介质损耗、油中溶解气体、局放量	传感器
	套管	渗漏油	油位	传感器（内置）
		瓷套闪络	污秽度	传感器
		套管发热	温度、油中溶解气体	传感器
		绝缘受潮	微水、介质损耗	传感器

7.4.18　场景 18：自动扶梯的状态监测与故障预警

1. 概述

沈阳中科博微科技股份有限公司（以下简称“中科博微”）联合广州广日电梯工业有限

公司建立了自动扶梯的状态监测与故障预警系统，搭建了软硬件系统以实现对自动扶梯的预测性维护。自动扶梯的状态监测与故障预警系统实现了系统架构中的状态监测、故障诊断与剩余寿命预测，位置如图 7-161 所示，覆盖了第 0~2 层级。

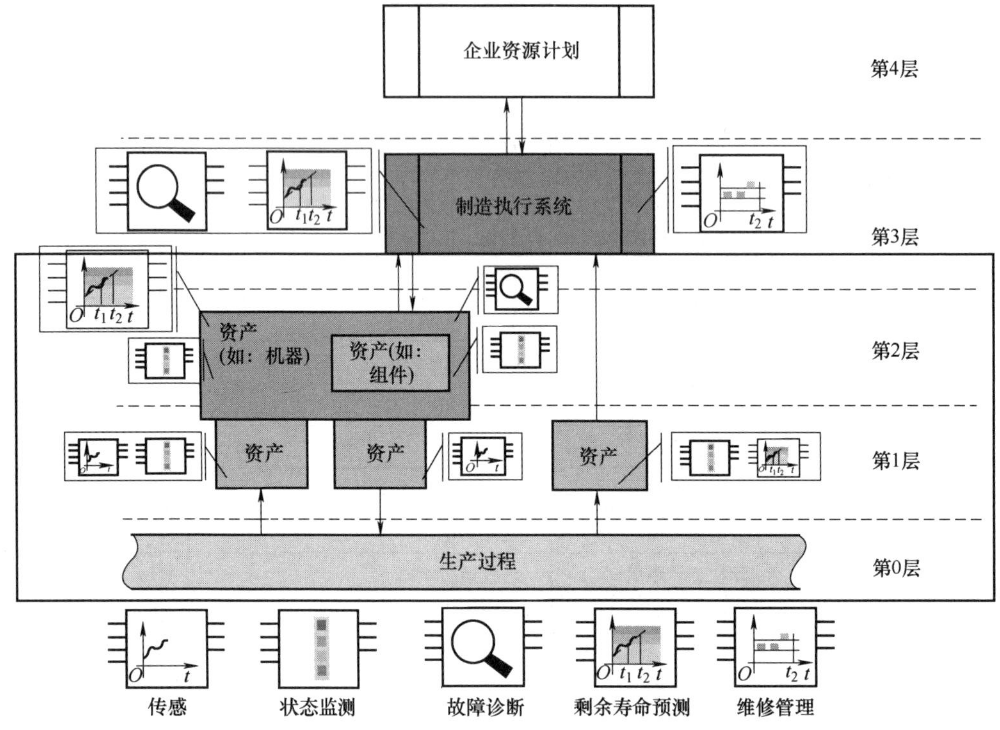

图 7-161　系统层级示意图

自动扶梯的状态监测与故障预警系统在自动扶梯上部署了振动传感器、噪声传感器、位移传感器和温度传感器等感知终端，实现了自动扶梯设备的传感、状态监测、故障诊断和剩余寿命预测功能，具体如图 7-162 所示。

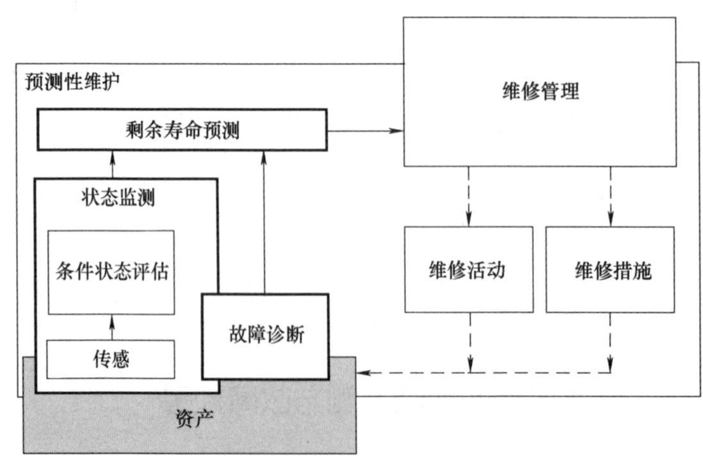

图 7-162　系统功能示意图

2. 角色

在自动扶梯的状态监测与故障预警系统建设中，广州广日电梯工业有限公司的角色为资产运行商，中科博微的角色为服务供应商，主要负责提供自动扶梯状态监测与故障预警系统的软硬件设备、建设方案与数据/模型。在紧急情况下，自动扶梯的状态监测与故障预警系统可及时将设备状态及故障预警信息通知给广州广日电梯工业有限公司（资产运营商）。图 7-163 所示为实施角色示意图。

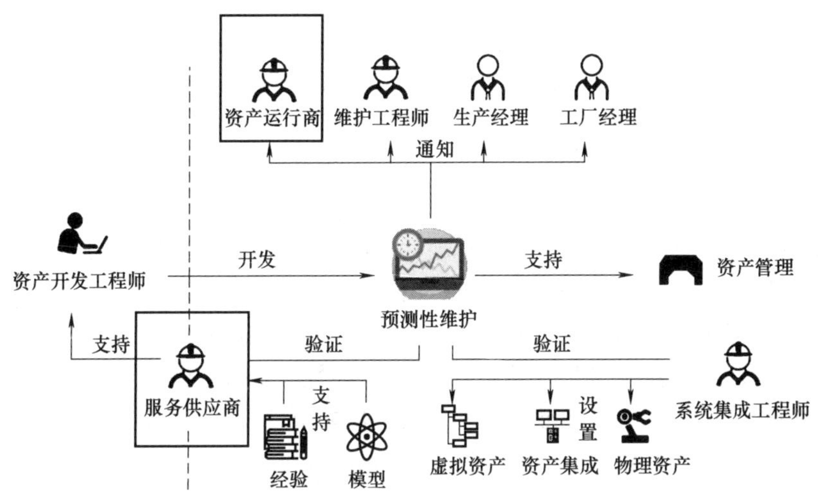

图 7-163　实施角色示意图

3. 系统架构

自动扶梯的状态监测与故障预警系统针对电扶梯设备部署和安装振动、位移、温度、噪声等传感器，同步采集传感器信号，实现了边缘计算管理、状态监测与故障预警等功能，系统架构示意图如图 7-164 所示。

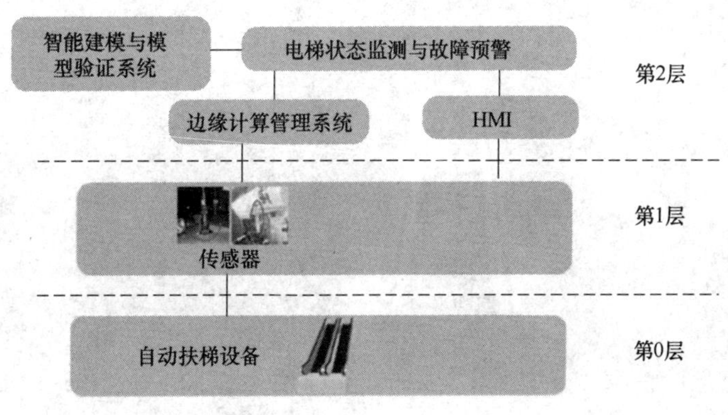

图 7-164　系统架构示意图

4. 功能和方法

自动扶梯的状态监测与故障预警系统主要实现了自动扶梯设备的数据采集、状态监测和故障预警功能，其实现的功能主要如下。

1）物联与边缘计算管理：实现边缘端数据采集与分析功能，包括自动扶梯设备状态、硬件管理、报警管理、诊断参数管理和数据通信等。

2）大数据服务与云平台管理：主要实现故障预警算法模型运行环境搭建、数据中心数据的分析和处理，包括流程管理、模型管理、设备管理、接入服务、数据服务和系统配置管理等模块。

3）智能建模与模型验证；主要实现故障预警模型的开发、迭代优化和模型验证，建立算法的全生命周期管理模型库，提高了模型的精确度和泛化能力。

4）状态监测与故障预警：主要实现自动扶梯的状态及故障预警结果的可视化分析和集群管理功能，包括健康度显示、温度趋势分析、噪声趋势分析、位移趋势分析、振动趋势分析、振动频谱分析、振动时域分析、振动倒谱分析和振动包络谱分析等模块。

5. 技术亮点

自动扶梯的状态监测与故障预警系统的突出特点如下。

1）多监测手段融合分析：通过采集自动扶梯内置的控制器数据，与振动、温度、位移、噪声等传感器信号融合分析，实现了自动扶梯设备的故障预警功能。

2）机器学习算法的应用：采用分支卷积网络、长短期记忆网络、近邻传播、联邦学习等机器学习和深度学习算法，提高预测的精度和鲁棒性，降低算法计算量。

3）故障预警分析：基于设备健康度模型及劣化模型进行多变量多规则的实时动态分析，实现了自动扶梯的故障预警功能，为自动扶梯的预测性维护实施奠定了基础。

6. 可视化

自动扶梯的状态监测与故障预警系统可以实现自动扶梯的设备信息、运行历史状况、当前状态、采集参数、健康度趋势的实时可视化展示。绿色、黄色、红色分别表示设备正常、设备异常、设备故障三种状态，可视化界面如图 7-165～图 7-167 所示。

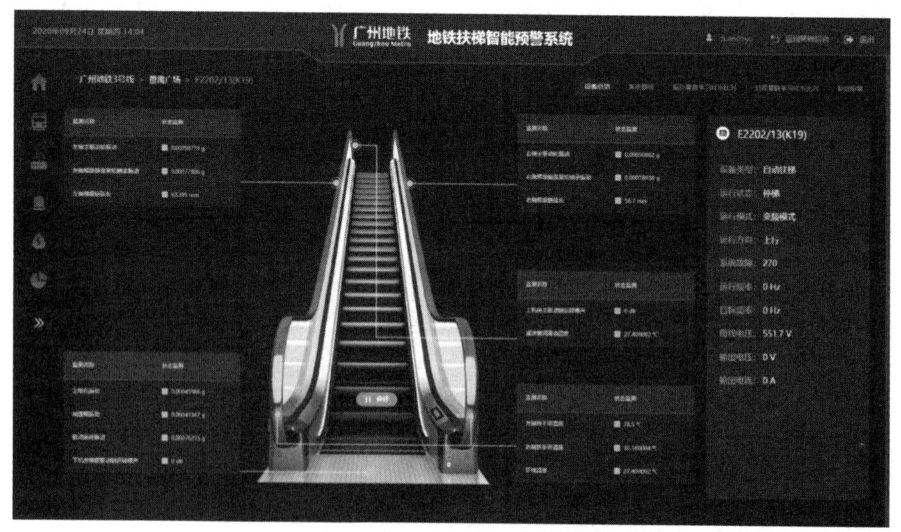

图 7-165　自动扶梯状态监测与故障预警系统界面

7. 数据需求

表 7-25 所示为数据需求表。

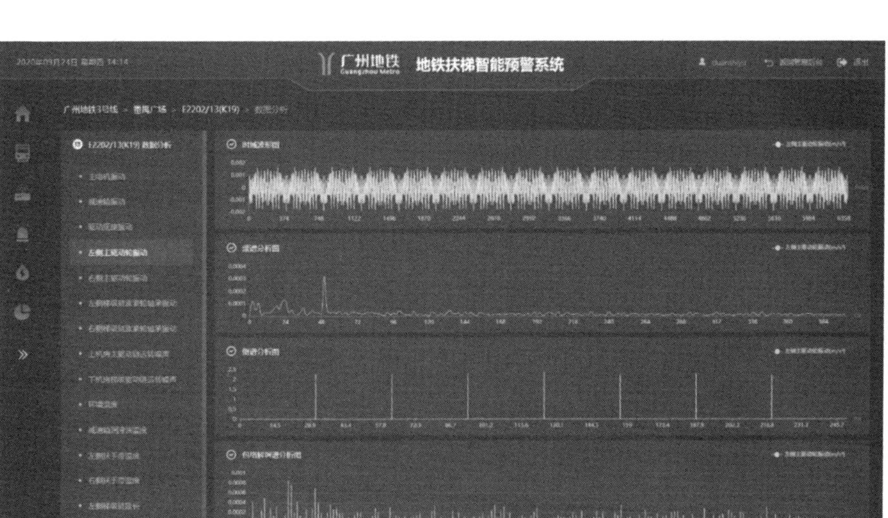

图 7-166　自动扶梯数据分析

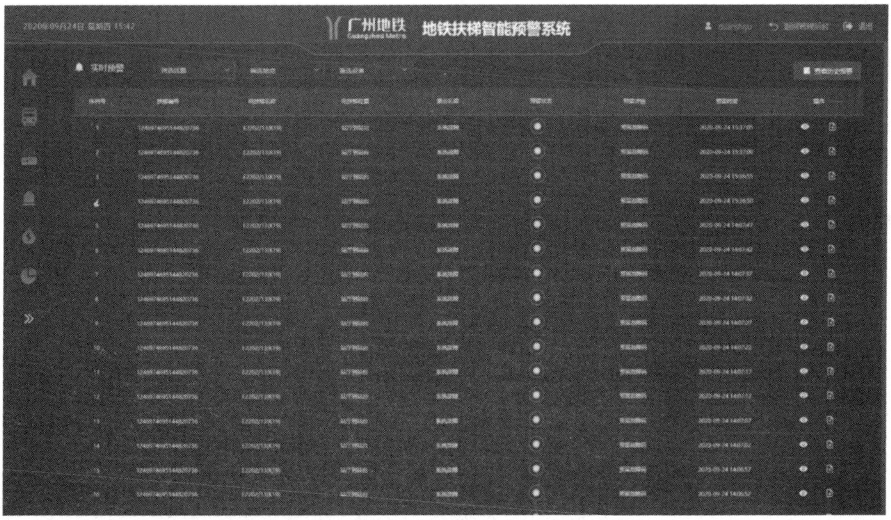

图 7-167　自动扶梯实时预警界面

表 7-25　数据需求表

设备	部件	故障模式	数据需求	监测手段
自动扶梯	电动机	转子偏心	振动	振动传感器
		轴承故障		
	减速器	齿轮故障	振动	振动传感器
		轴承故障		
		油温故障	温度	温度传感器

（续）

设备	部件	故障模式	数据需求	监测手段
自动扶梯	驱动主机底座	固定螺栓松动	振动	振动传感器
	主驱动轮	轴承故障	振动	振动传感器
	梯级链拉紧轮	轴承故障	振动	振动传感器
	主驱动链	噪声故障	噪声	噪声传感器
	梯级链	延展故障	位移	位移传感器
		噪声故障	噪声	噪声传感器
	扶手带	扶手带温度	温度	温度传感器

7.4.19 场景19：基于润滑油液IoT的水泥设备预测性维护

1. 概述

水泥行业的有效产能非常依赖于生产线设备的正常运转。工业润滑油相当于工业设备的血液，资料表明，通过油液在线监测能够更早地发现设备的潜在故障，特别是含有液压系统和齿轮箱系统的大型水泥生产线设备。图7-168所示为设备故障发展阶段及表征。

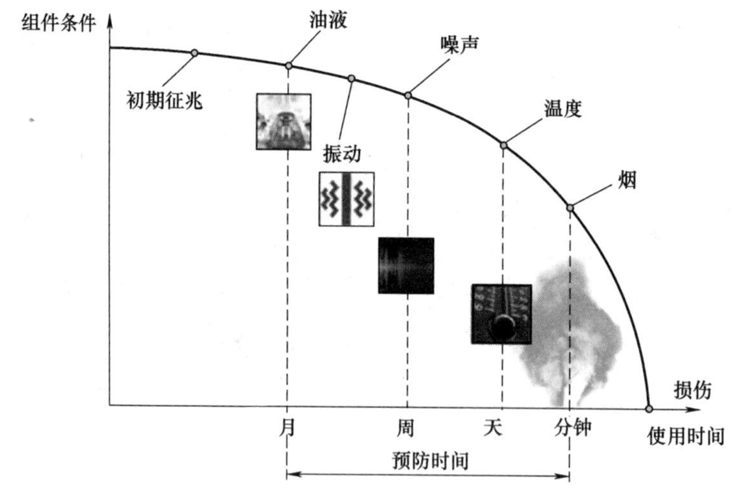

图7-168 设备故障发展阶段及表征

本案例结合了已有的现场服务网络和前沿的预测性维护技术，基于润滑油液IoT的水泥设备预测性维护平台，开发了基于润滑油液物联网的预测性维护闭环方案，以解决水泥行业关键设备的可靠运维问题。基于润滑油液IoT的水泥设备预测性维护平台实现了系统架构中的状态监测、故障诊断与剩余寿命预测，位置如图7-169所示，覆盖了第0~2层级。

基于润滑油液IoT的水泥设备预测性维护平台采集运动黏度、润滑油温度、油品品质（介电常数）、油液污染颗粒度、铁磁性/非铁磁性颗粒等信号，实现了水泥设备的状态监测、故障诊断、剩余寿命预测和维修管理等功能，具体如图7-170所示。

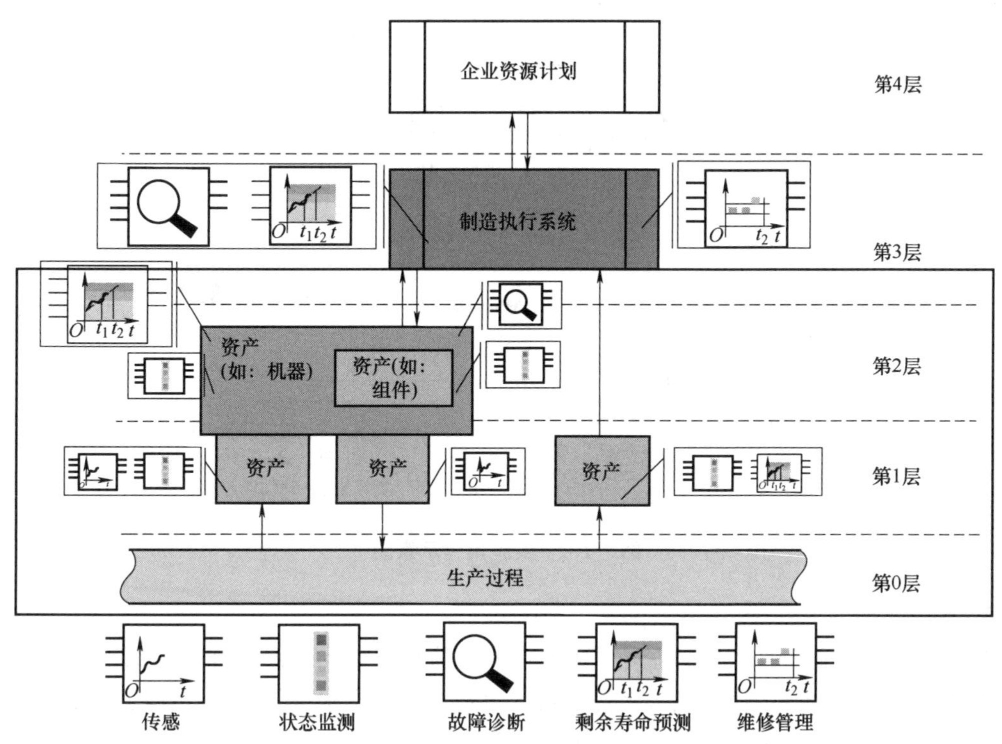

图 7-169　系统层级示意图

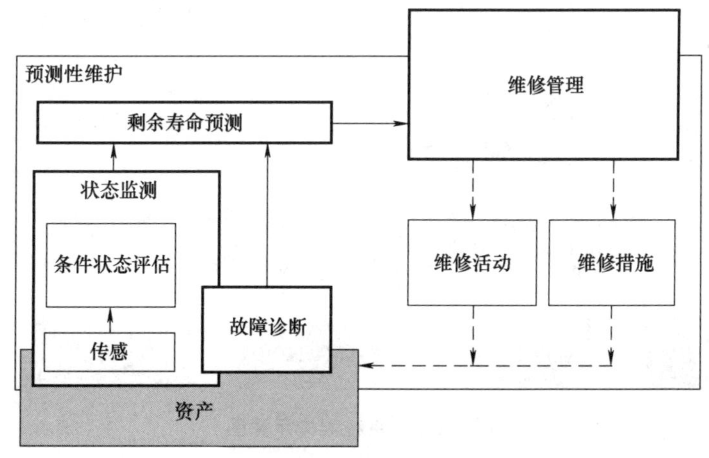

图 7-170　系统功能示意图

2. 角色

本案例的实施模式包含三个角色：设备用户（水泥生产线的设备管理人员）、服务供应商运营方［震坤行制能制造（苏州）有限公司（以下简称震坤行）智能物联网事业部］、维护工程师（震坤行服务商协同网络）。震坤行智能物联网事业部的角色为服务平台运营方，主要提供物联网和预测性维护技术、平台建设方案和数据/模型支持；震坤行现有团队拓展的服务商协同网络是维保服务的实施方，主要提供现场服务支持，包含换油、清洗、过滤等实操和培训支持。图 7-171 所示为实施角色示意图。

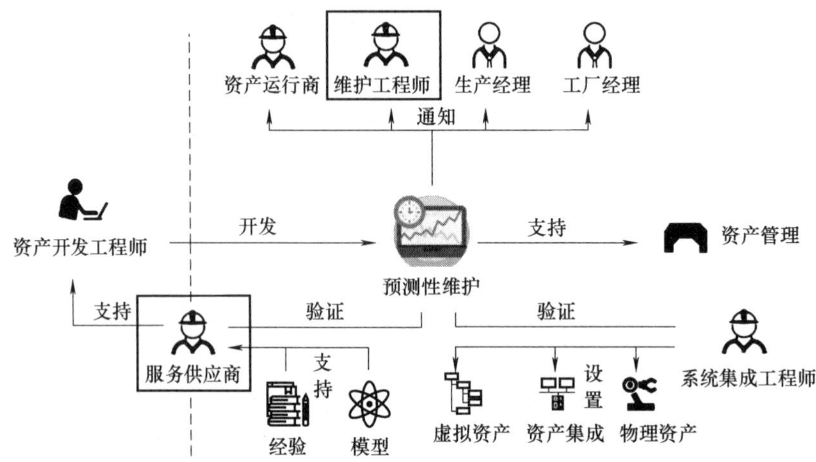

图 7-171　实施角色示意图

3. 系统架构

基于润滑油液 IoT 的水泥设备预测性维护平台的系统架构示意图如图 7-172 所示。其中硬件主要是水泥生产线中篦冷机、水泥磨机等设备，以及含水率传感器、品质、微水等专用传感器组成的一体化监测硬件。软件主要包含智能硬件管理系统、设备运维大脑、数字化管理的现场服务网络等系统。

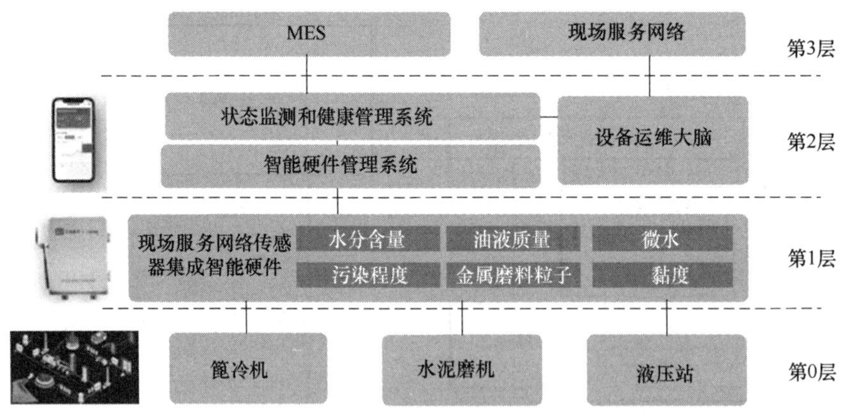

图 7-172　系统架构示意图

4. 功能和方法

基于润滑油液 IoT 的水泥设备预测性维护平台的主要功能包含三大模块，如图 7-173 所示。

5. 技术亮点

基于润滑油液 IoT 的水泥设备预测性维护平台的突出特点如下。

1）润滑传感 IoT 能力：震坤行紧跟推出的一体化智能监测硬件，覆盖各种常见润滑监测需求，同时无须侵入式安装，采用回路安装方式。

图 7-173　系统功能模块

2）润滑大数据积累及分析技术领先：震坤行拥有多项专利和近 5 万份油液分析数据报告，技术领先。

3）覆盖全国的强大线下服务网络：震坤行能够提供面向全国的服务覆盖、备品备件供应和现场服务支持能力，可最大程度减少设备非计划停机的影响。

6. 可视化

基于润滑油液 IoT 的水泥设备预测性维护平台以小程序和 SaaS 软件为载体，为设备用户和设备服务商提供监测、分析、现场服务等能力。软件支持历史数据趋势查看，可全面了解润滑运行状态；支持数据指标对比查看，从而凸显数据分析价值。界面如图 7-174 和图 7-175 所示。

图 7-174　水泥设备预测性维护平台小程序界面

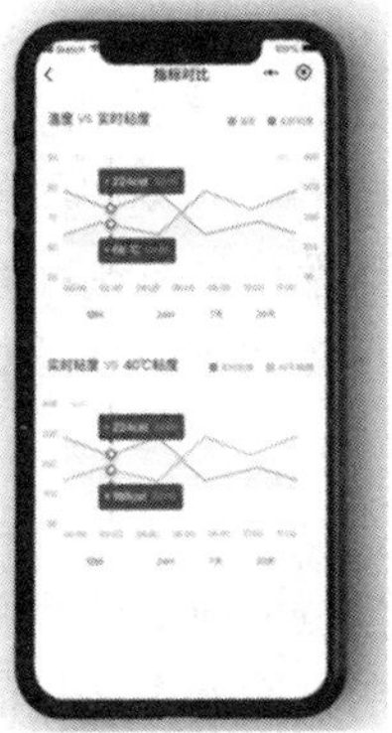

图 7-175　水泥设备预测性维护平台小程序数据分析界面

7. 数据需求

表 7-26 所示为数据需求表。

表 7-26　数据需求表

设备	部件	故障模式	数据需求	监测手段
水泥设备——回转窑	电动机	轴承故障	振动、温度、电压、电流	传感器
		转子故障	振动、温度、电压、电流	传感器
		定子故障	振动、温度、电压、电流	传感器
		联轴器故障	振动、温度	传感器
	齿轮箱	轴承故障	振动、油液（金属磨粒、黏度）	传感器
		齿轮故障	振动、油液（金属磨粒、黏度）	传感器
		轴故障	振动	传感器
	齿圈	轴承故障	振动、温度	传感器
		齿轮故障	振动、温度	传感器
		基座松动	振动	传感器
水泥设备——篦冷机	液压系统	进水	油液（清洁度、微水）	传感器
		系统卡阀	油液（清洁度、微水）	传感器
	电动机	轴承故障	振动、温度、电压、电流	传感器
		转子故障	振动、温度、电压、电流	传感器
		定子故障	振动、温度、电压、电流	传感器
		联轴器故障	振动、温度	传感器

7.4.20　场景 20：石化厂风机的预测性维护

1. 概述

石化厂风机停机会对石化厂造成巨大损失，因此对厂房内的重要设备进行预测性维护，做到早维护、早介入、早诊断，对保障设备的健康及生产线的稳定具有重要意义。诺佤（上海）仪器检测中心（以下简称诺佤）主要责建设预测性维护系统以实现对厂房内风机的预测性维护。预测性维护系统在系统层级中的位置如图 7-176 所示，覆盖了第 0~2 层级。

石化厂风机预测性维护系统可以实现风机的传感、状态评估和故障诊断等功能，如图 7-177 所示。

2. 角色

本案例采用智慧型线上监测系统，实施模式为服务供应商与系统集成工程师合作开发预测性维护系统。在本案例中诺佤的角色为服务供应商，主要提供预测性维护技术、平台建设方案和数据/模型支持；同时也为系统集成工程师，负责将预测性维护功能与制造商的硬件

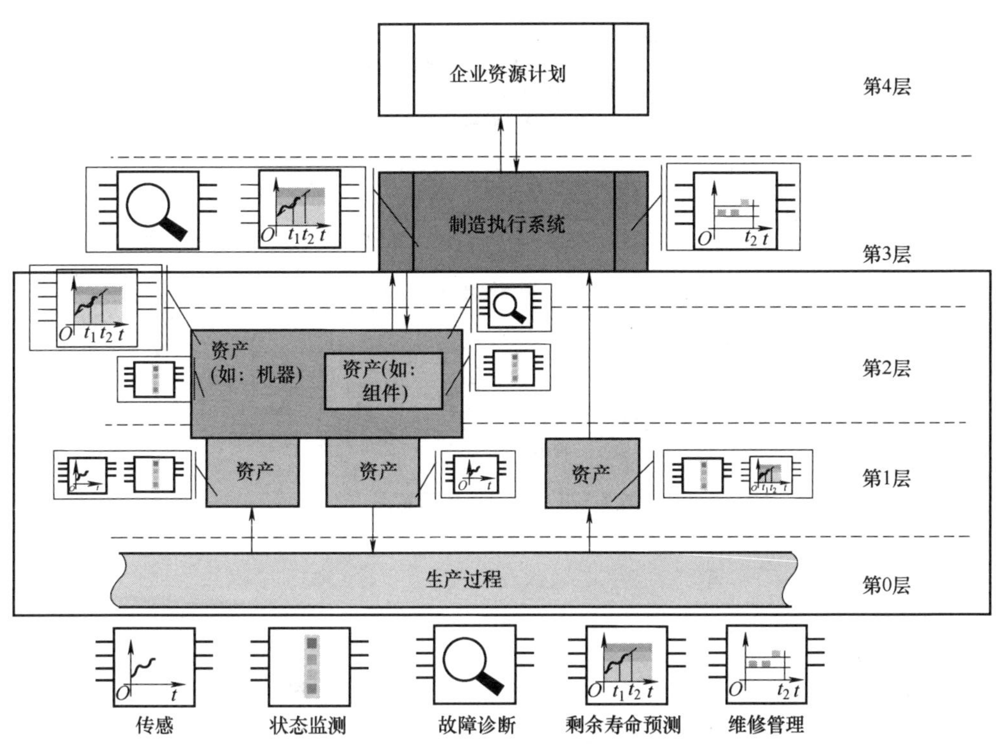

图 7-176　系统层级示意图

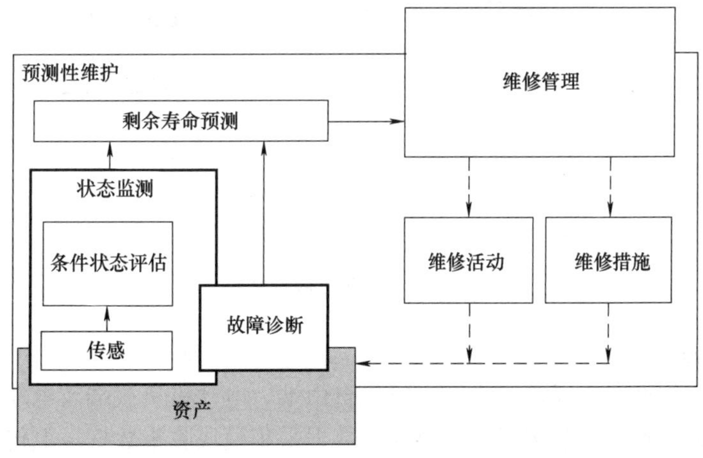

图 7-177　系统功能示意图

和软件进行连接，以实现系统集成。图 7-178 所示为实施角色示意图。

3. 系统架构

在振动监测分析量测方面，诺佤针对厂房内的风机，提供了一套包括数据采集、无线传感器、振动监控系统和数据分析在内的设备振动状态监控方案，系统结构示意图如图 7-179 所示。

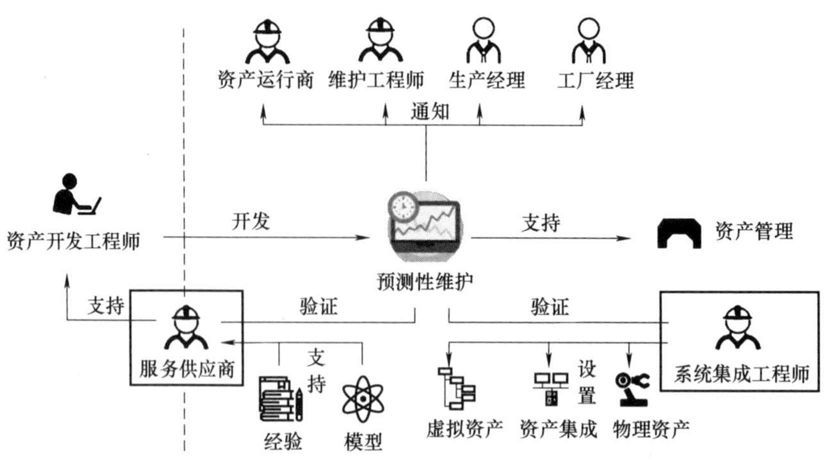

图 7-178　实施角色示意图

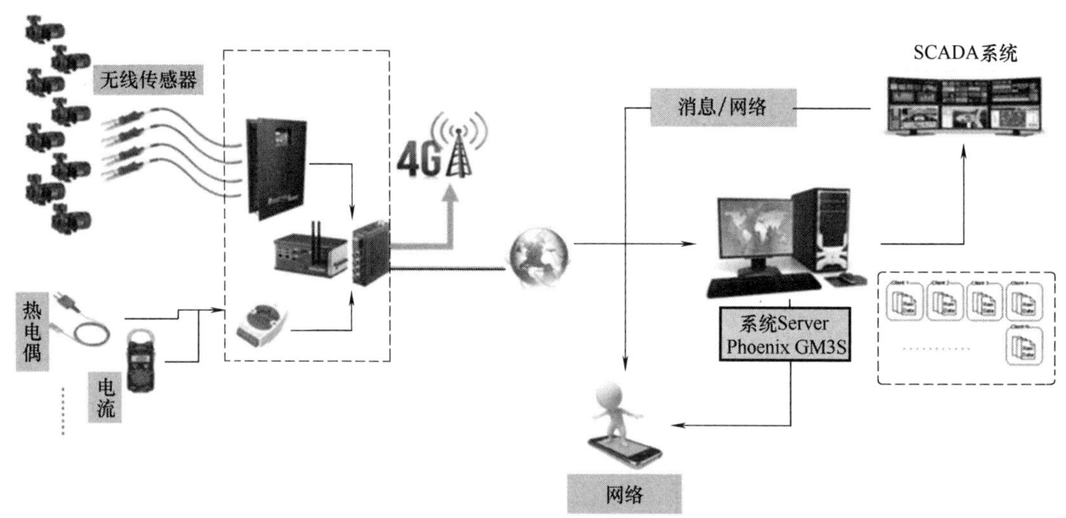

图 7-179　系统结构示意图

4. 功能和方法

诺佤将监测点位设置于风机张力端、风机自由端、电动机负载端及电动机自由端共 4 个量测点位，并在每个点位安装传感器，再通过数据采集模块收集数据，上传至监测系统完成智能数据筛选及分析。

1）多测点数据采集：通过预测性维护系统对设备做持续且密集的振动数据监测。采集点如图 7-180 所示。监测位置如图 7-181 所示。

2）故障精准定位：可基于频谱图分析等手段进行振动异常原因分析，精准定位故障发生部位及故障发生原因。

3）基于专家经验的预测性维护：依据行业专家经验，基于状态数据频谱分析等手段进行诊断分析，保障诊断结果的准确性。

设备	测点	检测时间	检测值
电动机	自由端水平向	2020/12/29 17:31	7.2826/(mm/s)
	自由端垂直向	2020/12/29 17:32	3.8627/(mm/s)
	负载端张力向	2020/12/29 17:32	4.6347/(mm/s)
	负载端张力向+90°	2020/12/29 17:33	6.7047/(mm/s)
	负载端轴向	2020/12/29 17:33	3.8286/(mm/s)
风机	张力端水平向	2020/12/29 17:34	2.6732/(mm/s)
	张力端水平向+90°	2020/12/29 17:34	3.2896/(mm/s)
	张力端轴向	2020/12/29 17:35	1.9852/(mm/s)
	自由端水平向	2020/12/29 17:36	1.9179/(mm/s)
	自由端垂直向	2020/12/29 17:36	3.1761/(mm/s)
	自由端轴向	2020/12/29 17:37	2.0844/(mm/s)

图 7-180　采集点

图 7-181　监测位置示意图

5. 技术亮点

诺伲预测性维护系统可实现厂房内风机的状态监测和故障诊断，主要功能如下。

1）完整的解决方案：针对客户不同需求、限制及预算，提供从最基础至最全面的预知保养系统选择。

2）传输方式：针对现场的不同的环境限制，可提供有限、无线、半无线等解决方案。

3）边缘计算管理：实现边缘端数据采集与分析功能，包括设备状态、趋势分析、硬件管理、报警管理和系统管理等模块。

4）预测性维护云平台：主要实现预测性维护算法模型运行环境搭建、数据中心数据的分析和处理，包括接入服务、数据服务、系统管理等模块。

5）状态监控与健康评估：主要实现装备状态及预测结果的可视化分析，包括温度趋势分析、电流趋势分析、振动 RMS 值趋势分析、振动频谱分析和 RUL 值显示等模块。

6. 可视化

预测性维护软件可以实现包括温度、电流、转速等参数及振动加速度、有效值等状态参数的可视化展示。绿色、黄色、红色分别表示设备正常、设备异常、设备故障三种状态，实现可视化显示和预警。可视化界面如图 7-182 所示。

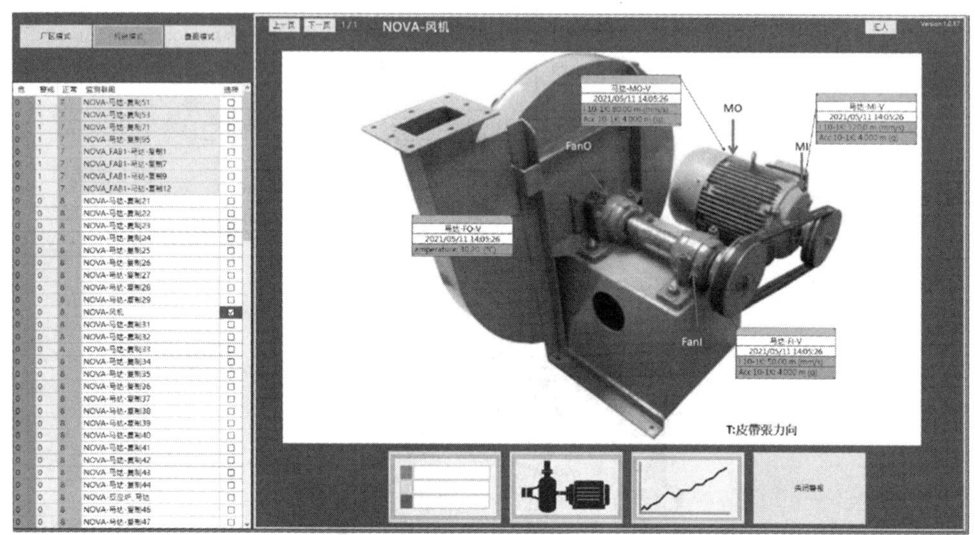

图 7-182　预测性维护系统可视化界面

7. 数据需求

表 7-27 所示为数据需求表。

表 7-27　数据需求表

设备	部件	故障模式	数据需求	监测手段
风机	轴承	轴承弯曲、磨损	振动	传感器
		滚珠磨损	振动	传感器
		保持器偏离	振动	传感器
		内环/外环损坏	振动	传感器
	电动机	转子偏心	振动	传感器
		电熔异响	振动	传感器
		基座不稳	振动	传感器

7.4.21　场景 21：配电室的预测性维护

1. 概述

福建阿古电务数据科技有限公司（以下简称阿古电务）基于智能边缘计算的工业物联网平台 Agorae DR-EMS 提出了配电房预测性维护管理方案，该方案融合了网络、计算、存储和应用核心能力。通过以配电设备及末端负荷为模型，设立了边缘计算中心，并结合多时空尺度测量装置的部署，对变配电设备及其分支回路进行全面监测、实时感知，提高了配电网的超前预警能力、快速感知能力、实时监测能力、应急处置能力和系统评估能力，为配电网的可靠性和能源优化提供了有力支撑，从而助力用户实现配电及负荷设备的数字化与透明化。平台在生产系统架构中的位置如图 7-183 所示，覆盖了第 0~2 层级。

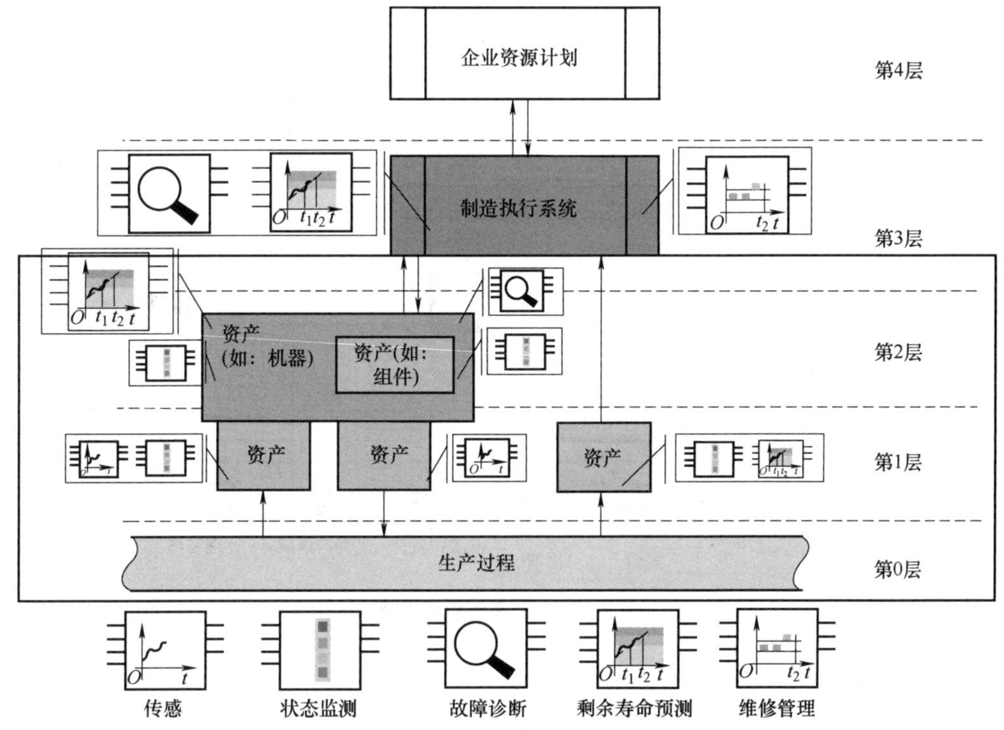

图 7-183　系统层级示意图

基于智能边缘计算的工业物联网平台可以实现传感、状态监测、故障诊断、剩余寿命预测和维修管理等功能，如图 7-184 所示。

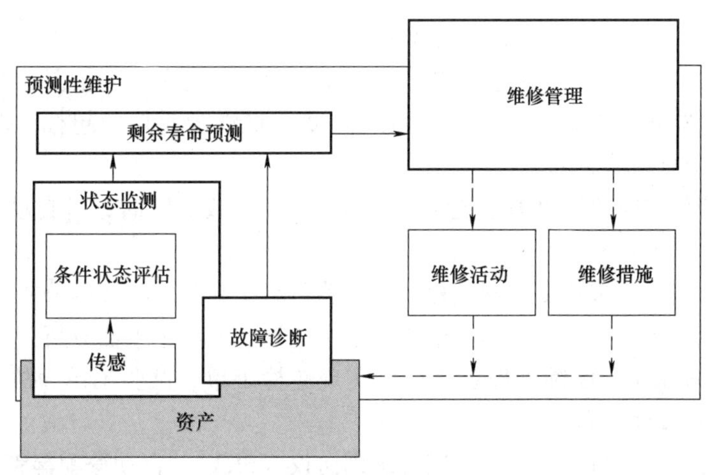

图 7-184　系统功能示意图

2. 角色

在配电房预测性运维平台建设中阿古电务的角色为服务供应商，主要提供预测性维护技术、平台建设方案、数据分析和机理模型支持；高端制造、商业建筑、数据中心、充电场站、流程工业等行业用户为使用者，主要负责利用预测性维护技术等实现企业能耗监测、设备故障运维巡检等功能。图 7-185 所示为实施角色示意图。

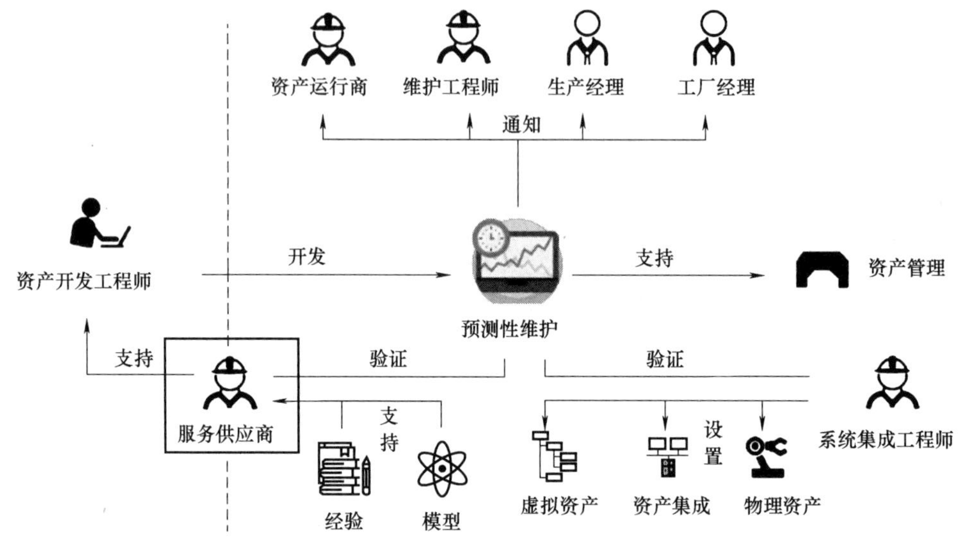

图 7-185　实施角色示意图

3. 系统架构

本案例利用 RAMEV A8 多通道智能数据采集感知量测终端、RAMEV X1 边缘数据智能箱、RAMEV X5 边缘数据智能柜等设备，结合 Agorae DR-EMS 配用电可靠性及能效管理平台实现整个系统的互联互通。

4. 功能和方法

（1）运行监测管理系统

1）配电监测：24h 无人值守，实时监测电气设备与环境等运行信息。

2）负荷监测：监测负荷全电量参数，实时掌握负荷运行及能耗情况。

3）电气安全监测：监测电气安全设施的温度，监测能耗是否超标，保证能效指标达成，提高电气安全可靠性。

4）自动告警：实时感知电力系统情况，当出现异常或故障时，可自动、多渠道推送告警信息。

5）可靠性分析：可进行变压器损耗、变压器负载率和开关与线路分析。

6）电能质量：可进行谐波监测、电压合格率统计和三相不平衡分析。

（2）运维管理系统　运维管理系统可以实现巡检工单、试验工单、故障工单、厂商维保工单等的创建和过程追溯。

1）工单管理：可进行工单自定义服务级别协议（SLA）、自动分配等管理。用户通过移动端实时需要关注故障单趋势。

2）设备巡检：自定义内容格式，通过巡检设备，进而优化设备，以确保设备可靠运行。

3）设备管理：对设备全生命周期和设备档案进行管理。

4）设备分析：针对设备多维度类型等信息进行分析。

（3）智慧能效管理系统

1）能源全覆盖：实现对水、电、气（汽）、热等能耗情况实时动态监测。

2）能耗监测：实现企业用能情况的实时在线分类、分支路、分项、分区域监测，并制作能源流向图。

3）用能统计：支持对企业用能单元历史能耗数据进行统计和查询，通过统计分析，优化用能结构。

4）能效分析：对电量、电费、能效等相关数据进行分析；可支持对电量电费峰、谷、平多费率计算，以及基础电费的容量和需量计算。

5）成本控制：针对基本用电、设备生命周期、资产绩效优化等数据分析及控制管理。

6）报表功能：具有丰富的报表功能，支持个性化定制并可实时下载。

5. 技术亮点

1）领先的云边协同的边缘计算能力。支持近百种协议规约无缝连接，采样频率双向可调。

2）灵活的微服务架构。组件化应用部署，多场景零代码配置，支持流程自定义/对象自定义。

3）强大的告警策略规则。阈值/频次/时间等多维度告警收敛，极大地降低了误报率。

4）基于数字孪生的源网荷一体化综合管控，从系统和设备可靠性到全局能效管理，业务流—能源流—数据流—价值流全链路价值流转看得见、管得了、用得好。

5）移动端 APP、小程序、公众号、PC 端多端合一，可满足不同组织、不同对象、不同权限的多角色主体灵活配置需求。

6）服务省心。可提供全厂区企业的故障报修、定期巡检、耗材申请等服务，通过 AgoraeDR-EMS 平台中的智能工单系统应用和“码上好工业” APP 的应用，简单高效地实现了全流程全链路的服务优化。

7）安全无忧。可保障电力运行安全、设备运行安全等。通过 AgoraeDR-EMS 平台多源数据融合、汇聚、展现，实现了集中式安全监管保障。各个子系统负责监控、监测、记录、分析与管理，利于查找隐患、弥补过失、厘清事实、还原真相、分清责任并总结经验。

8）提升能源效率。通过 Agorae 工业互联网平台 DR-EMS 强大的配用电数据融合能力和全链路全天候运行数据监测分析，结合平台强大的工业大数据分析能力，高效分析洞察了各设备能量浪费情况，为进一步的节能优化提供了决策依据。

6. 可视化

（1）线路电力资源管理　对电气线路节点开关（额定电流、分断能力等参数）、电缆（线径、载流等参数）和负荷设备（功率、额定电流、额定电压等参数）资料进行系统登记和管理，并自动生成电气线路路由拓扑，实时展示监测点运行参数数据、异常状态预警与告警。电气线路监测界面如图 7-186 所示。

图 7-186　电气线路监测界面

（2）监测点数据查询　查询各监测点实时的运行参量数据，并可方便查询历史数据曲线，及早发现故障隐患，界面如图 7-187 所示。

图 7-187　监测点数据查询界面

（3）线路电量和负荷分析　通过线路各节点的电量和负荷的变化情况，分析是否存在异常用电，界面如图 7-188 和图 7-189 所示。

（4）告警中心　通过告警中心对各监测点进行告警规则和阈值设定，数据异常触发预警和告警。同时可以查看告警类别及告警次数，对隐患进行分析，并进行工单派转，告警分析界面如图 7-190 所示。

7. 数据需求

表 7-28 所示为数据需求表。

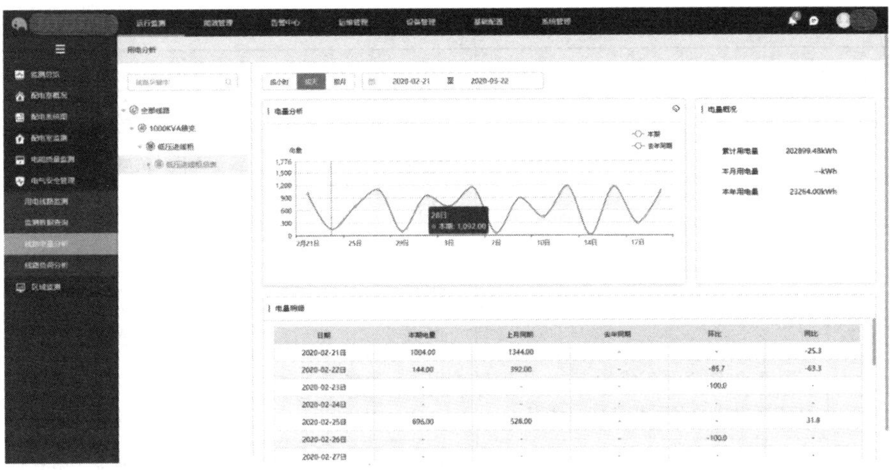

图 7-188　电量分析界面

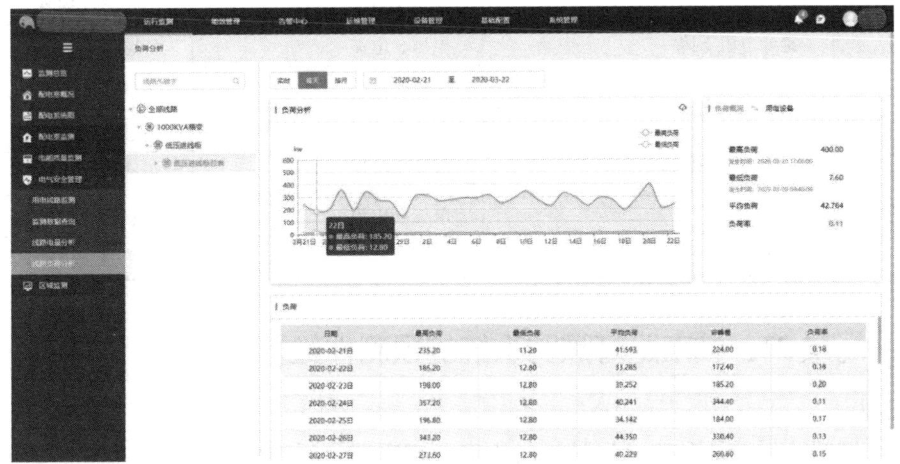

图 7-189　负荷分析界面

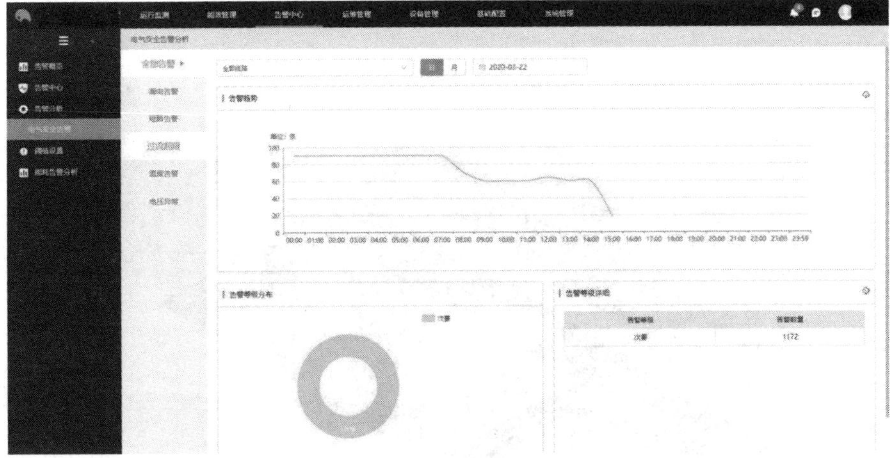

图 7-190　告警分析界面

表 7-28　数据需求表

设备	故障模式	数据需求	监测手段
油浸式变压器	声音出现异常	谐波、电压、电流	传感器（内置）
		电流	传感器（内置）
		电流	传感器（内置）
		振动	传感器（内置）
		声音	传感器（内置）
		电流	传感器（内置）
	在正常负荷和正常冷却方式下，变压器出现油温不断升高的情况	温度、电流	传感器（内置）
		电流、温度	传感器（内置）
	出现三相电压不平衡的情况	电压	传感器（内置）
		电压	传感器（内置）
		电压、电流	传感器（内置）
干式变压器	绝缘电阻下降	电压、电流	传感器（内置）
	变压器铁芯多点接地	电流	传感器（内置）
	变压器保护跳闸故障	电流	传感器（内置）
		电压、电流	传感器（内置）
		电压、电流	传感器（内置）
	绕组过热	温度、电流	传感器（内置）

7.4.22　场景 22：城市路灯照明系统的预测性维护

1. 概述

城市路灯照明系统的预测性运护解决方案可实现路灯系统的 24h 实时监测、诊断，并能及时做出运维决策，提升末端负荷和照明系统的数字化、智能化，提高市政照明系统设备运行态势感知和主动控制能力，图 7-191 所示为城市路灯照明示意图。

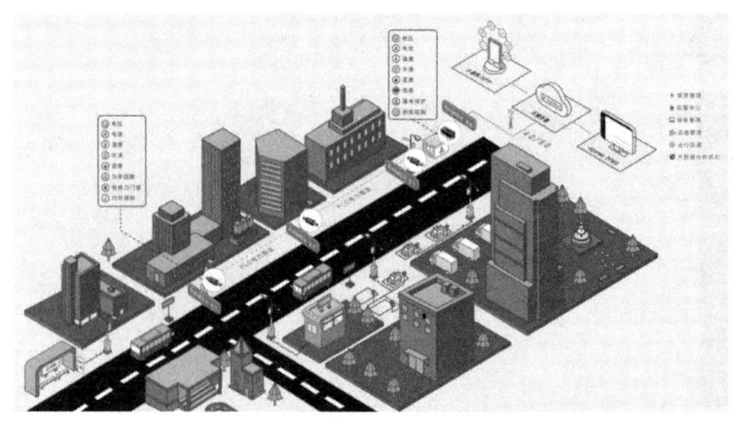

图 7-191　城市路灯照明示意图

城市路灯照明系统的预测性维护系统实现了系统架构中的监测与诊断，位置如图 7-192 所示，覆盖了第 0~2 层级。

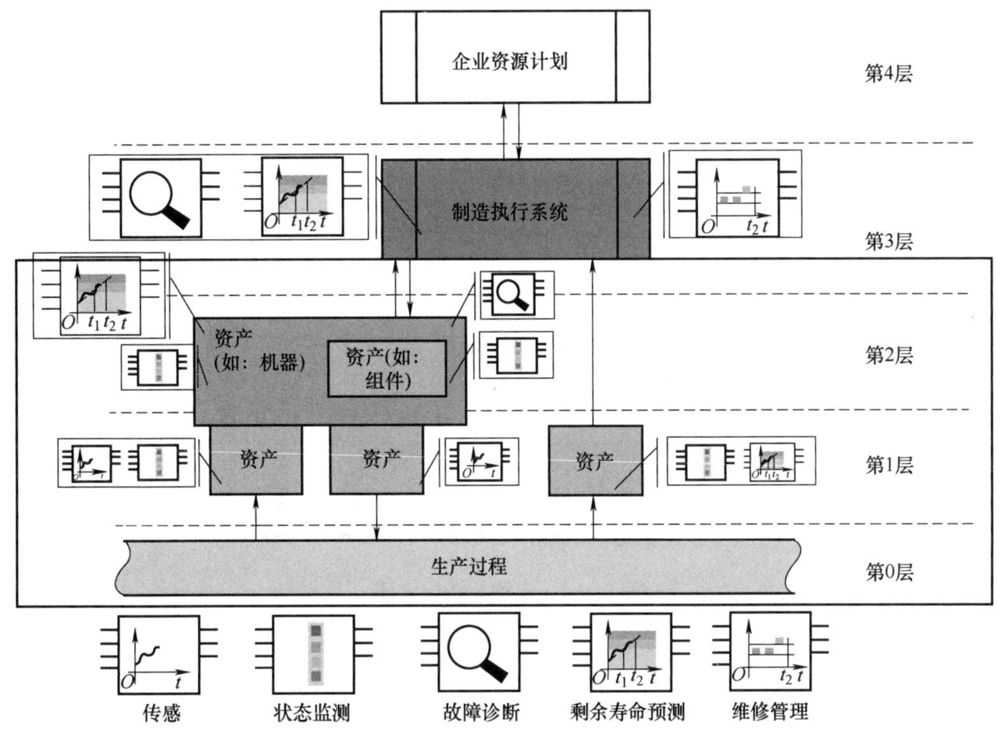

图 7-192　系统层级示意图

该预测性维护平台实现了路灯的传感、状态评估和故障诊断，具体如图 7-193 所示。

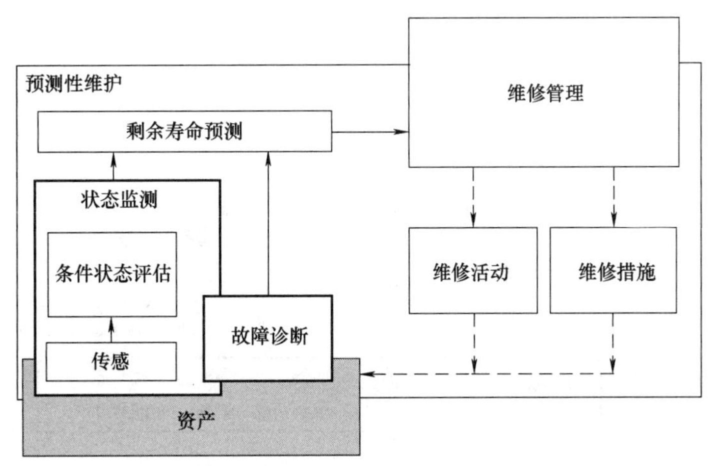

图 7-193　系统层级示意图

2. 角色

在城市路灯系统的预测性维护平台建设中，阿古电务的角色为整体解决方案供应商，主要提供预测性维护技术、平台建设方案、数据分析和机理模型支持；市政、城投的角色为管理者，路灯管理所、第三方（如：合同能源公司）的角色为使用者，通过平台的大数据分析及基于机器学习的人工智能算法，实现路灯系统用电安全的预测性维护，提升路灯系统的数字化、智能化。图 7-194 所示为实施角色示意图。

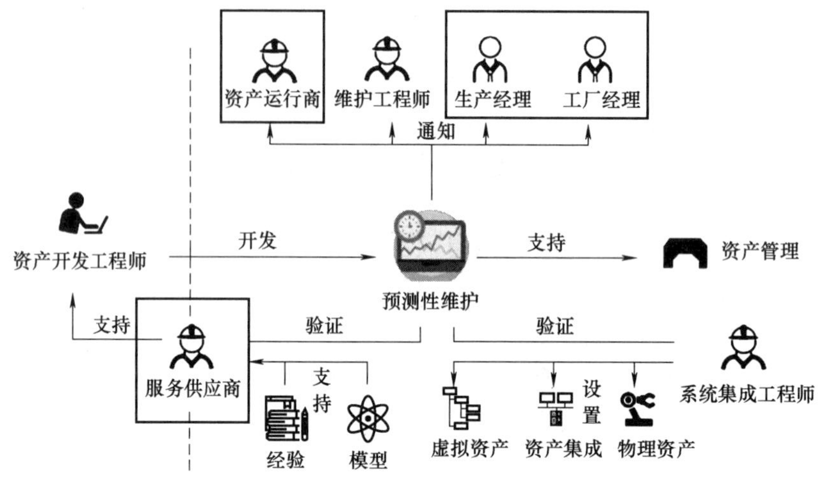

图 7-194　实施角色示意图

3. 系统架构

城市路灯照明系统预测性维护系统架构如图 7-195 所示。通过边缘多通道智能数据采集感知量测终端、智慧节点安全用电融合终端的部署，结合智慧城市照明基础设施管理平台与移动端等设备，构建城市的公共基础设施神经网络。

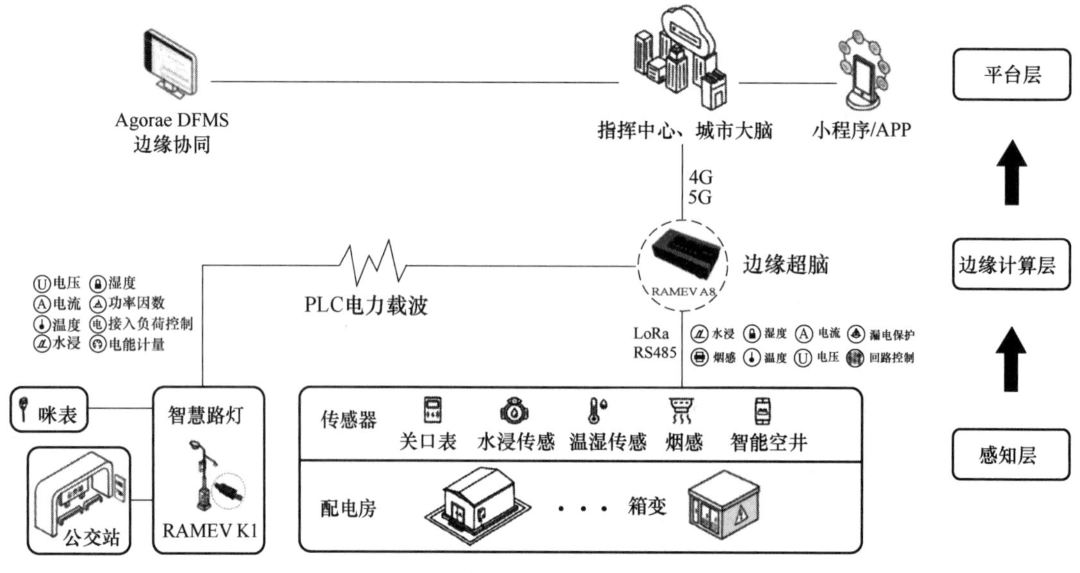

图 7-195　系统架构

4. 功能和方法

城市路灯照明系统的预测性维护解决方案可实现照明系统可靠性提升、资产全生命周期管理、运维管理和能效管理等，主要功能如下。

1）运行监测：包括路灯箱式变电站、线路、单灯全电参量实时监测和负荷监控等。

2）故障预警：包括设备运行参数实时监测、阈值设置、检修口开启报警和灯杆浸水报警等。

3）安全用电：包括漏电保护、线路监测、故障报警、负荷监测和接入控制等。

4）精细化管理：包括能耗分析、路灯资产管理、一键报修、负荷接入管理和工单服务评价等。

5）开放共享：开放路灯系统负荷接入点，构建城市的基础设施神经网络，让城市具有智能协同、资源共享、互联互通和泛在感知的特点。

5. 技术亮点

城市路灯照明系统的预测性维护解决方案的突出特点如下：

1）有效提升路灯系统的运维效率及安全可靠系数，从静态分析到动态感知，从事后分析到事前预防，从单点防控到全局联防。

2）有效降低改造的建设成本，灵活地支撑了个性化智慧终端。

3）强大的边缘计算能力。对过载、短路、误动作等开关跳闸原因精准故障研判，缩短了抢修时间，提升了路灯系统的可靠性。

4）基于人工智能的活体生物特征识别。有效解决了恶劣环境、受限空间、多变量环境影响下的漏电隐患和触电风险，大大提升了城市照明系统的安全性。

5）基于大数据分析的全生命周期资产绩效优化，通过灯具、杆体、电缆和开关等核心照明资产的投运年限、实时运行状态、故障维修记录，结合天气、环境等多维度大数据分析，自动精准制定了运维、检修和更换等维护策略，有效地规避了过度保养和盲目更换的设备成本，以及不必要的人工车辆台班浪费，实现了降本增效、提质控安的综合目标。

6. 可视化

如图 7-196 所示，智慧城市照明基础设施管理平台以智慧路灯箱式变电站为边缘计算节点、智慧灯杆为边缘连接节点，对市政照明系统的变配电设备及其分支回路进行全面检测、实时感知、漏电报警、回路控制、负荷接入管理、动环监测、资产生命周期管理和工单服务等。图 7-197 所示为路灯监测系统界面。

7. 数据需求

表 7-29 所示为数据需求表。

表 7-29　数据需求表

设备	故障模式	数据需求	监测手段
高低压柜	绝缘故障	电压、电流	传感器（内置）
	操作机构故障	电压、电流	传感器（内置）
	保护元器件选用不当造成的故障	电压、电流	传感器（内置）
	由于环境变化引起的故障	电压、电流、温度	传感器（内置）
	过流、过负荷故障	电压、电流	传感器（内置）

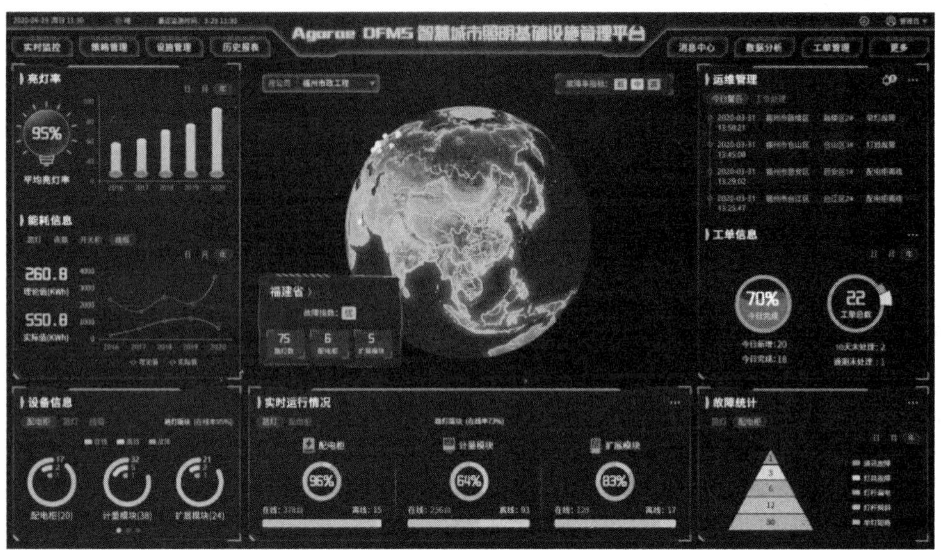

图 7-196　智慧城市照明基础设施管理平台

图 7-197　路灯监测系统界面

附录

附录A 预测性维护相关国际标准和规范列表

序号	标准编号	标准名称
1	IEC 63270	Industrial Automation Equipment and Systems-Predictive Maintenance
2	ISO 13374-1：2003	Condition monitoring and diagnostics of machines—Data processing, communication and presentation—Part 1：General guidelines
3	ISO 13374-2：2007	Condition monitoring and diagnostics of machines—Data processing, communication and presentation—Part 2：Data processing
4	ISO 13374-3：2012	Condition monitoring and diagnostics of machines—Data processing, communication and presentation—Part 3：Communication
5	ISO 13374-4：2015	Condition monitoring and diagnostics of machine systems—Data processing, communication and presentation—Part 4：Presentation
6	ISO 13381-1：2015	Condition monitoring and diagnostics of machines—Prognostics—Part 1：General guidelines
7	ISO 13372：2012	Condition monitoring and diagnostics of machines—Vocabulary
8	ISO 18434-1：2008	Condition monitoring and diagnostics of machines—Thermography—Part 1：General procedures
9	ISO 10303-11：2004	Industrial automation systems and integration—Product data representation and exchange—Part 11：Description methods：The EXPRESS language reference manual
10	ISO 10303-21：2016	Industrial automation systems and integration—Product data representation and exchange—Part 21：Implementation methods：Clear text encoding of the exchange structure
11	ISO 10303-28：2007	Industrial automation systems and integration—Product data representation and exchange—Part 28：Implementation methods：XML representations of EXPRESS schemas and data, using XML schemas

（续）

序号	标准编号	标准名称
12	ISO 2041：2009	Mechanical vibration, shock and condition monitoring—Vocabulary
13	ISO 13379-1：2012	Condition monitoring and diagnostics of machines—Data interpretation and diagnostics techniques—Part 1：General guidelines
14	ISO 13381-1：2015	Condition monitoring and diagnostics of machines—Prognostics—Part 1：General guidelines
15	IEEE Std 1232-1：1997	IEEE Trial-Use standard for artificial intelligence exchange and service tie to all test environments（AI-ESTATE）：Data and knowledge specification
16	IEEE Std 1232-2：1998	IEEE Trial-Use standard for artificial intelligence exchange and service tie to all test environments（AI-ESTATE）：Service specification
17	IEEE Std 1232-3：2014	IEEE Guide for the use of artificial intelligence exchange and service tie to all test environments（AI-ESTATE）
18	IEEE Std 1636-1：2007	IEEE Trial-Use standard for software interface for maintenance information collection and analysis（SIMICA）：Exchanging test results and session information via the extensible markup language（XML）
19	IEEE Std 1636-2：2010	IEEE Trial-Use standard for software interface for maintenance information collection and analysis（SIMICA）：Exchanging maintenance action information via the extensible markup language（XML）
20	IEEE Std P1856：2017	IEEE Draft standard framework for prognostics and health management of electronic systems
21	IEC 62890：2016	Life-cycle management for systems and products used in industrial-process measurement, control and automation
22	IEC 60300-3-14：2004	Dependability management—Part 3-14：Application guide—Maintenance and maintenance support
23	IEC 60706-2：2006	Maintainability of equipment—Part 2：Maintainability requirements and studies during the design and development phase
24	IEC 60812：2006	Analysis techniques for system reliability—Procedure for failure mode and effects analysis（FMEA）
25	IEC 61158	Digital data communications for measurement and control—Fieldbus for use in industrial control systems
26	IEC 62541	OPC unified architecture
27	IEC 62904	Industrial-process measurement, control and automation—Uniform representation of condition monitoring functions
28	ISO/IEC 62264	Enterprise-Control System Integration
29	OSA-CBM	UML Specification 3.3.1：2010 Interface

（续）

序号	标准编号	标准名称
30	OSA-CBM	UML Specification 3. 3. 1：2010 Information
31	OSA-EAI	Basic Terminology Dictionary 3. 2. 3：2012
32	OSA-EAI	CCOM UML Diagrams：2012
33	AC 21-29C：2008	Detecting and Reporting Suspected Unapproved Parts
34	US Army ADS-79C-HDBK：2005	Aeronautical design standard handbook for condition based maintenance systems for US army aircraft
35	VDMA 24582	Fieldbus neutral reference architecture for Condition Monitoring in production automation. 2013
36	NE 107	NAMUR-Recommendation Self-Monitoring and Diagnosis of Field Devices. 2017
37	NE 123	NAMUR-Recommendation Service and Maintenance of the Physical Layer of Fieldbuses，2008
38	NE 129	NAMUR-Recommendation Plant Asset Management. 2009
39	NA 157	NAMUR Arbeitsblatt Documentation Requirement on Instrumentation from Maintenance Perspective. 2015
40	NE 158	NAMUR-Recommendation Health Monitoring of PCS Assets. 2016
41	VDI 2890	Planned maintenance—Guide for the drawing up of maintenance lists. 1986
42	VDI /VDE 2650	Part 2：Requirements regarding self-monitoring and diagnosis in field instrumentation—General faults and fault conditions. 2006
43	VDI/VDE 2651	Part 1：Plant asset management（PAM）in the process industry—Definition，model，task，benefit. 2017
44	VDI/VDE 3543	Diagnosis of electric drives. 2007
45	VDI 2879	Maintenance—Inspection of installation and buildings with UAV（unmanned aerial vehicle）. 2017
46	VDI 2882	Obsolescence Management. 2016
47	VDI/VDE 2883	Part 1：Maintenance of photovoltaic installations—Basics. 2017
48	VDI 2885	Standardized data for maintenance planning and determination of maintenance costs—Data and data determination. 2003
49	VDI 2886	Benchmarking applied to maintenance. 2003
50	VDI 2887	Quality management in maintenance. 1998
51	VDI 2888	Maintenance condition monitoring. 1999
52	VDI 2889	Methods and systems for condition and process monitoring in maintenance. 1998
53	VDI 2890	Planned maintenance-Instruction on creating of maintenance lists. 2017

（续）

序号	标准编号	标准名称
54	VDI 2891	Maintenance relevant criteria for purchase of machines. 2008
55	VDI 2892	Management of maintenance spare parts. 2006
56	VDI 2893	Selection and formation of indicators for maintenance. 2006
57	VDI 2894	Planning of manpower for maintenance. 1987
58	VDI 2895	Organisation of maintenance—Maintenance as a task of management. 2010
59	VDI 2896	Controlling of maintenance within plant management. 2010
60	VDI 2897	Maintenance—Application of lubricants in plants—Objectives and organisation. 1995
61	VDI 2898	Utilisation of EDP for maintenance—Requirements and criteria. 1996

附录 B 预测性维护相关国家标准和规范列表

序号	标准编号	标准名称
1	GB/T 40571—2021	智能服务　预测性维护　通用要求
2	GB/T 41095—2021	机械振动　选择适当的机器振动标准的方法
3	GB/T 29716. 3—2021	机械振动与冲击　信号处理　第 3 部分：时频分析方法
4	GB/T 22394. 2—2021	机器状态监测与诊断　数据判读与诊断技术　第 2 部分：数据驱动的应用
5	GB/T 19873. 3—2019	机器状态监测与诊断　振动状态监测　第 3 部分：振动诊断指南
6	GB/T 29716. 2—2018	机械振动与冲击　信号处理　第 2 部分：傅里叶变换分析的时域窗
7	GB/T 29716. 4—2018	机械振动与冲击　信号处理　第 4 部分：冲击响应谱分析
8	GB/T 25742. 3—2018	机器状态监测与诊断　数据处理、通信与表示　第 3 部分：通信
9	GB/T 32335—2015	机械振动与冲击振动　数据采集的参数规定
10	GB/T 22394. 1—2015	机器状态监测与诊断　数据判读和诊断技术　第 1 部分：总则
11	GB/T 22393—2015	机器的状态监测和诊断　一般准则
12	GB/T 30831. 1—2014	机器状态监测与诊断　热成像　第 1 部分：总则
13	GB/T 23718. 6—2014	机器状态监测与诊断　人员资格与人员评估的要求　第 6 部分：声发射
14	GB/T 29716. 1—2013	机械振动与冲击　信号处理　第 1 部分：引论
15	GB/T 2298—2010	机械振动、冲击与状态监测　词汇
16	GB/T 25889—2010	机器状态监测与诊断　声发射
17	GB/T 20921—2007	机器的状态监测与诊断　词汇

（续）

序号	标准编号	标准名称
18	GB/T 22281.1—2008	机器的状态监测和诊断　数据处理、通信和描述　第1部分：总则
19	GB/T 22281.2—2011	机器的状态监测和诊断　数据处理、通信和表达　第2部分：数据处理
20	GB/T 25742.1—2010	机器状态监测与诊断　数据处理、通信与表示　第1部分：一般指南
21	GB/T 25742.2—2013	机器的状态监测和诊断　数据的处理、通信与表示　第2部分：数据处理
22	GB/T 23713.1—2009	机器状态监测与诊断预测　第1部分：一般指南
23	GB/T 19873.2—2009	机器状态监测与诊断　振动状态监测　第2部分：振动数据处理、分析与描述
24	GB/T 22394—2008	机器状态监测与诊断　数据判读和诊断技术的一般指南
25	GB/T 6444—2008	机械振动　平衡词汇
26	GB/T 25889—2010	机器的状态监测和诊断　声发射
27	GB/T 2298—2010	机械振动、冲击和状态监测　词汇
28	GB/T 27758.1—2011	工业自动化系统和集成　诊断、能力评估和维护应用集成　第1部分：综述与通用要求
29	GB/T 27758.2—2015	工业自动化系统和集成　诊断、能力评估以及维护应用集成　第2部分：应用领域矩阵元素描述与定义
30	GB/T 30831.1—2014	机器的状态监测和诊断　温度记录　第1部分：一般程序

参 考 文 献

[1] 赵义屏. 工程机械设备维护管理的现状及其对策 [J]. 现代商贸工业，2017 (28)：193-194.

[2] 符杨，黄路遥，刘璐洁，等. 基于状态自适应评估的海上风电机组预防性维护策略 [J]. 电力自动化设备，2022，42 (01)：1-9.

[3] 李倩，刘刚，杨军. 有计划预防性维护在呼吸机管理中的应用 [J]. 医疗装备，2021，34 (21)：61-62+64.

[4] 李葆文. 设备管理新思维新模式 [M]. 4版. 北京：机械工业出版社，2019.

[5] 陶涛. 智能配电网电力设备状态检修集成系统探讨 [J]. 现代制造技术与装备，2016 (08)：112-114.

[6] 武舒然. 地铁车辆状态维修信息管理系统的研究 [D]. 北京：北京交通大学，2018.

[7] 宋华振. 预测性维护技术 [J]. 自动化博览，2013 (12)：55-57.

[8] 蔡道勇，杨相声，张伟. 预测性运维技术在港口设备管理中的应用 [J]. 港口科技，2018 (12)：18-20.

[9] 祝旭. 故障诊断及预测性维护在智能制造中的应用 [J]. 自动化仪表，2019，40 (07)：66-69.

[10] 张蕾. 基于数字孪生的设备预测性维护模式研究 [J]. 电子工业专用设备，2021，50 (03)：12-15.

[11] 吴建龙，张宝珍，尤晨宇. 国外预测性维修发展现状与趋势研究 [C] //第十七届中国航空测控技术年会论文集. [出版者不详]，2020：447-450.

[12] Rapid Sustainment Office. Annual Report 2019 [Z]. AFLCMC，2019.

[13] Rapid Sustainment Office. Quarterly Report January-March 2020 [Z]. AFLCMC，2020.

[14] 宋振宇，谭勖，盛沛，等. 设备的三种维修方式比较研究 [J]. 现代商贸工业，2011，23 (13)：257-258.

[15] 刘混举，张红俊. 设备的主动预防性维护 [J]. 中国煤炭，1996 (01)：41-42+45.

[16] 王春喜，王成城，王凯. 智能制造装备预测性维护技术研究和标准进展 [J]. 中国标准化，2021 (02)：15-21.

[17] 吕琛，马剑，王自力. PHM 技术国内外发展情况综述 [J]. 计算机测量与控制，2016，24 (09)：1-4.

[18] 陆宁云，陈闯，姜斌，等. 复杂系统维护策略最新研究进展：从视情维护到预测性维护 [J]. 自动化学报，2021，47 (01)：1-17.

[19] 全国工业过程测量控制和自动化标准化技术委员会. 智能服务　预测性维护　通用要求：GB/T 40571—2021 [S]. 北京：中国标准出版社，2021.

[20] 华振. 测性维护技术 [J]. 动化博览，2013 (12)：56-57+65.

[21] 全国机械振动、冲击与状态监测标准化技术委员会. 机器状态监测与诊断　声发射：GB/T 25889—2010 [S]. 北京：中国标准出版社，2010.

[22] 李茂华，李小飞，杨博. 浅谈油液监测技术的发展 [J]. 广州化工，2021，49 (05)：48-49+72.

[23] 李茂华，杨博，李小飞，等. 在用润滑油油液监测分析技术现状和展望 [J]. 2014，43 (03)：55-57.

[24] 张洁，蔡然. 电力设备状态监测与故障诊断技术分析 [J]. 电子技术，2021，50 (12)：274-275.

[25] 全国机械振动、冲击与状态监测标准化技术委员会. 机器状态监测与诊断数据判读和诊断技术　第1部分：总则：GB/T 22394. 1—2015 [S]. 北京：中国标准出版社，2015.

[26] 邱泽阳，王雪，单克. 石化机械设备故障诊断方法综述 [J]. 化工机械，2021，48 (05)：632-634+656.

[27] 徐桂云，蒋恒深，李辉，等. 基于 PCA-RBF 神经网络的 WSN 数据融合轴承故障诊断 [J]. 中国矿业大学学报，2012，41 (06)：964-970+977.

[28] LUO W，HU T，YE Y，et al. A hybrid predictive maintenance approach for CNC machine tool driven by Digital Twin [J]. Robotics and Computer-Integrated Manufacturing，2020，65：101974.

[29] BAUR M，ALBERTELLI P，MONNO M. A review of prognostics and health management of machine tools

[J]. The International Journal of Advanced Manufacturing Technology, 2020, 107 (5-6): 2843-2863.

[30] 刘颖超. 数据驱动的轮槽铣刀剩余寿命自适应预测方法研究 [D]. 上海: 上海交通大学, 2019.

[31] 袁烨, 张永, 丁汉. 工业人工智能的关键技术及其在预测性维护中的应用现状 [J]. 自动化学报, 2020, 46 (10): 2013-2030.

[32] 张持重, 栾翔. 浅谈设备管理及设备维修在工厂管理中的作用 [J]. 中国新技术新产品, 2009 (14): 120.

[33] 李杰其, 胡良兵. 基于机器学习的设备预测性维护方法综述 [J]. 计算机工程与应用, 2020, 56 (21): 11-19.

[34] 马健健. 基于多数据源的预测性维护系统的设计与实现 [D]. 上海: 上海交通大学, 2019.

[35] 罗青. 基于 RCM 的设备维修决策方法及其应用研究 [D]. 杭州: 浙江理工大学, 2016.

[36] 李明, 王超. 基于 RCM 理论的炼化企业机泵维修策略 [J]. 化工机械, 2019, 46 (06): 621-626+690.

[37] 张蕾. 基于数字孪生的设备预测性维护模式研究 [J]. 电子工业专用设备, 2021, 50 (03): 12-15.

[38] 陶冠名. 基于边缘计算的电机轴承预测性维护技术研究 [D]. 武汉: 华中科技大学, 2020.

[39] European Committee for Standardization (CEN) Intelligent Device Management-Part 1: Concepts and terminology: IEC TR 63082-1. [S]. Brussels: CEN Management Centre, 2020.

[40] 全国工业过程测量和自动化标准化技术委员会. 生产过程质量控制 设备状态监测: GB/T 37942-2019 [S]. 北京: 中国标准出版社, 2019.

[41] 中德工业 4.0/智能制造标准化工作组. The Standardization Roadmap of Predictive Maintenance for Sino-German Industrie 4.0 Intelligent Manufacturing [R], 2018. Standardisation Roadmap Predictive Maintenance for Industrie 4.0/Intelligent Manufacturing-Globalprojekt Qualitätsinfrastruktur (gpqi.org).

后　记

预测性维护技术的出现和应用已有近 50 年的历史。无论是传统的设备级应用，还是智能制造和工业 4.0 背景下的工厂级应用，以状态监测、故障诊断、寿命预测和维护管理为核心功能的技术系统已经基本形成共识。但在实际应用过程中，仍存在以下困难：

1）概念的一致性。由于缺乏标准或权威性文件的发布，不同行业背景的技术机构或专家，提出了许多与预测性维护相关的概念，包括预防性维护、PHM、纠正性维护、基于状态的维护等，众多的概念会导致应用实施过程中非必要的沟通。随着 IEC/SC65E WG12 预测性维护工作组的建立和标准的制定，利益相关方将在理解和使用这些概念上达成共识。

2）数据的要求。数据一直是困扰行业的一个重要问题，有时它可能不仅是一个技术问题，而是一个政策问题。然而，无论数据是否公开，预测性维护的涉众首先应该认识到进行预测性维护的数据需求和可能的收集方法，以评估当前的解决方案是否能达到目的。当然，数据需求很难标准化，标准化的数据有时会影响创新，本书提供了多个具有数据需求的案例，希望鼓励利益相关者在此基础上进行创新。

3）性能评估。虽然预测会带来不确定性，但在实际应用过程中，用户总是会关注预测的准确性，其他利益相关者也会关注。目前缺乏可量化的预测性维护指标或等级，如功能安全领域的 SIL 级别，导致用户对解决方案的不信任。我们正试图建立测试评估系统，以提高预测性维护性能。

应用案例可为实施预测性维护提供基本参考和指导。案例的收集是开放的，希望读者能够不断更新预测性维护解决方案。